我
们
一
起
解
决
问
题

外贸行业人才技能提升丛书

国际物流与货运代理
从入门到精通

许丽洁　主编

人民邮电出版社

北京

图书在版编目（CIP）数据

国际物流与货运代理从入门到精通 / 许丽洁主编
. -- 北京：人民邮电出版社，2020.11
（外贸行业人才技能提升丛书）
ISBN 978-7-115-54684-5

Ⅰ．①国… Ⅱ．①许… Ⅲ．①国际物流②国际货运—
货运代理 Ⅳ．①F259.1②F511.41

中国版本图书馆CIP数据核字（2020）第160118号

内 容 提 要

随着全球经济贸易往来的高速发展，国际物流与货运代理成为外贸业务中越来越重要的组成部分。对外贸从业人员来说，只有夯实国际物流与货运代理的基础知识，掌握国际物流与货运代理的操作流程和实务工作，才能提升从业技能，获得长远的发展。

《国际物流与货运代理从入门到精通》一书由商务部海外营销专家、具有 20 多年外贸行业从业经验的资深顾问许丽洁老师主编，书中从国际物流的运输方式、国际物流运输工具管理及业务办理和国际货运代理业务三个角度，通过十四个章节的篇幅，对国际物流与货运代理中涉及的关键知识点进行了详细的阐述。本书内容扎实，包含大量的流程、图表、案例、提示，读者可以拿来即用。

本书适合外贸从业人员、外贸行业创业者、希望加入外贸行业的就业者，国际贸易、国际经济以及涉外专业方向的高校师生，各省、市、自治区跨境电商综合试验区外贸管委会及平台型企业工作人员阅读和使用。

◆ 主　　编　许丽洁
　　责任编辑　贾淑艳
　　责任印制　彭志环
◆ 人民邮电出版社出版发行　　　北京市丰台区成寿寺路 11 号
　　邮编　100164　　电子邮件　315@ptpress.com.cn
　　网址　https://www.ptpress.com.cn
　　北京建宏印刷有限公司印刷
◆ 开本：800×1000　1/16
　　印张：19.25　　　　　　2020 年 11 月第 1 版
　　字数：400 千字　　　　2025 年 11 月北京第 24 次印刷
　　　　　　　　定　价：85.00 元
读者服务热线：（010）81055656　印装质量热线：（010）81055316
反盗版热线：（010）81055315

我国政府非常重视外贸的稳定发展。保障外贸产业链、供应链畅通运转，稳定国际市场份额，是我国发展对外贸易的当务之急。"把发展潜力和动能充分释放出来，需要深化对外开放和国际合作，稳住外贸外资基本盘。要保障外贸产业链、供应链畅通运转，稳定国际市场份额。要用足用好出口退税、出口信用保险等合规的外贸政策工具，保障外贸产业链、供应链畅通运转。"这是时代赋予外贸发展的新使命。

在我国改革开放的过程中，中小外贸企业在稳定经济、增加就业、发展对外贸易、加强技术创新、促进地方经济发展方面发挥了重要的作用。随着 2019 年全球国际贸易经济环境的变化，我国的中小外贸企业也面临着不同于以往的严峻的国际竞争和发展压力。

中小外贸企业若要走出困境，一方面离不开国家与地方政府在政策上的方向性引导与实际帮扶，另一方面更需要自身加强造血功能，在企业发展中，持续优化与改进管理体系，打造企业核心竞争力，以实现企业长远、健康发展的目标。

虽然未来一段时间内我们所面临的外贸形势严峻复杂，但不会改变我国外贸长期向好的趋势，我国中小外贸企业的创新意识和市场拓展能力都很强，我国在全球产业链、供应链中的地位将不会改变。

许丽洁老师主编的这套"外贸行业人才技能提升丛书"是顺应时代需求之作，是外贸从业人员的岗位工作指南，能够帮助外贸行业从业人员夯实基础知识、提升实操技能。这套丛书值得中小外贸企业、高校相关专业师生阅读和使用。

金旭

中国国际贸易学会会长
曾任中国驻英国大使馆公使衔商务参赞
商务部美洲大洋洲司前副司长

丛书序

随着全球经济一体化进程的深化与推进，贸易全球化也在加速发展。各个国家都在积极地抓住这一绝佳的机遇，促进本国贸易全球化。

2019 年 11 月 28 日，中共中央、国务院发布的《关于推进贸易高质量发展的指导意见》（以下简称《意见》）中提出要加强服务贸易国际合作，打造"中国服务"国家品牌。《意见》要求构建开放、协同、高效的共性技术研发平台，强化制造业创新对贸易的支撑作用；发挥市场机制作用，促进贸易与产业互动，推进产业国际化进程。

为了进一步提高贸易便利化水平，简化报检手续、便利企业通关，我国检验检疫部门已经启用全国检验检疫无纸化系统。经审核通过的无纸化报检企业按照不同的无纸化方式进行申报，对于贸易单证（合同、发票、提单、装箱单等），企业原则上采取自存方式；涉及贸易单证外的其他随附单证应上传至系统；检验检疫机构在受理报检、签证放行、检验检疫及监管过程中需要核验纸质随附单证的，企业应提交相关纸质单证。这极大地方便了外贸企业和外贸业务人员开展各项外贸业务，从而提升了行业效能。

然而，有些刚刚入行的外贸业务人员对该行业的了解不深，不知道应该如何开展外贸工作。为了继续优化与提升我国国际贸易竞争力，我们必须提升从业人员的业务能力。

基于此，我们组织编写了"外贸行业人才技能提升丛书"，其中包括《外贸业务全过程从入门到精通》《外贸跟单业务从入门到精通》《国际物流与货运代理从入门到精通》《报检与报关业务从入门到精通》《海外参展与营销从入门到精通》五本外贸人员需要的实操手册。

该丛书的特点是内容全面、深入浅出、易于理解。另外，本套丛书尤其注重实际操作，对所涉业务的操作要求、步骤、方法、注意事项做了详细的介绍，并提供了大量在实际工作中已被证明行之有效的范本，读者可以将其复制下来，略作修改，为己所用，以节省时间和精力。

由于编者水平有限，书中难免会有疏漏之处，敬请读者批评指正。

第二部分　国际物流运输工具管理及业务办理

　　海关对进出境运输工具实施监管的目的是确保运输工具及其所载货物、物品合法进出境。海关需要通过审核单证，实地实物查验来判断运输工具负责人向海关申报的事项是否属实，从而判断运输工具及所载货物、物品的进出是否符合海关监管规定。海关对进出境运输工具的管理从有关企业的运输工具的注册登记开始，通过监督每次进出境的活动及转港、转关运输等活动，实现有效管理。本部分介绍进出境运输工具的管理要求及相关业务的办理。

第三部分　国际货运代理业务

　　国际货运代理业务服务范围广泛，主要是接受客户的委托，完成货物运输的某一个环节或与此有关的各个环节的任务，除非客户（发货人或收货人）想亲自参与各种运输过程和办理单证手续，否则，国际货运代理可以直接或通过其分支机构及其雇用的某个机构为客户提供各种服务，也可以利用其在海外的代理提供服务。本部分从实际操作的层面来介绍国际货运业务的代理程序、方法、细节。

1

第一部分

国际物流的运输方式

国际物流运输是指将进出口货物从出口国（地区）运送到进口国（地区）的国际物流活动。我国常用的国际物流运输方式有国际海洋货物运输、国际铁路货物运输、国际公路货物运输、国际航空货物运输、国际多式联运、集装箱运输、国际陆桥运输等。

第一章

国际海洋货物运输

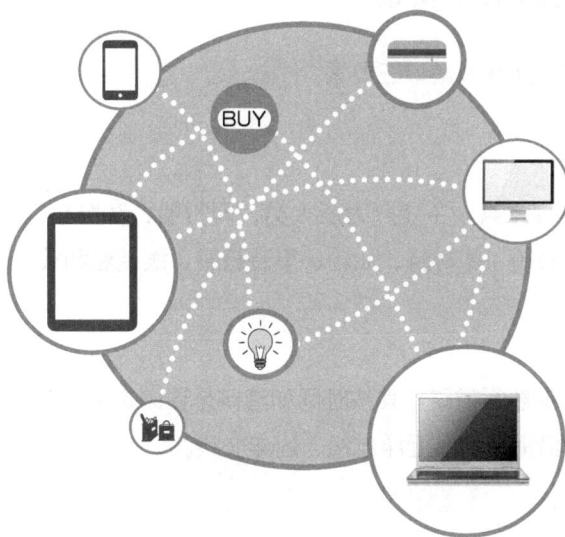

第一节　国际海洋货物运输概述

国际海洋货物运输是指使用船舶（或其他水运工具）通过海上航道在不同国家和地区的港口间运送货物的一种方式。它是国际物流运输中使用最广泛的一种运输方式。国际物流运输总量的 80% 以上、中国进出口货运量的 90% 左右都是通过海洋运输完成的。

按照海洋运输船舶营运方式不同，海洋运输可分为班轮运输（Liner Transport）和租船运输（Shipping by Chartering）。

一、海洋运输的基本要素

海洋运输包括船舶、航线及港口三要素。

（一）船舶

船舶是海上运输主要工具，主要分为三大类，即货船、客船和客货船。货船的主要类别有杂货舱、散装船、冷藏船、木材料、油轮、集装箱船、滚装船和载驳船。

（二）航线

航线主要指海上船舶航行道路。其按时间和港口是否固定划分为定期航线、不定期航线；按航行水域范围划分为沿海航线、近洋航线、远洋航线。

（三）港口

港口是提供水陆联系的节点，作为运输通道或门户，通过海洋运输进行对外贸易。

二、海上货物运输运作流程

货物先被集中到出口港口，按积载图装上已订船舱位，按航线运至进口港，按港口的调度指令将货物运至指定位置，完成货物海上运输流程。

三、国际海洋运输主要参与者

国际海洋运输主要参与者包括国际航运企业、港口服务企业、国际船舶理货企业、国际货运代理企业和国际航运经纪人等。

四、国际海洋运输的特点

国际海洋运输具有如下六大特点。

（一）运量大

目前船舶正在向大型化方向发展，由于造船技术的不断提高，巨型油轮、巨型客轮、一般杂货船等运输船舶的运载能力，远远大于铁路运输和公路运输。一艘万吨油轮载重量相当于 250～300 节火车皮的载重量，50 万吨油轮载重量相当于 12 500 节火车皮。

（二）运费低

海运运价低廉，因为（1）运量大、航程远，所以分摊于每吨的运输成本低；（2）海运航道天然构成，港口以及相关的基础设施一般为政府投资修建；（3）商船运载量大，使用时间又长，运载里程较远。有数据表明，一吨货物的海洋运费仅相当于铁路运费的 1/5，汽车运费的 1/10，航空运费的 1/20。

（三）通过能力大

海洋运输利用天然航道，四通八达，不受道路和轨道限制，通过能力比火车和汽车大。若政治、经济贸易条件变化，可以随时改选最有利的航线。

（四）对货物适应性强

远洋轮船可以适应多种货物运输需要，如有多用途船、专用船等，对超重、超长的货物也有较强的适应性，并易于改进运输工艺，适应国际物流运输的需要，如大型设备等。

（五）航速较低

商船体积大，水流阻力大，所以航速较低，大约每小时 35 海里①左右，因而航行周期较长，

---

① 1海里=1.852千米，余同。

不适合对运输速度要求高的产品及客户。

（六）风险较大

商船航行海上，时间长，受气候和自然条件影响较大，有时世界政治局势变动也会给海洋运输带来风险。全世界每年遇险的船舶一般为 200 ～ 300 艘。

五、海洋运输的经营方式

海洋运输的经营方式主要有班轮运输和租船运输两大类。班轮运输又称定期船运输，租船运输又称不定期船运输。

第二节　班轮运输

班轮运输，又称"提单运输"，是指托运人将一定数量的货物交由作为承运人的轮船公司，轮船公司按固定航线、沿线停靠固定的港口，按固定船期、固定运费所进行的国际海上货物运输。其多适合于运输量少、货价高、交接港分散的货物，是海上货物运输中使用最广泛的方式。

一、班轮运输的特点

班轮运输的特点如下。

（1）具有"四固定"的特点，即航线固定、港口固定、船期固定和费率相对固定。

（2）班轮承运人负责包括装卸货物、理舱、平舱在内的作业，并负责全部费用，即所有装卸费、理舱费、平舱费等均已计入班轮费率表中规定的数额内。

（3）承运人对货物负责的时段是从货物装上船起，到货物卸下船止，即"船舷至船舷"（Rail to Rail）或"钩至钩"（Tackle to Tackle）。

（4）承运人和货主之间不签订租船合同，承运双方的权利义务和责任豁免以签发的提单为依据，并受统一的国际公约制约。

（5）班轮运费费率相对比较稳定，受国际航运市场行市的变化影响小，核算运费在货价中的比重较容易。

（6）班轮承运货物的品种、数量比较灵活，货运质量相对有保证，一般适用于零散货物的运输。

二、班轮运输的货运程序

（一）揽货

揽货是指从事班轮运输经营的船舶公司为使自己所经营的班轮运输船舶在载重量和舱容上得到充分利用，力争"满舱满载"，以期获得最好的经营效益而从货主那里争取货源的行为。

（二）订舱

订舱是指托运人或其代理人向承运人即班轮公司或它的营业所或代理机构等申请货物运输，承运人对这种申请给予承诺的行为。

（三）装船

装船是指托运人应将其托运的货物送至码头承运船舶的船边并进行交接，然后将货物装到船上的行为。如果船舶是在锚地或浮筒作业，托运人还应负责使用自己的或租用的驳船将货物装到船上，亦称直接装船。一些特殊的货物，如危险品、冷冻品、鲜活货、贵重货多采用船舶直接装船。在班轮运输中，为了提高装船效率，减少船舶在港停泊时间，不致延误船期，通常都采用集中装船，集中装船是指由船舶公司在各装货港指定装船代理人，在各装货港的指定地点（通常为码头仓库）接受托运人送来的货物，办理交接手续后，将货物集中并按货物的卸货次序进行适当的分类后再进行装船的行为。

（四）卸货

卸货是指将船舶所承运的货物在卸货港从船上卸下，将其交给收货人或代其收货的人并办理货物交接手续的行为。船舶公司在卸货港的代理人根据船舶发来的到港电报，一方面编制有关单证联系安排泊位和准备办理船舶进口手续，约定装卸公司，等待船舶进港后卸货，另一方面还要把船舶预定到港的时间通知收货人，以便收货人及时做好接收货物的准备工作。

在班轮运输中，为了使分属于众多收货人的各种不同的货物能在船舶有限的停泊时间内

7

迅速卸完，通常都采用集中卸货的办法，即由船舶公司所指定的装卸公司作为卸货代理人总揽卸货并向收货人交付货物的工作。

（五）误卸

卸货时，船方和装卸公司应根据载货清单和其他有关单证认真卸货，避免发生差错，然而由于众多原因难免会发生将本应在其他港口卸下的货物卸在本港，或本应在本港卸下的货物遗漏未卸的情况，通常将前者称为溢卸，后者称为短卸。溢卸和短卸统称为误卸。关于因误卸而引起的货物延迟损失或货物的损坏转让问题，一般在提单条款中都有规定，通常规定因误卸发生的补送、退运的费用由船舶公司负担，但对因此而造成的延迟交付或货物的损坏，船舶公司不负赔偿责任。如果误卸是因标志不清、不全或错误以及因货主的过失造成的，则所有补送、退运、卸货和保管的费用都由货主负担，船舶公司不负任何责任。

（六）交付

交付是指船舶公司凭提单将货物交付收货人的行为。

1. 交付的过程

交付的具体过程是收货人将提单交给船舶公司在卸货港的代理人，经代理人审核无误后，签发提货单交给收货人，然后收货人再凭提货单前往码头仓库提取货物并与卸货代理人办理交接手续。

2. 交付货物的方式

交付货物的方式有仓库交付货物、船边交付货物、货主选择卸货港交付货物、变更卸货港交付货物、凭保证书交付货物等。

货主选择卸货港交付货物是指货物在装船时货主尚未确定具体的卸货港，待船舶开航后再由货主选定对自己最方便或最有利的卸货港，并在这个港口卸货和交付货物的一种方式。

变更卸货港交付货物是指在提单上所记载的卸货港以外的其他港口卸货和交付货物的一种方式。

三、班轮运输涉及的相关文件

（一）托运单

托运单（Booking Note，B/N）有的地方称为"下货纸"，是托运人根据贸易合同和信用证条款内容填制的，向承运人或其代理办理货物托运的单据。承运人根据托运单内容，并结合船舶的航线、挂靠港、船期和舱位等条件考虑，认为合适后，即接受托运。

（二）装货单

装货单（Shipping Order，S/O）是接受了托运人装运申请的船舶公司，签发给托运人，凭以命令船长将承运的货物装船的单据。装货单既可作为装船依据，又是货主凭以向海关办理出口申报手续的主要单据之一。

（三）收货单

收货单（Mates Receipt，M/R），又称大副收据，是船舶收到货物的收据及货物已经装船的凭证。

由于上述三份单据的主要项目基本一致，故在我国一些主要港口的做法是，将它们制成联单，一次制单，既可减少工作量，又可减少差错。

（四）装货清单

装货清单（Loading List）是承运人根据装货单留底，将全船待装货物按目的港和货物性质归类，依航次，靠港顺序排列编制的装货单汇总清单，是船上大副编制配载计划的主要依据，又是供现场理货人员进行理货，港方安排驳运，进出库场以及承运人掌握情况的业务单据。

（五）提货单

提货单（Delivery Order，D/O）又称小提单，是收货人凭正本提单向承运人或其代理人换取的，可向港口装卸部门提取货物的凭证。发放小提单时应做到以下几点。

（1）正本提单为合法持有人持有。

（2）当发生溢短残情况时，收货人有权向承运人或其代理获得相应的签证。

（3）运费未付的，应在收货人付清运费及有关费用后再发放小提单。

（六）海运提单

海运提单（Bill of Lading，B/L）是承运人或其代理人应托运人的要求，在将货物收归其照管后签发的货物收据，以证明已收到提单上所列明的货物。提单是一种货物所有权凭证（Document of Title），是承运人与托运人之间运输合同的证明。提单持有人可据以提取货物，也可凭此向银行押汇，还可在载货船舶到达目的港交货之前进行转让。

第三节　租船运输

租船运输是指船舶所有人与租船人通过洽谈，将船舶以光船或定期或航次租赁出租给租船人，根据租船合同规定来安排货物运输的方式。

一、租船运输的特点

（1）租船运输是根据租船合同组织运输的，租船合同条款由船东和租方双方共同商定。

（2）一般由船东与租方通过各自或共同的租船经纪人洽谈成交租船业务。

（3）不定航线，不定船期。船东按照租船人的要求来确定船舶的航线、航行时间和货载种类等，同时提供相应的船舶，经租船人同意进行调度安排。

（4）租金率或运费率是根据租船市场行情来决定的。

（5）船舶营运中有关费用的支出，取决于租船方式由船东和租方分担，并在合同条款中订明。

（6）租船运输适宜大宗货物运输。

（7）各种租船合同均有相应的标准合同格式。

二、租船运输的方式

租船运输的方式主要有航次租船、定期租船、光船租赁和包运租船四种。

（一）航次租船

航次租船（Voyage Charter，Trip Charter）又称"程租船"或"承租"，是指由船舶所有人向承租人提供船舶或船舶的部分舱位在指定的港口之间进行单向或往返的一个航次或几个航次用以运输指定货物的租船运输方式。它是租船市场上最活跃、最普遍的一种租船方式。

1.航次租船分类

航次租船分类如图 1-1 所示。

第一类 **单航次租船**（Single Trip or Single Voyage Charter）

船舶所有人负责把货物从起运港运至目的港卸船，合同义务即告完成

第二类 **往返航次租船**（Return Trip or Return Voyage Charter）

船舶所有人与承租人约定，提供船舶完成一个往返航次的租船方式。返航航次的出发港和目的港不一定与往航航次相同，其可以相同也可以不同，即为两个单航次租船。其适用于当一个货主只有去程载货，而另一个货主有回程载货时，两个货主联合起来向船舶所有人租船的情况

第三类 **连续单航次租船**（Consecutive Single Voyage Charter）

船舶所有人与承租人约定，提供船舶连续完成两个以上的单航次运输的租船方式。其适用于单航次很难完成的大批量运输。在这种方式下，可以签订一个租船合同，也可以签订若干个单独的租船合同

第四类 **连续往返航次租船**（Consecutive Return Voyage Charter）

被租船舶在相同两港之间连续完成两个以上往返航次的运输形式。这种形式很难实现，因为货主很难同时有较大的往返货载量

图 1-1　航次租船的分类

2. 适用范围

航次租船适用于国际现货交易市场货场的运输。

3. 特点

（1）船东占有和控制船舶，负责配备船员，负担船员工资、伙食费等相关费用；承租人指定装卸港口和货物。

（2）承租人向船东支付运费（Freight），运费可按每吨费率计收或采用包干总运费方式计收。

（3）船东负责营运工作，除装卸费用可协商外，其他的营运费用由船东负担。

（4）在租船合同中订明货物的装卸费用由船东或承租人负担。

（5）船东出租整船或部分舱位。

（6）租船合同中订明可用于在港装卸货物的时间（Laytime）、装卸时间的计算方法、滞期及相关规定：若装卸时间超过规定天数，承租人要支付滞期费；反之，船东则要向承租人支

付速遣费。双方也可以同意按港口习惯卸率（Customary Quick Dispatch，CQD）履行合同，即不规定装卸时间而按港口习惯装卸速度履行合同，由船东承担时间风险。

（二）定期租船

定期租船（Time Charter）又称"期租"，是所有人将船舶出租给承担人，供其使用一定时期的租船运输。定期租船的租船人可以是石油公司、钢铁公司等具有长期稳定货运需求的货主，也可以是另一家船舶公司。

在合同约定的租期内，承租人可以用该船运输自己的货物，也可将其加入班轮航。

定期租船的特点如图1-2所示。

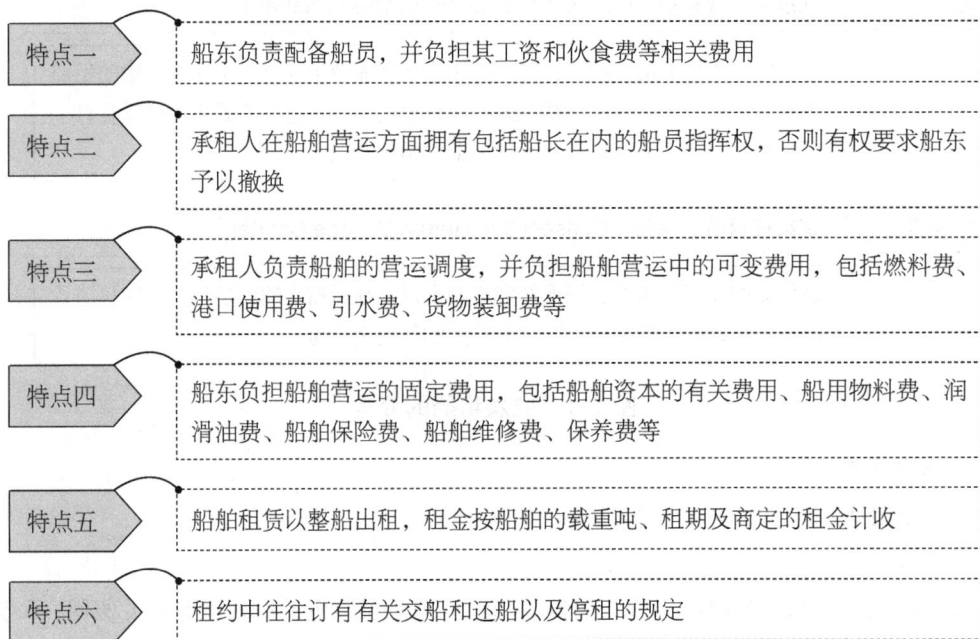

特点一	船东负责配备船员，并负担其工资和伙食费等相关费用
特点二	承租人在船舶营运方面拥有包括船长在内的船员指挥权，否则有权要求船东予以撤换
特点三	承租人负责船舶的营运调度，并负担船舶营运中的可变费用，包括燃料费、港口使用费、引水费、货物装卸费等
特点四	船东负担船舶营运的固定费用，包括船舶资本的有关费用、船用物料费、润滑油费、船舶保险费、船舶维修费、保养费等
特点五	船舶租赁以整船出租，租金按船舶的载重吨、租期及商定的租金计收
特点六	租约中往往订有有关交船和还船以及停租的规定

图1-2　定期租船的特点

（三）光船租赁

光船租赁（Bare-Boat Charter）又称船壳租赁，船舶所有人在合同约定的期间将合同约定的船舶交给承租人使用，不提供船员、燃料和其他船舶营运费用。光船租赁的承租人通常是另一家船舶公司。

光船租赁的特点如图1-3所示。

1	船舶所有人提供适航空船
2	承租人配备全部船员，并负有支付工资的责任
3	承租人以承运人的身份运营、调度船舶，并承担租期内的维护修理费用
4	承租人不承担船舶的资本费用
5	以整船出租，租金按照船舶的载重吨、租期及商定的租金率计算
6	船舶占有权从船舶交予承租人使用时起转移至承租人

图 1-3　光船租赁的特点

（四）包运租船

包运租船（Contact of Affreightment）是指船舶所有人向承租人提供一定吨位的运力，在确定的港口之间，按事先约定的时间、航次周期和每航次较为均等的运量，完成合同规定的全部货运量的租船方式。这种合同叫作包运租船合同，也称为运量合同。

包运租船的特点如图 1-4 所示。

1	不指定船舶，而只是规定船舶应当满足的规范和船龄
2	租期长短可变，取决于货运问题与船舶吨位的关系及单航次的时间
3	航行中所有的风险均由船舶出租人承担
4	合同通常定有滞期费和速遣费条款
5	运费按航次结算，计算方法通常是按实际运送货物的数量及约定的费率计算

图 1-4　包运租船的特点

三、租船业务流程

租船业务流程是指双方当事人通过电话、电传、电子邮件，经过询盘、发盘、还盘、受盘和签约等五个阶段，完成签订租船合同业务的全过程。

（一）询盘（租船询价）

询盘（Inquiry）的目的和作用是让对方知道发票人的意向和需求情况，通常是指承租人根据自己对货物运输的需要或对船舶的特殊要求通过租船经纪人在租船市场上要求租用船舶。承租人和船舶出租人都可以询价。询价主要以电报或电传等书面形式提出。

租船询价的内容如表 1-1 所示。

表 1-1　租船询价的内容

租船方式	询价的主要内容
承租人航次租船	（1）承租人的名称及营业地点（charterer's name and address） （2）货物种类、名称、数量、包装形式（good's descriptions/specifications） （3）装卸港口或地点（layding/discharge port/place） （4）受载期及解约日（lay days and canceling date） （5）装卸时间和装卸费用条件（lay time and fee） （6）船舶类型、载重吨（type and tonnage of vessel） （7）希望采取的租船合同范本（C/P）
承租人定期租船	（1）承租人的名称及营业地点 （2）船舶类型、载重吨及特殊要求 （3）租期和租金（period/payment of hire） （4）交／还船地点（delivery/redelivery vessel clause） （5）航行区域（trading limits） （6）交船日期和解约日期（canceling clause） （7）希望采取的租船合同范本

（二）发盘——租船要约

发盘（Offer）又称为租船报价或租船发盘，是指承租人或船舶出租人围绕询价中的内容，就租船合同涉及的主要条件答复询价的行为。内容可以先谈主要条款（Main Terms），然后再谈细节条款。

报价的主要内容，除对询价的内容做出答复和提出要求外，最主要的是关于租金（运价）的水平和选定的租船合同范本及对范本条款的修改、补充。报价有"硬性报价"和"条件报价"之分，"硬性报价"是报价条件不可改变的报价，超过有效期，这一报价即告失效。与此相反，"条件报价"是可以改变报价条件的报价。

（三）还盘

还盘（Counter Offer）又称还价，是指在条件报价的情况下，承租人与船舶所有人之间对报价条件中不能接受的条件提出修改或增删的内容或提出自己的条件。还价意味着询价人对报价人报价的拒绝和新的报价开始。因此，船东对租船人的还价可能全部接受，也可能部分接受，对不同意的部分提出再还价或新报价。这种对还价条件做出答复或再次提出新的报价的情况称为反还价（Recount Offer）或反还盘。

（四）受盘

受盘（Acceptance）即指明确接受或确认对方所报的各项租船条件，这是租船程序的最后阶段，在合同法中这一阶段被称为承诺，一旦承诺生效，则意味着合同也同时成立。

有效的受盘必须在发盘或还盘规定的时限内，且不能有保留条件，若超过时限，接受发盘的一方应获得另一方再次确认才能生效。没有保留条件的接受，我们称之为实盘。

（五）签约

正式的合同一般是在双方接受主要条款后开始拟制的。受盘后，实盘中的条款已产生约束双方的效力。按照国际惯例，在条件允许的情况下，一般在签订正式合同前，先签署一份备忘录（Fixture Note）或"订租确认书"，作为简式的租船合同。

合约可以由承租人或船舶所有人自己签订，也可以授权租船代理人签订。其一般一式两份。当事人各持一份并存档备用。

第二章

国际铁路货物运输及对港澳地区货物的铁路运输

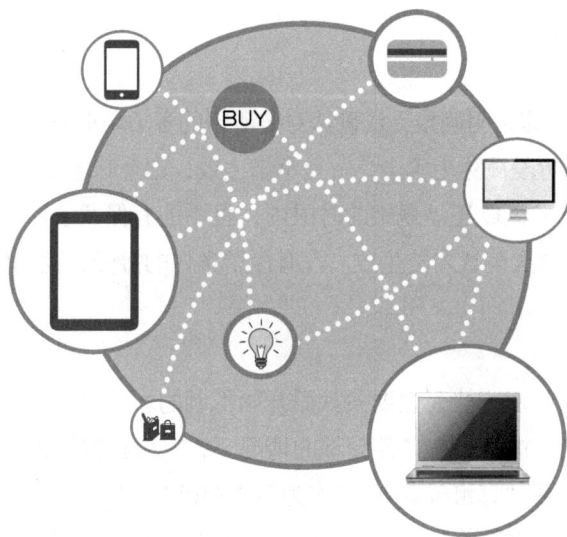

铁路运输是现代运输业的主要运输方式之一，已经有150多年的历史。铁路运输具有运量大、速度快、安全可靠、运输成本低、运输准确性高、运输连续性强、受气候影响较小等一系列特点。我国经由铁路运输的进出口货量居于第二位，仅次于海洋运输。国际铁路货物运输是指起运地点、目的地点或约定经停地点位于不同国家或地区的铁路货物运输。由于运送货物都要涉及两个或两个以上国家（或地区），因此国际铁路货物运输主要采取联运方式，即国际铁路联运。我国铁路运输包括国际段的国际铁路联运和国内段的对港澳地区货物的铁路运输和国内其他地区铁路运输三个组成部分。

第一节　国际铁路联运

国际铁路货物联运（以下简称"国际铁路联运"）是指使用一份统一的国际铁路联运票据在跨及两个及两个以上国家铁路的货物运送中，由参加国铁路负责办理两个或两个以上国家铁路全程运送货物过程，由托运人支付全程运输费用，无须收货人、发货人参加的国际铁路运输组织形式。

一、国际铁路联运的产生和发展

国际铁路联运存在两大系统：一是依据《国际货协》开展国际铁路货物联运；二是依据《国际货约》开展的国际铁路货物联运。

国际铁路联运并非仅限于约定国之间，按照《国际货协》有关规定，从参加国向非参加国或相反方向运送货物，也可办理联运，如表2-1所示。

表 2-1　联运方式及其组织与实施

序号	联运方式	组织与实施
1	从参加国向非参加国发货	使用国际铁路货协的联运单，当货物运到参加国的最终出口国国境①站时，由铁路边境站负责改换适当的联运票据继续转运至终点国（非参加国）
2	从非参加国向参加国发货	由非参加国向参加国发货时，由参加《国际货协》的第一国境铁路的进口国国境站负责办理转运手续

二、国际铁路联运的特点

国际铁路联运的特点如下。

（1）它是在两个或两个以上国家进行的货物运输。

（2）对运输条件有统一的要求。国际铁路联运要求每批货物的运输条件都要符合有关国际联运公约、规则的统一规定。

（3）组织工作复杂。

（4）使用一份铁路联运单据完成货物的跨国运输。

（5）国境换装作业不需要货方参加，而由承办国际铁路联运的铁路方安排完成。

三、国际铁路联运的优势

国际铁路联运具有如下优势。

（1）手续简单，方便发货人。发货人只需在始发站办理一次性托运手续即可将货物运抵另一国的铁路到站。

（2）充分利用了铁路成本较低、运输连贯性强、运输风险小和不易受天气和季节变化影响等优势。采用国际铁路联运可以充分利用铁路运输优势，也便于选择运输路径，从而缩短运输时间，减少运输费用。

---

① 本书所称国境、边境、进境、出境均指关境。

四、国际铁路联运中的货物运输方式

（一）整车货物运输

一般来说，一批货物按照它的重量或体积需要单独使用 30 吨以上的一辆或超过一辆的货车装运，或者虽然不能装满一辆货车，但是由于货物的性质、形状或运送条件等原因，必须单独使用一辆货车装运时，都应该以整车的方式运输。整车货物运输的基本条件如图 2-1 所示。

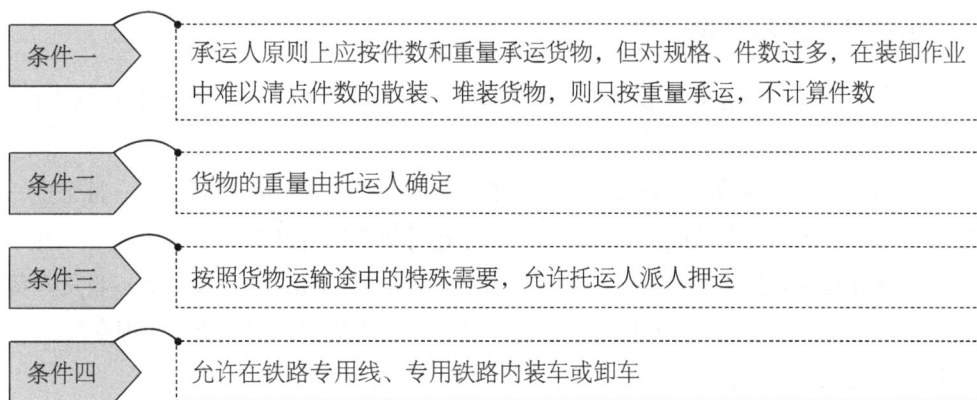

条件一　承运人原则上应按件数和重量承运货物，但对规格、件数过多，在装卸作业中难以清点件数的散装、堆装货物，则只按重量承运，不计算件数

条件二　货物的重量由托运人确定

条件三　按照货物运输途中的特殊需要，允许托运人派人押运

条件四　允许在铁路专用线、专用铁路内装车或卸车

图 2-1　整车货物运输的基本条件

（二）零担货物运输

当一批货物的重量、体积、形状、运送条件等不需要单独使用一辆货车运输，可以与其他几批货物拼装一辆货车运送时，则按零担运输的方式向铁路承运人办理托运手续。一件零担货物的体积不能小于 0.02 立方米（一件重量在 10 千克以上的除外），每批不得超过 300 件。零担货物运输的形式如表 2-2 所示。

表 2-2　零担货物运输的形式

序号	形式	说明
1	直达零担	这是指到达同一目的站的货物
2	中途零担	这是指不能直达，中途卸下再发送的货物
3	沿途零担	这是指沿途列车按到站顺序卸下的货物
4	快运零担	这是指挂运在快运开行区段的零担货运

序号	形式	说明
5	普通零担	这是指可装棚车的货运
6	笨重零担	这是指需装敞车的大件货物的零担货运
7	定期零担	这是指定线、定到站、定班期、定车辆的货运

（三）铁路集装箱货物运输

铁路集装箱货物运输是指将货物装入集装箱，再将集装箱作为下个单元装载到货车上进行运输的方式。

集装箱运输每批必须是同一箱型、同一箱主、同一箱态（同一重箱或空箱），且至少一箱。一辆铁路货车所能转运的箱数或集装箱总重之和不超过货车的容许载重量。

通常，铁路集装箱运输的货物，从装箱、加封到启封、拆箱，应由发货人、收货人负责。铁路凭封印（铅封）向发货人办理收箱、运输，并以发货人的封印向收货人办理支付。

1. 集装箱运输适合的货物

通用集装箱适合运输交电类、仪器仪表类、小型机械类、玻璃陶瓷建材类、工艺品类、日用品类、化工类、针纺织品类、小五金及其他适合集装箱运输的货物。

下列货物不得使用集装箱运输：

（1）容易污染箱体的货物（托运人自备箱除外）；

（2）易于损坏箱体的货物（托运人自备箱除外）；

（3）鲜活货物（经铁路局确定在一定时间和区域内，可以使用集装箱的除外）；

（4）危险货物。

2. 铁路集装箱的运输方式

铁路集装箱的运输方式主要有集装箱定期直达列车、集装箱专用列车、一般快运列车以及普通货运列车四种，如表2-3所示。

表 2-3　铁路集装箱的运输方式

序号	运输方式	说明
1	集装箱定期直达列车	这种方式在发达国家使用普遍，其特点是定期、定线、定点运行，固定车底循环使用，对始端站要求不高，列车编组不定，一般 20 节车厢为一列
2	集装箱专运列车	它与定期直达列车的区别在于不定期，可缓解船期不定和货源不均衡的矛盾
3	一般快运列车	它是小批量集装箱编入快运列车的方式
4	普通货运列车	这是将更小批量集装箱编入普通列车装运，到货慢，效率低

五、国际铁路联运的基本条件

国际铁路联运是指在两个或两个以上国家铁路运送中，使用一份运送单据，并以连带责任办理货物的全程运送，在一国铁路向另一国铁路移交货物时，无须收货人、发货人参加。国际铁路联运简化手续、方便货主，能够充分利用铁路运输在国际贸易中的优势，加速资金的周转，促进铁路沿线经济及铁路运输企业的发展。

（一）国际铁路联运的范围、限制及费用

1. 国际铁路联运的范围

（1）参加《国际货协》和未参加《国际货协》但采用《国际货协》规定的铁路间的货物运送，铁路从始发站以一份运送票据负责运送至最终到站交付给收货人。

（2）未参加《国际货协》铁路间的货物运送，发货人采用《国际货协》运单办理至参加《国际货协》国的最后一个过境铁路的出口国境站，由国境站站长或由发货人在这些站委托的代理人以发货人的全权代理人的身份，采用适当的运单负责办理转发至最终的到达站。

（3）对于通过过境铁路港口站的货物运送，参加《国际货协》铁路的国家，通过参加《国际货协》的过境铁路港口，向其他国家（无论这些国家的铁路是否参加《国际货协》）或者相反方向运送货物时，用《国际货协》运送票据只能办理至过境铁路港口站或者从这个站起开始办理，由港口站的收转人办理转发送。

2. 国际铁路联运的运输限制

（1）不准运送的货物。

（2）不准在一辆车内运送的货物。

（3）不准按一份或数份运单在一辆车内混装运送的货物。

（4）需要各国铁路间预先商定后才能承运的货物。

（5）需要押运人押送的货物。

（6）需要声明价值的货物。

国际铁路联运的运输限制具体如表 2-4 所示。

表 2-4　国际铁路联运的运输限制

限制条件	具体物品说明
在国际铁路直通货物联运中，不准运送的货物	（1）属于应当参加运送的铁路的任一国家禁止运送的物品 （2）属于应当参加运送的铁路的任一国家邮政专运物品 （3）炸弹、弹药和军火（但狩猎和体育用的除外） （4）爆炸品、压缩气体、液化气体或在压力下溶解的气体、自燃品和放射性物质 （5）一件重量不足 10 千克或体积不超过 0.1 立方米的零担货物 （6）在换装联运中使用不能揭盖的棚车运送一件重量超过 1.5 吨的货物 （7）在换装联运中使用敞车类货车运送的一件重量不足 100 千克的零担货物，但此项规定不适用《危险货物运送规则》中规定的一件最大重量不足 100 千克的货物
必须按特殊规定办理才可运送的货物	（1）危险货物 （2）押运人押运的货物 （3）易腐货物 （4）集装箱货物 （5）托盘货物 （6）不属于铁路或铁路出租的空、重车 （7）货捆

3. 国际铁路联运费用

（1）发送路运送费用与到达路运送费用的核收。

（2）过境运送费用的计算和核收：铁路结算制与代理结算制。

（二）国际铁路联运运单

1. 国际铁路联运运单的构成与流转

国际铁路联运运单（以下简称运单），由运单正本、运行报单、运单副本、货物交付单和货物到达通知单组成。

（1）运单正本是运输合同的凭证，它随同货物至到站，并连同货物到达通知单和货物一起交给收货人。

（2）运行报单是参加联运各铁路办理货物交接、划分运送责任、清算运送费用，以及统计运量和运输收入的原始依据，它随同货物至到站，并留存到达路。

（3）运单副本于运输合同签订后，交给发货人，但它不具有运单的效力，铁路承运发货人可凭此副本向收货人结算货款，行使变更要求以及在货物和运单全部灭失时，向铁路提出赔偿要求。

（4）货物交付单随同货物至到站，并留存到达路。

（5）货物到达通知单随同货物至到站，并连同运单正本和货物一并交给收货人。

> 在实际业务中，可视情况需要增加若干补充运行报单。补充运行报单包括带号码的补充运行报单（以下简称有号报单）和不带号码的补充运行报单（以下简称无号报单）两种。

2. 国际铁路联运运单的内容

铁路联运运单的五张单据正面的印刷格式相同，由 1 ~ 50 栏构成，主要用于记载收货人、始发站、终到站，以及货物等方面的内容。

（三）国际铁路联运进出口货物运输业务流程

1. 国际铁路联运出口货物运输业务流程

（1）根据现行铁路规定，凡发运整车货物，都需要有铁路部门批准的月度要车计划和旬度要车计划。零担货物和集装箱货物不需要向铁路部门编报月度要车计划，但发货人须事先向发站办理托运手续。

（2）国际铁路联运出口货物的托运与承运。

（3）货物的装车发运。

（4）出口货物在国境站的交接。

2. 国际铁路联运进口货物运输实务流程

（1）向国境站货运代理寄送单证，办理委托代理手续。

（2）联运进口货物在国境站的交接与分拨。

（3）到达取货。

第二节　对港澳地区货物的铁路运输

对香港地区的铁路运输属于一种特殊的租车方式的两票运输，它的全过程是由内地段铁路运输和港段铁路运输两段组成，由内地对外贸易运输公司各地分支机构和香港中国旅行社联合组织。

一、对港澳地区货物的铁路运输实施方式

内地与澳门之间目前无铁路直接相通，内地运往澳门的货物，需先从发站与铁路办理国内段的铁路运输至广州地区的货运站中转至澳门。

内地与香港地区之间的铁路货运包括内地进港铁路货物运输、利用九龙回空车辆装运进口货物和集装箱直达运输三种方式。

对港澳地区货物的铁路运输，不属于国际铁路联运，其实施方式如表2-5所示。

表2-5　对港澳地区货物的铁路运输实施方式

序号	对港澳地区货物的铁路运输	组织与实施
1	至香港地区的货物运输	先由产地将货物由铁路运至深圳北门，经当地外运公司接化、报关后，再统一向铁路租车，砂车过轨，并委托港中旅续办港段铁路的托运、押送和在终点站交付收货人的工作。实行"租车方式、两票运输"
2	至澳门地区的货物运输	由产地将货物由铁路运至广州后，再用卡车或驳船运往澳门地区

上述供应香港、澳门地区的铁路运输货物凡凭信用卡办理结汇的，都由出口单位凭发票地外运公司签发的"承运货物收据"（Cargo Receipt）随同其他单证办理结汇手续。

二、对港澳地区货物运输的组织

（一）线路与设施

对港澳地区的铁路货物运输线路与设施包括深圳口岸、九广铁路和京九铁路。

（二）运输组织机构

（1）广深铁路股份有限公司深圳北站。

（2）国际货运代理公司（主要由中国外运深圳公司、中国外运广东公司深圳分公司、中国铁路对外服务公司深圳公司等几十家货代公司组成）。

（3）香港中旅货运有限公司。

（三）三趟快车

"三趟快车"是供应港澳鲜活冷冻商品快运货物列车的简称，其中 82751 次由江岸、长沙北隔日发；82753 次由上海的新龙华发；82755 次由郑州北发，终到站均为深圳北站。

1."三趟快车"的组成

82751 次快运货物列车，每逢单日由武汉江岸始发，逢双日由长沙北始发，承担湖北、湖南两省供应港澳地区商品的运输。

82753 次快运货物列车，每日由上海新龙华始发，承担江苏、上海、浙江和江西等省市供应港澳地区商品的运输。

82755 次快运货物列车，每日由郑州北始发，承担河南省及东北、华北、西北地区经郑州中转的供应港澳地区商品的运输。

2.三趟快车的特点

三趟快车在运输的品种、贸易方式和运输组织方式上的特点如下所述。

（1）在运输品种上，仅限鲜活冷冻商品。目前港澳市场上 99% 的活家畜和 50% 以上的冻肉、水产品、瓜果、蔬菜都是由"三趟快车"进行运输的。

（2）在贸易方式上，采取配额加出口许可证的办法。

（3）在运输组织上，除了实行定时定点定线开行，以内地供港商品为基本车组，沿途不解体之外，由于内地铁路与香港铁路不办理直通联运，因而采用向内地铁路租车、原车直接过轨的办法组织运输，发货人的结汇凭证是各地外运公司以运输总承运人所签发的从始发站经深圳中转至香港的全程"承运货物收据"。

三、对港澳地区货物运输费用

目前，对港运输采用两段运输分别计费，即内地段铁路运杂费和港段铁路运杂费。

（1）内地段铁路运杂费以人民币计算，包括运费和深圳口岸所发生的货车租用费、货物装卸费、调车费、中转费、劳务费等各种杂费。

（2）向香港发货：发站向发货人收取至广州北站的运杂费；广州北站至深圳北站的运杂费在深圳向收货人收取。

（3）向内地发货：在深圳北站向发货人收取。

港段铁路运杂费以港元计算，包括运费、终点站费、装卸费、国际集装箱加固费和吊箱费、港段调车费、港段劳务费等。

四、对港澳地区货物运输的单据

对港澳地区货物运输涉及的单据包括供港货物委托书、出口货物报关单、承运货物收据、国内铁路提运单。

承运货物收据是各地外运公司以货物代理的身份向外贸公司签发的，负责发站至香港的全程运输的单证，它是向银行结汇的凭证，代表货物的所有权，是香港收货人的提货凭证。

承运货物收据既是承运人的货物收据，也是承运人与托运人之间的运输合同。由于这种货物收据是由中国对外贸易运输公司以运输行身份签发的运输单据，只有在信用证条款允许时，银行才愿接受。

（一）内地与港澳地区间铁路集装箱运输的业务特点

与前述非铁路集装箱货物运输相比，内地与香港九龙间的铁路集装箱货物运输具有以下两个显著特点：

（1）在运输单据上，使用中铁集装箱运输中心（简称中铁）印制的"中铁集装箱运输中心联运提单"取代货物运单；

（2）在运输组织上，改变了普通货物的"租车方式、两票运输"方式，采取在指定办理站之间"一票直达"的方式。

（二）中铁提单

"中铁集装箱运输中心联运提单"（以下简称"中铁提单"）是承运人与托运人之间办理集

装箱货物联运，货物被接收后签订的运输合同。

　　"中铁提单"分正本提单和副本提单。正本提单根据托运人要求的份数，签署完毕后全部交还托运人。副本提单在单程运输时有两联，一联是带海关联的副本，填记发站所在地海关记载事项，随车同行，在深圳转关时，荀岗海关将海关部分留存后，副本提单随车继续运输至到站，交付后到站存档；另一联副本提单由发站承运人留存。往返运输另加一份副本提单，到站承运人存档，保证原箱按期返回。原箱返回时，重新填制提单，不再收取费用。在口岸办理报关报验手续的集装箱运输，使用带海关联的副本提单。

第三章

国际公路货物运输

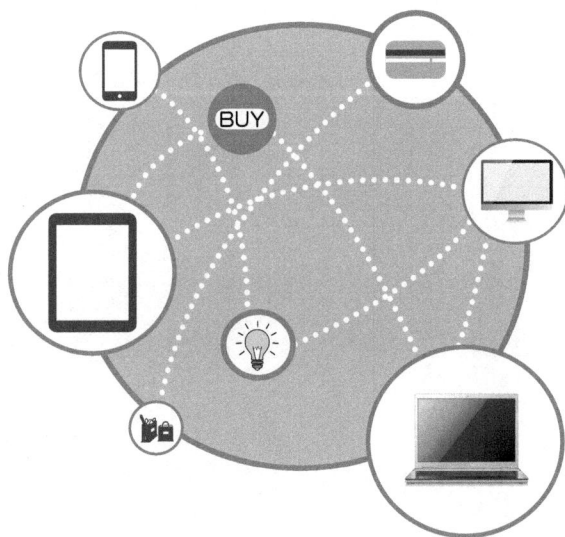

第一节　国际公路货物运输概述

国际公路货物运输是指国际货物借助一定的运载工具，沿着公路作跨及两个或者两个以上国家或地区的移动过程。目前世界各国的国际货物运输一般以汽车作为工具，所以它实际上就是国际汽车货物运输。它既是一个独立的运输体系，也是车站、港口和机场集散物资的重要手段。

一、国际公路货物运输的特点

国际公路货物运输具有如下特点。

（一）全运程速度快，适合短途运输

汽车运输不需中转，据统计，一般在中短途运输中，汽车运输的运送速度平均是铁路运输的 4 ~ 6 倍，是水路运输的 10 倍。

（二）运用灵活，可适合门到门的服务

汽车活动空间大，除了可以沿公路网运行之外，还可以到工厂、矿山、车站、码头、农村、山区等，实现门到门的服务。

（三）可以广泛参与国际多式联运

汽车运输是邻国间边境贸易货物运输的主要方式，按有关国家之间的双边或多边公路货物运输协定或公约运输，可以广泛地参与其他运输方式的联运，是港口、铁路、车站物资集散的必要手段。

二、公路货物运输组织

（一）整车货物运输

托运人一次托运的货物在 3 吨（不含 3 吨）以上，或虽不足 3 吨，但其性质、体积、形状需要一辆 3 吨及以上汽车运输的，均为整车运输。

为明确运输责任，整车货物运输通常是一车一张货票、一个发货人。为此，汽车运输企业应选派额定载重量与托运量相适应的车辆装运整车货物。

以下货物必须按整车运输：

（1）鲜活货物，如冻肉、冻鱼、鲜鱼，活的牛、羊、猪、兔、蜜蜂等；

（2）需用专车运输的货物，如石油、烧碱等危险货物，粮食、粉剂等散装货物；

（3）不能与其他货物拼装运输的危险品；

（4）易于污染其他货物的不洁货物，如炭黑、皮毛、垃圾等；

（5）不易于计数的散装货物，如煤、焦炭、矿石、矿砂等。

（二）零担货物运输

公路零担货物运输是指托运人一次托运货物的计费重量不足 3 吨，以汽车为运载工具的货物运输。按件托运的零担货物，单件体积一般不得小于 0.01 立方米（单件重量超过 10 千克的除外），不得大于 1.5 立方米；单件重量不得超过 200 千克；货物长度、宽度、高度分别不得超过 3.5 米、1.5 米和 1.3 米。不符合这些要求的，不能按零担货物托运、承运。

各类危险货物，易破损、易污染和鲜活货物等，一般不能作为零担货物办理托运。

三、国际公路运输过程中的责任范围

（一）承运人责任

公路运输承运人的责任期限是从接收货物时起至交付货物时止。在此期限内，承运人对货物的灭失损坏负赔偿责任。但不是由承运人的责任所造成的货物灭失损坏，承运人不予负责。根据我国公路运输规定，由图 3-1 所列原因而造成的货物灭失损坏，承运人不负责赔偿。

情形一	由于人力不可抗拒的自然灾害或货物本身性质的变化，以及货物在运送途中的自然消耗
情形二	包装完好无损，而内部短损变质者
情形三	违反国家法令或规定，被有关部门查扣、弃置或作其他处理者
情形四	收货人逾期提取或拒不提取货物而造成霉烂变质者
情形五	有随车押运人员负责途中保管照料者

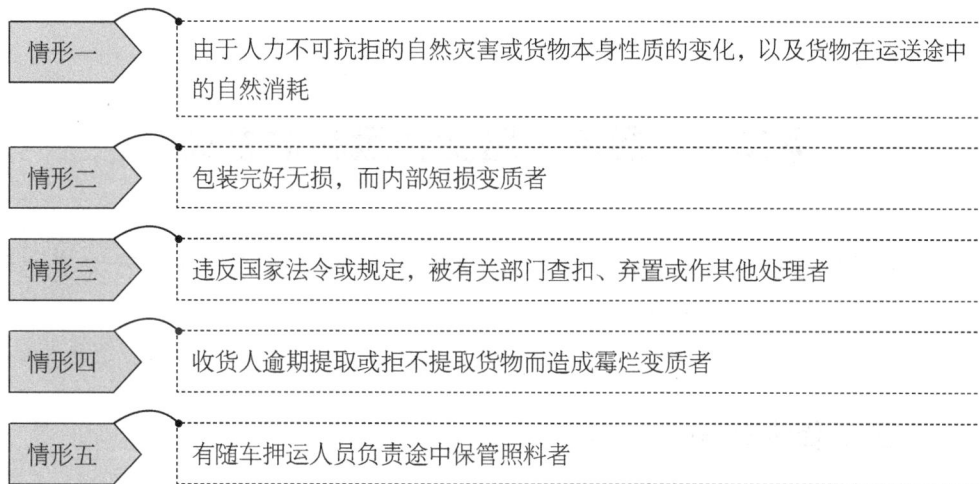

图 3-1 承运人不负责赔偿的情形

对货物赔偿价格，按实际损失价值赔偿。如货物部分损坏，按损坏货物所减低的金额或按修理费用赔偿。赔偿有效期限，从货物开票之日起，不得超过六个月。赔偿要求从提出之日起，责任方应在两个月内做出处理。

（二）托运人责任

公路运输托运人应负的责任基本与铁路、海上运输相同，主要包括：

（1）按时提供规定数量的货载；

（2）提供准确的货物详细说明；

（3）货物唛头标识清楚；

（4）包装完整，适于运输；

（5）按规定支付运费，且一般均规定如因托运人的责任造成车辆滞留、空载，托运人须承担延滞费和空载费等损失。

第二节 国际公路货物运输的方式

国际公路货物运输常用的运输方式主要有整车与零担货运、长途与短途货运、普通和特种货运、集装箱运输和货物联运等。

一、整车货物运输

整车货物运输是指一次托运货物在 3 吨以上（含 3 吨），或者不足 3 吨，但其性质、体积或形状不能和其他货物拼装，需要一辆 3 吨及以上汽车运输。

一个托运人托运整车货物的重量（毛重）低于车辆额定载重量时，为合理使用车辆的载重能力，可以拼装另一托运人托运的货物，即一车两票或多票，但货物总重量不得超过车辆额定载重量。

整车货物多点装卸，按全程合计最大载重量计重，最大载重量不足车辆额定载重量时，按车辆额定载重量计算。托运整车货物由托运人自理装车，未装足车辆标记载重量时，按车辆载重核收运费。

二、零担货物运输

零担货物运输是指一次托运同一到站的货物，其重量不足 3 吨，体积不超过 1.5 立方米，单件重量不得超过 200 千克，货物长度、宽度、高度分别不超过 3.5 米、1.5 米和 1.3 米的货物运输。

按件托运的零担货物，单件体积一般不得小于 0.01 立方米（单件重量超过 10 千克的除外）；货物长度、宽度、高度分别不得超过 3.5 米、1.5 米和 1.3 米。不符合这些要求的，不能按零担货物托运、承运。

各类危险货物，易破损、易污染和鲜活类货物，一般不能作为零担货物办理托运。

三、特种货物运输

特种货物运输是指危险品、超限笨重大件、鲜活货物等需特殊车辆和有关管理部门准运证的货物运输，包括危险货物运输和大型货物运输等。

（1）危险货物运输。危险货物主要包括爆炸品、压缩气体和液化气体、易燃气体、易燃固体、自燃物品和遇湿易燃物品、氧化剂和有机过氧化物、毒害品和感染性物品、放射性物品、腐蚀品。

（2）大型物件运输。大型物件，按其外形尺寸和重量（含包装和支撑架）分成四级，凡达到规定标准之一者均为大型物件。

四、集装箱运输

集装箱运输又被称为成组运输或规格化运输，是指以集装箱为运输单位的货物运输。组成集装单位货物的形式通常有四种，如图3-2所示。

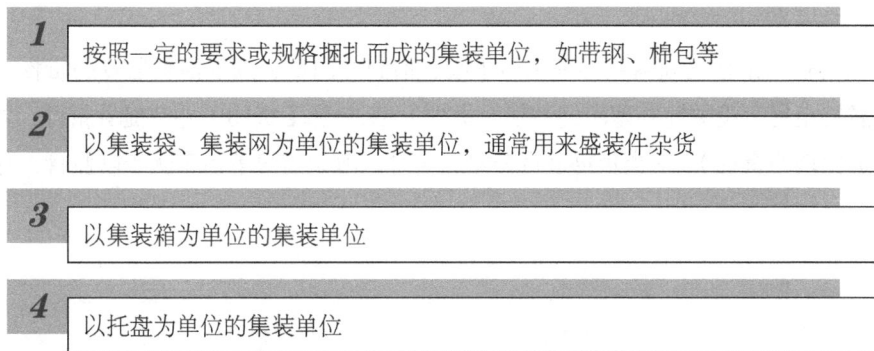

1	按照一定的要求或规格捆扎而成的集装单位，如带钢、棉包等
2	以集装袋、集装网为单位的集装单位，通常用来盛装件杂货
3	以集装箱为单位的集装单位
4	以托盘为单位的集装单位

图 3-2　组成集装单位货物的形式

集装箱运输已成为一种普遍使用的货运形式，它能减少货物在整个运输过程中的损失，提高运输质量，有利于组织搬运装卸机械化作业，以及不同运输方式之间的货物联运。

五、边境公路运输

边境公路运输是指通过中外边境口岸报验、报关的外贸公路运输。

六、进出口货物集疏港运输

进出口货物集疏港运输主要指散杂货和集装箱运输。

七、包车运输

包车运输是指把车辆包给托运人使用，按时间或里程计算运费的货物运输方式。常适用于：

（1）不宜计量、计运距且货物特性不能按正常速度行驶的货物运输；

（2）道路条件受限制的货物运输；

（3）装卸难度大、时间过长的、货主自行决定车辆开停时间的、货主自行要求包车的货物运输。

八、海关监管运输

海关监管运输是指已向海关办理出口手续，但尚未出口，须受海关监管的货物、转关货物（入境后转至另一设关地办理海关手续的货物）、来料加工货物（外商提供原料、入境加工后全部复运出境的货物）。这类货物进行公路运输时，海关需对承运车队予以监管，并给予资质认证。

第四章

国际航空货物运输

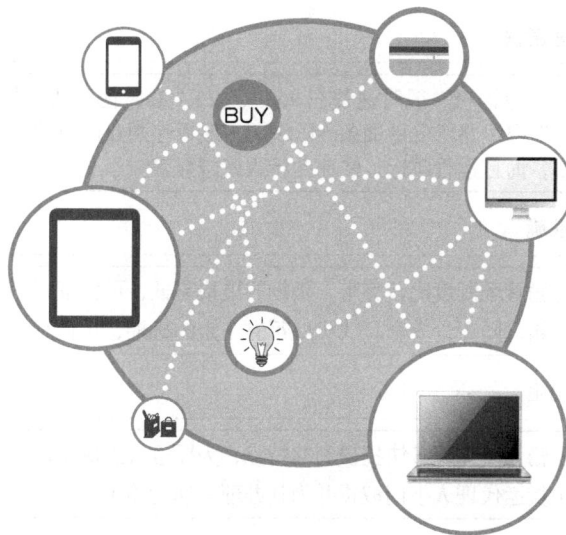

第一节 国际航空货物运输概述

航空运输是使用飞机或其他航空器进行运输的一种形式。由于突出的高速直达性，其在交通大系统中具有特殊的地位并且拥有很大的发展潜力。

一、国际航空货物运输的特点

国际航空货物运输虽然起步较晚，但发展极为迅速，这是与它具备的许多特点分不开的，这种运输方式与其他运输方式相比具有如图 4-1 所示的特点。

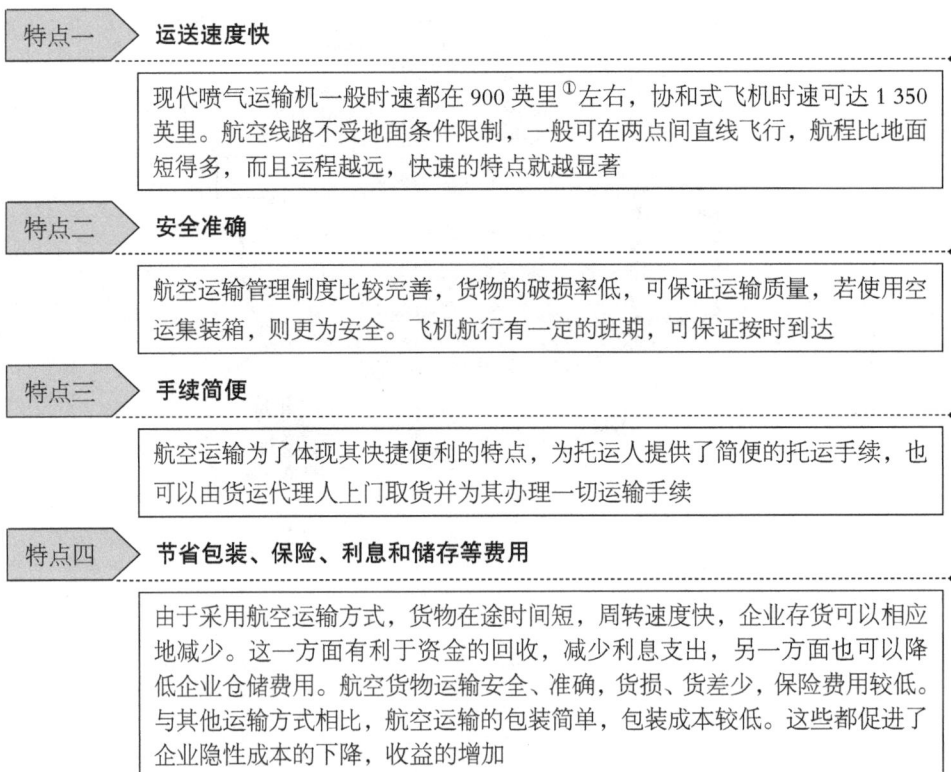

特点一　运送速度快

现代喷气运输机一般时速都在 900 英里①左右，协和式飞机时速可达 1 350 英里。航空线路不受地面条件限制，一般可在两点间直线飞行，航程比地面短得多，而且运程越远，快速的特点就越显著

特点二　安全准确

航空运输管理制度比较完善，货物的破损率低，可保证运输质量，若使用空运集装箱，则更为安全。飞机航行有一定的班期，可保证按时到达

特点三　手续简便

航空运输为了体现其快捷便利的特点，为托运人提供了简便的托运手续，也可以由货运代理人上门取货并为其办理一切运输手续

特点四　节省包装、保险、利息和储存等费用

由于采用航空运输方式，货物在途时间短，周转速度快，企业存货可以相应地减少。这一方面有利于资金的回收，减少利息支出，另一方面也可以降低企业仓储费用。航空货物运输安全、准确，货损、货差少，保险费用较低。与其他运输方式相比，航空运输的包装简单，包装成本较低。这些都促进了企业隐性成本的下降，收益的增加

图 4-1　国际航空货物运输的特点

---

① 1英里约等于1.61千米。余同。

| 特点五 | 航空运输的运量小、运价较高 |

航空运输运量小、保管制度完善，货损、货差较少。这些优点可弥补运费高的缺陷

图 4-1　国际航空货物运输的特点（续图）

二、国际航空货物运输的作用

（1）航空货物运输具有比其他运输方式更快的特点，可以使进出口货物能够抢行市，卖出好价钱，增强商品的竞争能力，对国际贸易的发展起到很大的推动作用。

（2）航空货物运输适合鲜活易腐和季节性强的商品运输。这些商品对时间的要求极为敏感，如果运输时间过长，则可能使商品变为废品，无法供应市场；季节性强的商品和应急物品的运送必须抢行就市，争取时间，否则会变为滞销商品，滞存仓库，积压资金，同时还要负担仓储费。采用航空运输，可保鲜成活，又有利于开辟远距离的市场，这是其他运输方式无法相比的。

（3）可利用航空工具来运输像电脑、精密仪器、电子产品、成套设备中的精密部分、贵稀金属、手表、照相器材、纺织品、服装、丝绸、皮革制品、中西药材、工艺品等价值高的商品，以适应市场变化快的特点。航空运输速度快、商品周转快、存货少、资金回收迅速、可节省储存和利息费用，以及安全、准确等优点弥补了运费高的缺陷。

（4）航空运输是国际多式联运的重要组成部分。为了充分发挥航空运输的优势，在不能以航空运输直达的地方，也可以采用联合运输的方式，如常用的陆空联运、海空联运、陆空陆联运，甚至陆海空联运等，与其他运输方式配合，使各种运输方式各显其长，相得益彰。

三、国际航空货物运输组织

（一）国际民用航空组织

国际民用航空组织（International Civil Aviation Organization，ICAO）是各国间组成的国际航空运输机构。1947 年 5 月 13 日，国际民用航空组织正式成为联合国的一个专门机构，其现有 161 个成员，总部设在加拿大的蒙特利尔。其最高权力机关每三年至少举行一次全体成

员大会，最高机构是理事会，理事会由大会选出的 33 个会员方代表组成，我国于 1974 年正式加入该组织，也是理事国之一。该组织下设航行、航空运输、联合供应空中航行设施、财务和关于非法干扰国际民用航空及其设施委员会，另有常设的法律委员会协调工作。

（二）国际航空运输协会

国际航空运输协会（International Air Transport Association，IATA）是各国航空运输企业之间的联合组织，会员必须是持有国际民用航空组织的成员颁发的定期航班运输许可证的航空公司。它的前身是六家航空公司参加的国际航空交通协会，1945 年改为现名，协会总部设在蒙特利尔。1945 年 12 月 18 日，加拿大议会通过特别法令，同意授予该协会法人地位。协会在纽约、巴黎、伦敦和新加坡设有分支机构，最高权力机构是每年召开的全体会议。协会设有四个常务委员会，分管法律、业务、财务和技术。有些货运代理公司的名片印有 IATA 符号，表明这家货运代理公司是被 IATA 认可的代理人。

国际航空运输协会有两项重要职能，即公布航空货物运价和提供货运结算系统。

（三）国际航空电信协会

国际航空电信协会（Society International De Telecommunication Aeronautiques，SITA）是联合国民航组织认可的一个非营利组织，是航空运输业世界领先的电信和信息技术解决方案的集成供应商。SITA 成立于 1949 年，在全球拥有 4 300 名雇员，1997 年总产值超过 10 亿美元；目前在全世界拥有 650 家航空公司会员，其网络覆盖全球 180 个国家。

SITA 不仅为航空公司提供网络通信服务，还可为其提供共享系统，如机场调度系统、行李查询系统、货运系统及国际票价系统等。

SITA 从 20 世纪 80 年代初在中国成立办事处以来，其中国会员已达 11 家。SITA 货运系统已在中国国际航空公司、中国货运航空有限公司使用。系统开通后，与外地营业部、驻外办事处联网后，货运工作人员可及时将航班信息、运单信息、入库信息、装载信息、货物到达信息及中转信息等数据输进网络，系统在航班关闭后自动拍发仓单报、运单报等货运电报。相关人员只要打开网络，就能全程追踪货物的情况，从而为货主查询联程货物和进口货物提供极大方便。

第二节　航空运输的组织方式

航空运输的组织方式主要有班机、包机、集中托运和快件运输四种。

一、班机运输

班机（Scheduled Airline）是指固定起飞时间、固定航线、固定停靠站和目的站的航班。由这种航班进行的运输就是班机运输（Scheduled Airline Transport）。

（一）班机运输的分类

班机运输可分为客机运输和全货机运输，如图 4-2 所示。

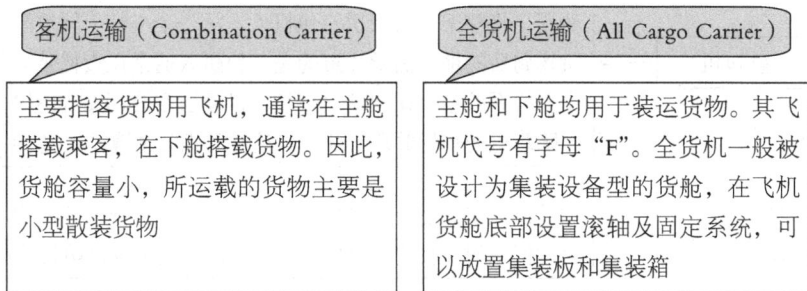

客机运输（Combination Carrier）	全货机运输（All Cargo Carrier）
主要指客货两用飞机，通常在主舱搭载乘客，在下舱搭载货物。因此，货舱容量小，所运载的货物主要是小型散装货物	主舱和下舱均用于装运货物。其飞机代号有字母"F"。全货机一般被设计为集装设备型的货舱，在飞机货舱底部设置滚轴及固定系统，可以放置集装板和集装箱

图 4-2　班机运输的分类

（二）班机运输的特点

（1）班机运输固定航线和停靠站，定期开航，定点到达，因此国际货物流通采用班机运输方式，可以使收发货人准确掌握货物起运和到达时间，保证货物安全、准时地成交。这对市场上急需的商品、鲜活易腐货物及贵重商品的运送是非常有利的。

（2）由于班机运输不但航班时刻固定，而且收费标准也比较固定，所以比较好预期准确的发运和到达时间，运输成本也容易核算，更重要的是航班密集，选择余地大，因此成为很多贸易商首选的航空货运形式。

（3）由于班机一般是客货混装，客机舱位有限，在运输旺季时，很容易出现舱位紧张，订不到期望的航班日期的情况，所以不能满足大批货物的运输要求，只能分期分批运输。因此，大批货物的航空运输应采用其他方式。

二、包机运输

包机运输（Chartered Carrier）是指航空公司根据约定的条件和费率将整架飞机租给一家或几家包机运营商，并将货物从一家或几家航空站运送到指定的目的地。包机运输适用于大宗货物运输，费用低于定期航班。

（一）包机运输的分类

包机运输方式可分为整包机和部分包机两类，如图 4-3 所示。

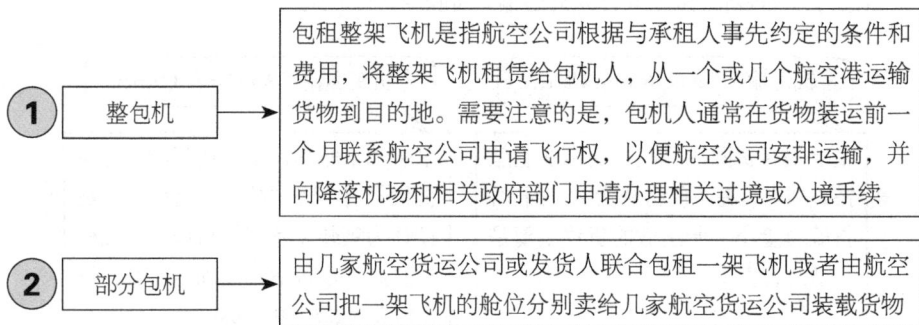

① 整包机	包租整架飞机是指航空公司根据与承租人事先约定的条件和费用，将整架飞机租给包机人，从一个或几个航空港运输货物到目的地。需要注意的是，包机人通常在货物装运前一个月联系航空公司申请飞行权，以便航空公司安排运输，并向降落机场和相关政府部门申请办理相关过境或入境手续
② 部分包机	由几家航空货运公司或发货人联合包租一架飞机或者由航空公司把一架飞机的舱位分别卖给几家航空货运公司装载货物

图 4-3　包机运输方式

虽然有些包机有固定的时间表，但由于其他原因，它们往往不能按时起飞，所以时间相对较长。另外，因为各国政府为了保护本国航空公司的利益，往往对别国航空公司的业务实行各种限制，如申请入境、通过领空和降落地点等必须得到有关国家的批准同意。

（二）包机运输的特点

（1）解决了班机仓位不足的问题。

（2）减少了货损、货差或丢失的现象。

（3）货物全部由包机运出，节省了时间，并避免了多次发货的烦琐。

（4）弥补没有部分直达航班的不足，且不用中转。

三、集中托运

集中托运是指航空货运代理公司把若干单独发运的货物组成一整批货物，用一份总运单整批发运到同一到站，或者运交某一预定的代理人收货，然后统一报关、分拨后交给实际收货人的运输方式。航空货运代理公司对每一委托人另发一份代理公司签发的运单，以便委托人转给收货人，让其凭运单提取货物或收取货物款。

集中托运的名义承运人一般是货运代理公司。由于实际承运航空公司会根据每批货物的重量按不同的费率核收运费，且每批货物的重量越大，费率就越低，所以，货运代理公司把从不同发货人那里收集的小件货物集中起来，交给航空公司运送，以降低运费。

集中托运在国际航空界开展得比较普遍，也是航空货运代理的主要业务之一，是其盈利的主要手段。

> 贵重物品、危险品、活动物及文物等货物不能办理集中托运。

四、快件运输

快件运输即航空快递（Air Courier），是指具有独立法人资格的企业将进出境货物或物品从发件人所在地通过自身或代理的网络运达收件人的一种快速运输方式。采用快件运输的进出境货物、物品叫快件。

快件运输的业务性质和运输方式与普通航空货运基本一致，因而国内许多航空货运代理公司都兼营快件业务，同时也有专门的快件公司从事国际航空快件业务。快件货物除了航空公司飞行承运外，其全程运行必须置于快件公司的操作和控制之下，这样才能提高运送效率、减少差错，为跟踪查询提供条件，使快件运输在服务水准上比普通空运有质的提高。

快件运输主要有三种形式。

（一）"门到门"服务

"门到门"服务（Door to Door）指发件人需要发货时打电话给快件公司，快件公司接到电话后，立即派人到发件人处取件，快件公司将所需发运的快件根据不同的目的地进行分拣、整理、核对、制单、报关，利用最近的航班，通过航空公司或快件公司自己的班机，将快件运往世界各地。发件地的快件公司用电传、E-mail或传真等形式将所发运快件的有关信息，航空运单及分运单号、件数、重量等内容，通知中转站或目的地的快件公司。快件到达中转站及目的地机场后，由中转站或目的地的快件公司负责办理清关、提货手续，并将快件及时送到收货人手中，之后将快件派送信息及时反馈给发件地的快件公司。

（二）"门到机场"服务

"门到机场"服务（Door to Airport）中的运输服务只能到达收件人所在城市或附近的机场。快件到达目的地机场后，当地快件公司及时将到货信息通知收件人，收件人可自己办理清关手续，也可委托原快件公司或其代理公司办理清关手续，但需额外缴纳清关代理费用。采用这种运输方式的快件多是价值较高，或是目的地海关当局对货物或物品有特殊规定。

（三）专门派送

专门派送（Courier on Board）这种方式是指发件地快件公司指派专人携带快件在最短的时间内，采用最便捷的交通方式，将快件送到收件人手里。这种方式一般是在比较特殊的情况下，为了确保货物安全及交货时间而采用的。

第五章

国际多式联运

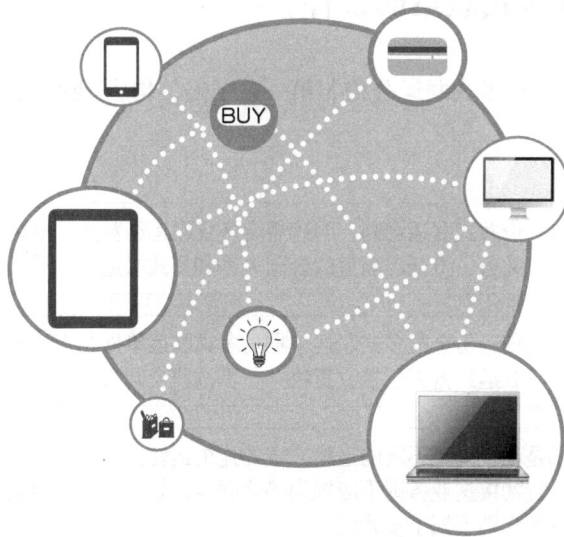

第一节 国际多式联运概述

国际多式联运（International Multimodal Transport）简称多式联运，是一种以实现货物整体运输的最优化效益为目标的联运组织形式。它通常是以集装箱为运输单元，将不同的运输方式有机地组合在一起，构成连续的、综合性的一体化货物运输。国际多式联运适用于水路、公路、铁路和航空多种运输方式。在国际贸易中，由于 85% ～ 90% 的货物是通过海运完成的，故海运在国际多式联运中占据主导地位。

一、构成国际多式联运的条件

按照《联合国国际货物多式联运公约》第一条规定，构成国际多式联运必须具备以下几个条件，如图 5-1 所示。

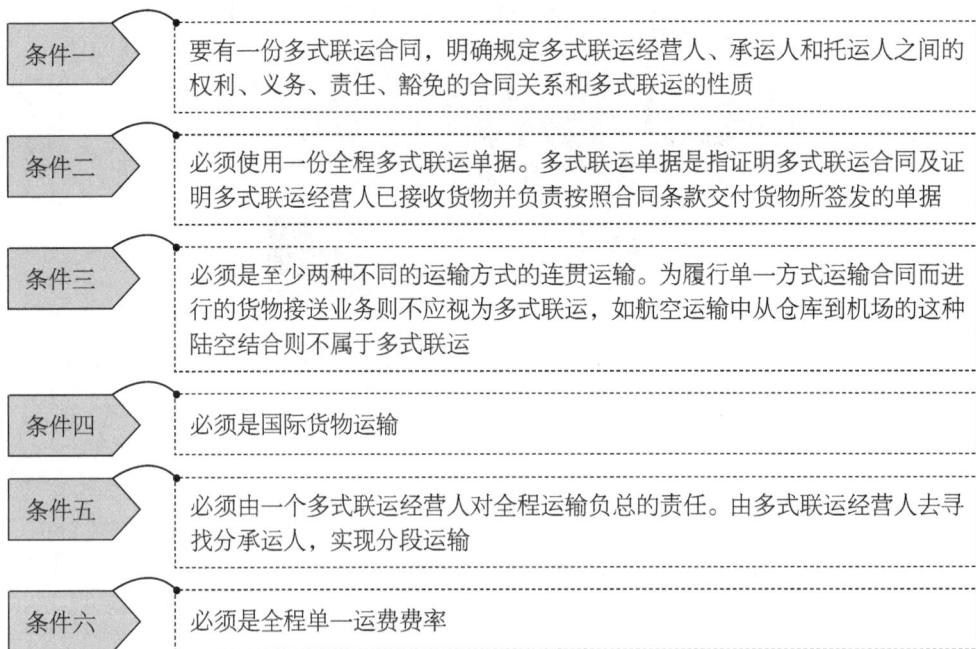

条件一	要有一份多式联运合同，明确规定多式联运经营人、承运人和托运人之间的权利、义务、责任、豁免的合同关系和多式联运的性质
条件二	必须使用一份全程多式联运单据。多式联运单据是指证明多式联运合同及证明多式联运经营人已接收货物并负责按照合同条款交付货物所签发的单据
条件三	必须是至少两种不同的运输方式的连贯运输。为履行单一方式运输合同而进行的货物接送业务则不应视为多式联运，如航空运输中从仓库到机场的这种陆空结合则不属于多式联运
条件四	必须是国际货物运输
条件五	必须由一个多式联运经营人对全程运输负总的责任。由多式联运经营人去寻找分承运人，实现分段运输
条件六	必须是全程单一运费费率

图 5-1 构成国际多式联运的条件

国际多式联运最大的好处是能集中发挥各种运输方式的优点，使国际货物运输既快又安全，同时简化了手续，减少了中间环节，加快了货运速度，降低了运输成本，并提高了货运质量，为实现"门到门"运输服务创造了有利条件。

二、国际多式联运的当事人

国际多式联运的当事人由三方组成，如图 5-2 所示。

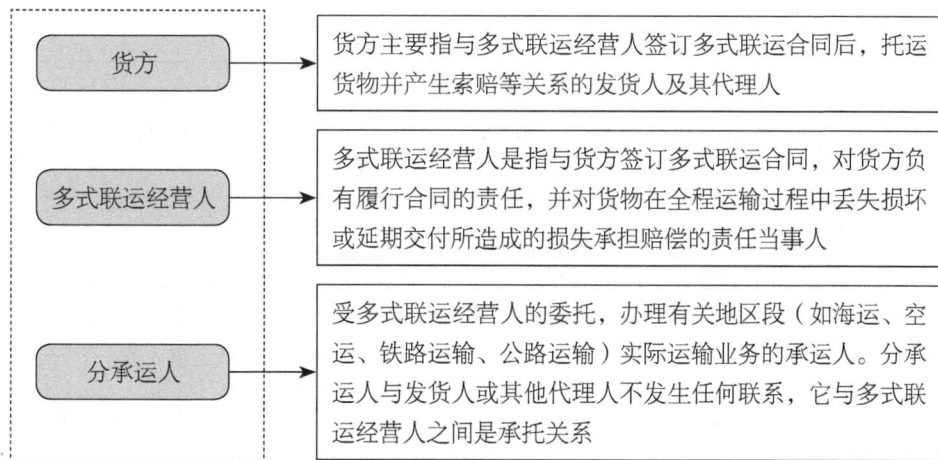

货方 → 货方主要指与多式联运经营人签订多式联运合同后，托运货物并产生索赔等关系的发货人及其代理人

多式联运经营人 → 多式联运经营人是指与货方签订多式联运合同，对货方负有履行合同的责任，并对货物在全程运输过程中丢失损坏或延期交付所造成的损失承担赔偿的责任当事人

分承运人 → 受多式联运经营人的委托，办理有关地区段（如海运、空运、铁路运输、公路运输）实际运输业务的承运人。分承运人与发货人或其他代理人不发生任何联系，它与多式联运经营人之间是承托关系

图 5-2　国际多式联运的当事人

三、国际多式联运的优越性

国际多式联运是国际货物运输的一种较高级组织形式，它集中了各种运输方式的优点，将其扬长避短地融为一体，组成连贯运输，达到简化货运环节、加速国际货物周转、减少货损货差、降低运输成本、实现合理运输的目的。与传统的单一运输方式相比，其具有如图 5-3 所示的五大优越性。

优势一 > **责任统一、手续简便**

与单一运输方式的分段托运和多头负责相比，多式联运不仅手续简便，而且责任明确。在全程运输过程中，无论距离多远，使用多少种运输工具，也无论途中要经过多少次转运，一切运输事宜都由多式联运经营人统一负责办理，而货主只要办理一次托运，签订一份合同，支付一笔全程单一运费，取得一份联运单据，多式联运经营人就履行全部责任。由于责任统一，一旦发生问题，只要找多式联运经营人便可解决问题

优势二 > **提高货物运输效率**

在利益驱动下，多式联运经营人在接收货物以后，凭借自己在运输领域的专业知识，在集中多方货主的情况下，可以充分利用已有的运输资源，高效率地完成运输任务。多式联运经营人的优势就在于此

优势三 > **减少中间环节、降低运输成本**

国际多式联运可有效地减少中间环节，缩短货运时间，降低货损货差，提高货运质量。同时，由于其中间环节减少，也能有效地降低运输成本，节省运杂费，有利于对外贸易的开展

优势四 > **有效实现"门到门"运输**

采取多式联运，可以把货物从发货人所在地仓库运至收货人所在地仓库，为实现"门到门"的直达连贯运输奠定基础

优势五 > **有效保证货运安全**

根据《联合国国际货物多式联运公约》的规定，多式联运经营人将承担远远大于海运承运人的责任，因此多式联运经营人将比海运承运人更加关心运输途中的货物安全，关心的方法和途径也比货主更为专业，防范风险的手段也更加有效

图 5-3 国际多式联运的优越性

四、国际多式联运与一般国际货物运输的区别

国际多式联运极少由一个经营人承担全部运输，往往是接受货主的委托后，联运经营人自己办理一部分运输工作，而将其余各段的运输工作委托给其他的承运人。但这又不同于单一的运输方式，这些接受多式联运经营人负责转托的承运人，只是依照运输合同关系对联运经营人负责，与货主不发生任何业务关系。因此，多式联运经营人可以是实际承运人，也可是"无船承运人"（Non-Vessel Operating Carrier，NVOC）。国际多式联运与一般国际货物运输的主要不同点有以下几个方面。

（一）货运单证的内容与制作方法不同

国际多式联运大多为"门到门"运输，故货物于装船或装车或装机后应同时由实际承运人签发提单或运单，多式联运经营人签发多式联运提单，这是多式联运与任何一种单一的国际货运方式的根本不同之处。在此情况下，海运提单或运单上的发货人应为多式联运经营人，收货人及通知方一般应为多式联运经营人的国外分支机构或其代理；多式联运提单上的收货人和发货人则是真正的、实际的收货人和发货人，通知方则是目的港或最终交货地点的收货人或该收货人的代理人。

多式联运提单上除列明装货港、卸货港外，还要列明收货地、交货地或最终目的地的名称以及第一程运输工具的名称、航次或车次等。

（二）多式联运提单的适用性与可转让性与一般海运提单不同

一般海运提单只适用于海运，从这个意义上说多式联运提单只有在海运与其他运输方式结合时才适用，但现在它也适用于除海运以外的其他两种或两种以上的不同运输方式的连贯的跨国运输（国外采用"国际多式联运单据"以避免概念上的混淆）。

多式联运提单把海运提单的可转让性与其他运输方式下运单的不可转让性合二为一，因此多式联运经营人根据托运人的要求既可签发可转让的也可签发不可转让的多式联运提单。如属前者，收货人一栏应采用指示抬头；如属后者，收货人一栏应具体列明收货人名称，并在提单上注明不可转让。

（三）信用证上的条款不同

根据多式联运的需要，信用证上的条款应有以下三点变动。

（1）向银行议付时不能使用船舶公司签发的已装船提单，而应凭多式联运经营人签发的

多式联运提单，同时还应注明该提单的抬头如何制作，以明确可否转让。

（2）多式联运一般采用集装箱运输（特殊情况除外，如在对外工程承包下运出机械设备则不一定采用集装箱），因此，应在信用证上增加指定采用集装箱运输条款。

（3）如不由银行转单，改由托运人或发货人或多式联运经营人直接寄单，以便收货人或代理能尽早取得货运单证，加快在目的港（地）提货的速度，则应在信用证上加列"装船单据由发货人或由多式联运经营人直寄收货人或其代理"之条款。如由多式联运经营人寄单，发货人出于议付结汇的需要应由多式联运经营人出具一份"收到货运单据并已寄出"的证明。

（四）海关验放的手续不同

一般国际货物运输的交货地点大多在装货港，目的地大多在卸货港，因而办理报关和通关的手续都是在货物进出境的港口。而国际多式联运货物的起运地大多在内陆城市，因此，内陆海关只对货物办理转关监管手续，由出境地的海关进行查验放行。进口货物的最终目的地如为内陆城市，进境港口的海关一般不进行查验，只办理转关监管手续，待货物到达最终目的地时由当地海关查验放行。

第二节　国际多式联运的主要方式

目前国际多式联运的方式非常多，事实上目前人类掌握的五大运输技术的任意组合只要符合多式联运的规定，就可以被认为是多式联运。目前，有代表性的国家多式联运主要有远东／欧洲、远东／北美等海陆空联运，其组织形式包括海陆联运、陆桥运输、海空联运。

一、海陆联运

海陆联运是国际多式联运的主要组织形式，也是远东／欧洲多式联运的主要组织形式之一。目前组织和经营远东／欧洲海陆联运业务的主要有班轮公会的三联集团、北荷、冠航和丹麦的马士基等国际航运公司，以及非班轮公会的中国远洋运输公司、中国台湾长荣航运公司和德国那亚航运公司等。这种组织形式以航运公司为主体，签发联运提单，与航线两端的内陆运输部门开展联运业务，与大陆桥运输展开竞争。

当前，世界上规模最大的三条主要集装箱航线是远东—北美航线（太平洋航线），远东—欧洲航线，地中海航线和北美—欧洲、地中海航线（大西洋航线）。

二、陆桥运输

陆桥运输是指采用集装箱专用列车或卡车，把横贯大陆的铁路或公路作为中间"桥梁"，使大陆两端的集装箱海运航线与专用列车或卡车连接起来的一种连贯运输方式。

在国际多式联运中，陆桥运输（Land Bridge Service）起着非常重要的作用。它是远东／欧洲国际多式联运的主要形式。严格地讲，陆桥运输也是一种海陆联运形式，只是因为其在国际多式联运中的独特地位，故将其单独作为一种运输组织形式。

（一）西伯利亚大陆桥

西伯利亚大陆桥（Siberian Landbridge）是将集装箱货物由远东海运到俄罗斯东部港口，再经跨越欧亚大陆的西伯利亚铁路运至波罗的海沿岸的港口，然后再采用铁路、公路或海运运到欧洲各地的国际多式联运的运输线路。

西伯利亚大陆桥缩短了从日本、东南亚及大洋洲到欧洲的运输距离，节省了运输时间。从日本横滨到欧洲鹿特丹，采用陆桥运输不仅可使运距缩短 1/3，运输时间也可节省 1/2。在一般情况下，运输费用还可节省 20%～30%，因而对货主有很大的吸引力。

（二）北美大陆桥

北美大陆桥（North American Landbridge）是指利用北美的大铁路从远东到欧洲的"海陆海"联运。该陆桥运输包括美国大陆桥运输和加拿大大陆桥运输。美国大陆桥有两条运输线路：一条是从西部太平洋沿岸至东部大西洋沿岸的铁路和公路运输线；另一条是从西部太平洋沿岸至东南部墨西哥湾沿岸的铁路和公路运输线。

（三）亚欧第二大陆桥

亚欧第二大陆桥，也称新亚欧大陆桥。该大陆桥东起中国的连云港，西至荷兰鹿特丹港，全长 10 837 千米，其中在中国境内 4 143 千米，途径中国、哈萨克斯坦、俄罗斯、白俄罗斯、波兰、德国和荷兰 7 个国家，可辐射 30 多个国家和地区。1990 年 9 月，中国铁路与哈萨克铁路在德鲁日巴站正式接轨，标志着该大陆桥的贯通。1991 年 7 月 20 日开办了新疆—哈萨克斯坦的临时边贸货物运输。1992 年 12 月 1 日由连云港发出首列国际集装箱联运"东方特别快车"，经陇海、兰新铁路，西出边境站阿拉山口，分别运送至阿拉木图、莫斯科、圣彼得堡等地，标志着该大陆桥运输的正式开办。近年来，该大陆桥运量逐年增长，并具有巨大的发展潜力。

（四）其他陆桥运输形式

北美地区的陆桥运输不仅包括上述大陆桥运输，而且还包括小陆桥运输（Mini-bridge）和微桥运输（Micro-bridge）等运输组织形式。

小陆桥运输从运输组织方式上看与大陆桥运输并无大的区别，只是其运送货物的目的地为沿海港口。

微桥运输与小陆桥运输基本相似，只是其交货地点在内陆地区。

三、海空联运

海空联运就是把空运货物先经由船舶运至拟中转的国际机场在港口，然后安排拖车将货物拖至拟中转的国际机场进行分拨、装板、配载后，再空运至目的地的国际多式联运形式。

目前，国际海空联运线主要有以下几种。

（一）远东—欧洲

远东与欧洲间的航线有以温哥华、西雅图、洛杉矶为中转地的，也有以香港、曼谷、海参崴为中转地的，还有以旧金山、新加坡为中转地的。

（二）远东—中南美

近年来，远东至中南美的海空联运发展较快，因为此处港口和内陆运输不稳定，所以对海空运输的需求很大。该联运线以迈阿密、洛杉矶、温哥华为中转地。

（三）远东—中近东、非洲、澳洲

这是以香港、曼谷为中转地至中近东、非洲的运输服务。在特殊情况下，还有经马赛至非洲、经曼谷至印度、经香港至澳洲等联运线，但这些线路货运量较小。

第六章

集装箱运输

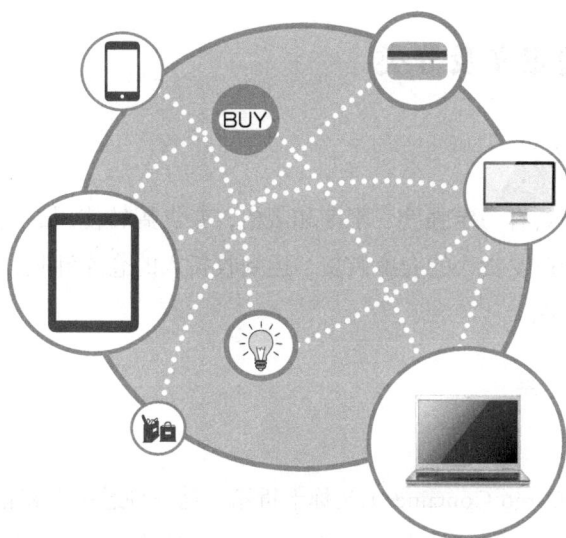

第一节 集装箱运输概述

集装箱运输是现代化发展的必然产物，集装箱运输的发展又必须以集装箱的联运为依托，单独靠一种运输方式开展集装箱运输已经不能充分发挥集装箱运输的优越性，达不到顶期的效果。因此，组织铁路、水运、公路多种运输的集装箱联运已成为现代化运输的必然产物，当今集装箱运输被称为海陆空的主体运输，已由国内联运发展到国际联运，由在一个国家内的不同运输方式中进行，发展到几个国家甚至洲际范围内进行。集装箱联运就是通过各种运输方式主管部门相互配合共同努力而完成运输的全过程。

一、集装箱的定义及分类

（一）集装箱的定义

所谓集装箱，是指具有一定强度、刚度和规格，专供周转使用的大型装货容器。使用集装箱转运货物，可直接在发货人的仓库装货，运到收货人的仓库卸货，中途更换车船时，无须将货物从箱内取出换装。

（二）集装箱的分类

1. 杂货集装箱

杂货集装箱（Dry Cargo Container）又称干货箱，是一种通用集装箱，适用范围很大，除需制冷、保温的货物与少数特殊货物（如液体、牲畜、植物等）外，只要在尺寸和重量方面适合用集装箱装运的货物（适箱货），均可用杂货集装箱装运。在结构上，杂货集装箱可分为一端开门、两端开门与侧壁设有侧门三类。杂货集装箱的门均有水密性，可 270 度开启。

2. 散货集装箱

散货集装箱（Bulk Cargo Container）主要用于装运麦芽、谷物和粒状化学品等。它的外形与杂货集装箱相近，在一端有箱门，同时在顶部有 2 ~ 3 个装货口。装货口有圆形和长方形的两种。在箱门的下方还设有两个长方形的卸货口。散货集装箱除端门有水密性以外，箱顶的装货口与端门的卸货口也有很好的水密性，可以有效防止雨水浸入。散货集装箱也可用于装运普通的件杂货。

3. 冷藏集装箱

冷藏集装箱（Reefer Container）指具有制冷或保温功能，可用于运输冷冻货或低温货，如鱼、肉、新鲜水果、蔬菜等食品的集装箱。

此外，还有离合式冷藏箱。离合式冷藏箱是指冷冻机可与集装箱箱体连接或分离的集装箱。实际上，集装箱本体只是一个具有良好隔热层的箱体，在陆上运输时，一般与冷冻机相连；在海上运输时，则与冷冻机分开。箱内冷却靠船上的冷冻机舱制冷，通过冷风管道系统与冷藏箱连接。在集装箱堆场与码头，如配备有集中的冷冻设备和冷风管道系统，离合式冷藏箱也可与冷冻机分开，采用集中供冷形式。

4. 罐状集装箱

罐状集装箱（Tank Container）是专门用于装运油类（如动植物油）、酒类、液体食品及液态化学品的集装箱，还可以装运酒精和其他液体危险品。罐状集装箱由罐体和箱体框架两部分构成。箱体框架的尺寸需符合国际标准的要求，角柱上也装有国际标准角件，装卸时与国际标准箱相同。

5. 开顶集装箱

开顶集装箱（Open Top Container）是一种特殊的通用集装箱，除箱顶可以拆下外，其他结构与通用集装箱类似。开顶集装箱又分"硬顶"和"软顶"两种。"硬顶"是指顶篷用一整块钢板制成；"软顶"是指顶篷用帆布、塑料布制成，以可拆式扩伸弓梁支撑。

开顶集装箱主要适用于装载大型货物和重型货物，如钢材、木材、玻璃等。货物可用吊车从箱顶吊入箱内，这样不易损坏货物，可减轻装箱的劳动强度，又便于在箱内固定货物。

6. 台架式集装箱

台架式集装箱（Platform Based Container）箱底较厚，箱底的强度比一般集装箱大，而其内部高度比一般集装箱低。为了把装载的货物系紧，在下侧梁和角柱上设有系环。为了防止运输过程中货物坍塌，在集装箱的两侧还设有立柱或栅栏。台架式集装箱没有水密性，不能装运怕湿的货物。在陆上运输中或在堆场上贮存时，为了不淋湿货物，应有帆布遮盖。台架式集装箱适合于装载长大件和重件货，如重型机械、钢材、钢管、木材、钢锭、机床及各种设备。还可以用两个以上的板架集装箱并在一起，组成装货平台，用以装载特大件货物。

7. 平台集装箱

平台集装箱（Platform Container）指无上部结构、只有底部结构的集装箱。平台集装箱又分为有顶角件和底角件的及只有底角件而没有顶角件的两种。平台集装箱在欧洲使用得较多。

8. 通风集装箱

通风集装箱（Ventilated Container）外表与杂货集装箱类似，其区别是在侧壁或端壁上设有 4 ~ 6 个通风口。当船舶驶经温差较大的地域时，通风集装箱可防止由于箱内温度变化造成"结露"和"汗湿"而使货物变质。通风集装箱适于装载水果、蔬菜、食品及其他需要通风、容易"汗湿"变质的货物。如将其通风口关闭，通风集装箱可作为杂货集装箱使用。通风集装箱的通风方式一般采用自然通风，其箱体一般采用双层结构，使通风与排露效果更好。

9. 动物集装箱

动物集装箱（Pen Container）是指装运鸡、鸭、鹅等活家禽和牛、马、羊、猪等活家畜用的集装箱。箱顶采用胶合板覆盖，侧面和端面都有金属网制的窗，以便通风。侧壁的下方设有清扫口和排水口，便于清洁。

10. 汽车集装箱

汽车集装箱（Car Container）是在简易箱底上装一个钢制框架，一般设有端壁和侧壁，箱底应采用防滑钢板。汽车集装箱有装单层和装双层的两种。由于一般小轿车的高度为 1.35 ~ 1.45m，如装在 8 英尺（2.438 4 米）高的标准集装箱内，只利用了其箱容的 3/5，所以轿车是一种不经济的装箱货。为提高箱容利用率，有一种双层的汽车集装箱，其高度有两种，一种为 10.5 英尺（3.200 4 米），另一种为 12.75 英尺（3.886 2 米）。所以，汽车集装箱一般不是国际标准集装箱。

11. 组合式集装箱

组合式集装箱（Combination Container）又称"子母箱"，俗称奇泰纳（G-tainer）。它的结构是在独立的底盘上，箱顶、侧壁和端壁可以分解和组合，既可以单独运输货物，也可以紧密地装在 20 英尺（6.096 米）和 40 英尺（12.192 米）箱内，作为辅助集装箱使用。它拆掉壁板后，形似托盘，所以又称为"盘式集装箱"。

12. 服装集装箱

服装集装箱（Garment Container）是杂货集装箱的一种变形，是在集装箱内侧上梁装有许多横杆，每根横杆垂下若干绳扣。成衣利用衣架上的钩，直接挂在绳扣上。这种服装装载方法无须包装，节约了大量的包装材料和费用，也省去了包装劳动。这种集装箱和普通杂货集装箱的区别仅在于内侧上梁的强度需略加强。将横杆上的绳扣收起，这类集装箱就能作为普通杂货集装箱使用。

13. 其他用途集装箱

集装箱的应用范围越来越广，不但用于装运货物，还被广泛用于其他用途，如"流动电站集装箱""流动舱室集装箱""流动办公室集装箱"。美国已研制成了由若干只 20 英尺集装箱组成的"战地医院"，有几十个床位，配有药房、化验室、手术室、护理室等。

二、集装箱运输的优越性

集装箱运输具有如图 6-1 所示的优越性。

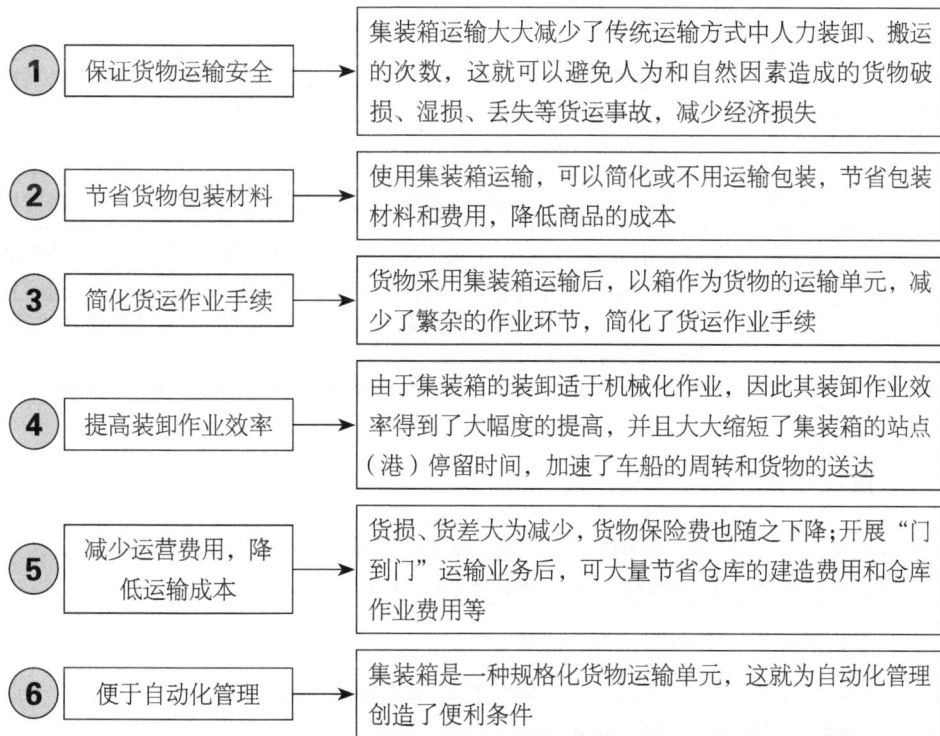

①	保证货物运输安全	→	集装箱运输大大减少了传统运输方式中人力装卸、搬运的次数，这就可以避免人为和自然因素造成的货物破损、湿损、丢失等货运事故，减少经济损失
②	节省货物包装材料	→	使用集装箱运输，可以简化或不用运输包装，节省包装材料和费用，降低商品的成本
③	简化货运作业手续	→	货物采用集装箱运输后，以箱作为货物的运输单元，减少了繁杂的作业环节，简化了货运作业手续
④	提高装卸作业效率	→	由于集装箱的装卸适于机械化作业，因此其装卸作业效率得到了大幅度的提高，并且大大缩短了集装箱的站点（港）停留时间，加速了车船的周转和货物的送达
⑤	减少运营费用，降低运输成本	→	货损、货差大为减少，货物保险费也随之下降；开展"门到门"运输业务后，可大量节省仓库的建造费用和仓库作业费用等
⑥	便于自动化管理	→	集装箱是一种规格化货物运输单元，这就为自动化管理创造了便利条件

图 6-1　集装箱运输的优越性

三、集装箱运输的关系方及责任划分

（一）主要关系方

集装箱运输的管理方法和工作体系与传统运输方式不同，其主要的关系方有集装箱运输经营人、无船承运人、实际承运人、集装箱租赁公司、集装箱专用码头（堆场）和货运站，如表 6-1 所示。

表 6-1　集装箱运输的关系方

序号	关系方名称	说明
1	无船承运人	他们专门经营集装货运的揽货、装箱、拆箱、内陆运输及经营中转站或内陆站业务，可以具备实际运输工具，也可不具备
2	实际承运人	实际承运人是指掌握运输工具并参与集装箱运输的承运人。他们通常拥有大量的集装箱，以利于集装箱的周转、调拨、管理以及集装箱与车船机的衔接
3	集装箱租赁公司	集装箱租赁公司是指专门经营集装箱出租业务的公司。集装箱租赁对象主要是一些较小的运输公司、无船承运人以及少数货主。这类公司的主营业务包括出租、回收、存放、保管以及维修等
4	集装箱堆场	集装箱堆场是指办理集装箱重箱或空箱装卸、转运、保管、交接的场所
5	集装箱货运站	集装箱货运站是处理拼箱货的场所，它办理拼箱货的交接、配箱积载后，将箱子送往集装箱堆场，并接受集装箱堆场交来的进口货箱，进行拆箱、理货、保管，最后拨交各收货人；同时也可按承运人的委托进行铅封和签发场站收据等业务

（二）责任划分

托运人在集装箱运输中应负担的责任与传统海运是不完全相同的。对于拼箱货，托运人的责任与传统海运相同。整箱货托运人的责任不同于传统运输的有：

（1）应保证所报货运资料的正确和完整；

（2）承运人有权核对箱内所装货物，因核对而发生的费用，由托运人承担；

（3）海关或其他权力机关有权开箱检查；

（4）如集装箱货不满，或是衬垫不良、积载不当，或是装了不适于集装箱运输的货物，因此而引起的货损、货差，概由托运人负责；

（5）如使用了托运人自有的不适航的集装箱，所引起的货损事故应由托运人负责。

责任限制（Limits of Liability）是集装箱运输中发生货损货差，承运人应承担的最高赔偿额。拼箱货的责任限制与传统运输相同。整箱货的赔偿参照国际上的一些判例：如果提单上没有列明箱内所装货物的件数，每箱作为一个理赔计算单位；如提单上列明箱内载货件数的，仍按件数计算；如果货物的损坏和灭失不属海运过程，而是在内陆运输中发生的，则按陆上运输最高赔偿额办理；如集装箱是由托运人所有或提供的，遇有灭失或损坏，且其责任确属承运人承担，亦应视作一个理赔计算单位。

第二节　集装箱运输系统

集装箱运输系统是指集装箱运输全过程所涉及的各个环节的集合，包括设施与设备、运输组织与管理、公共信息服务系统等各组成部分及内部各个环节。

一、集装箱运输系统的构成要素

集装箱运输系统的基本构成要素如图 6-2 所示。

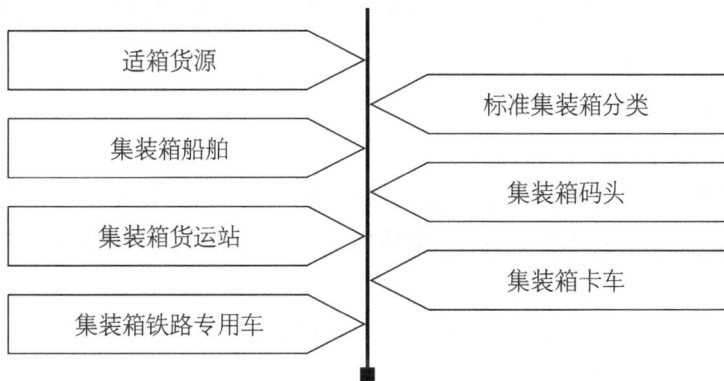

图 6-2　集装箱运输系统的基本构成要素

（一）适箱货源

并不是所有的货物都适合用集装箱运输。从是否适合用集装箱运输的角度，货物可分成以下四类：

（1）物理与化学属性适合于通过集装箱进行运输，且货物本身价值高，对运费的承受能力大的货物；

（2）物理与化学属性适合于通过集装箱进行运输，货物本身价值较高，对运费的承受能力较大的货物；

（3）物理与化学属性上可以装箱，但货物本身价值较低，对运费的承受能力较差的货物；

（4）物理与化学属性不适于装箱，或者对运费的承受能力很差，从经济上看不适于通过集装箱运输的货物。

以上第一种货物称为"最佳装箱货"，第二种货物称为"适于装箱货"，第三种货物称为"可装箱但不经济的装箱货"，第四种货物称为"不适于装箱货"。

集装箱运输所指的适箱货源，主要是前两类货物。对于适箱货源，采用集装箱方式运输是有利的。

（二）标准集装箱分类

按国际标准化组织（International Organization for Santardization，ISO）第 104 技术委员会的规定，集装箱应符合以下条件：

（1）能长期地反复使用，具有足够的强度；

（2）途中转运不用移动箱内货物，就可以直接换装；

（3）可以进行快速装卸，并可从一种运输工具直接方便地换装到另一种运输工具；

（4）便于货物的装满和卸空；

（5）具有 1 立方米或以上的容积。

集装箱的分类有以下几种。

（1）按所装货物种类分有杂货集装箱、散货集装箱、液体货集装箱、冷藏集装箱等。

（2）按制造材料分，有木集装箱、钢集装箱、铝合金集装箱、玻璃钢集装箱、不锈钢集装箱等。

（3）按结构分，有折叠式集装箱、固定式集装箱等。固定式集装箱还可分为密闭集装箱、开顶集装箱、板架集装箱等。

（4）按总重分，有 30 吨集装箱、20 吨集装箱、10 吨集装箱、5 吨集装箱、2.5 吨集装箱等。

（5）按尺寸分类（常用重要分类方法）。目前国际上通常使用的干货柜（Dry Container）有如下几种尺寸。

①外尺寸为 20 英尺[①] ×8 英尺 ×8 英尺 6 英寸[②]，简称 20 尺货柜。

②40 英尺 ×8 英尺 ×8 英尺 6 英寸，简称 40 尺货柜，以及近年较多使用的 40 英尺 ×8 英尺 ×9 英尺 6 英寸，简称 40 尺高柜（1A 型）。

③20 尺柜（20'GP：20 feet General Purpose）：内容积为 5.69 米 ×2.13 米 ×2.18 米，配货毛重一般为 17.5 吨，体积为 24 ~ 26 立方米。

---

① 1英尺等于0.304 8米。余同。
② 1英寸等于0.025 4米。余同。

④40 尺柜（40'GP：40 feet General Purpose）：内容积为 11.8 米 ×2.13 米 ×2.18 米，配货毛重一般为 22 吨，体积为 54 立方米。

⑤40 尺高柜（40'HQ：40 feet High Cube）高柜：内容积为 11.8 米 ×2.13 米 ×2.72 米，配货毛重一般为 22 吨，体积为 68 立方米。

⑥45 尺高柜：内容积为 13.58 米 ×2.34 米 ×2.71 米，配货毛重一般为 29 吨，体积为 86 立方米。

⑦20 尺开顶柜：内容积为 5.89 米 ×2.32 米 ×2.31 米，配货毛重 20 吨，体积 31.5 立方米。

⑧40 尺开顶柜：内容积为 12.01 米 ×2.33 米 ×2.15 米，配货毛重 30.4 吨，体积 65 立方米。

⑨20 尺平底货柜：内容积为 5.85 米 ×2.23 米 ×2.15 米，配货毛重 23 吨，体积 28 立方米。

⑩40 尺平底货柜：内容积为 12.05 米 ×2.12 米 ×1.96 米，配货毛重 36 吨，体积 50 立方米。

⑪20 尺可折叠平台用货箱：内容积为 5.946 米 ×2.216 米 ×2.233 米，配货毛重 27.1 吨。

⑫40 尺可折叠平台用货箱：内容积为 12.080 米 ×2.126 米 ×2.043 米，配货毛重 29.2 吨。

（三）集装箱船舶

集装箱船舶，又称"货柜船"，广义是指可用于装载国际标准集装箱的船舶；狭义是指全部舱室及甲板专用于装载集装箱的全集装箱船舶。其运货能力通常以装载 20 英尺换算标准箱的箱位表示。

集装箱船舶可分为部分集装箱船、全集装箱船和可变换集装箱船三种，如表 6-2 所示。

表 6-2　集装箱船舶的种类

序号	种类	说明
1	部分集装箱船	这是以船的中央部位作为集装箱的专用舱位，其他舱位仍装普通杂货
2	全集装箱船	这是指专门用以装运集装箱的船舶。它与一般杂货船不同，其货舱内有格栅式货架，装有垂直导轨，便于集装箱沿导轨放下，四角有格栅制约，可防倾倒。集装箱船舶的舱内可堆放三至九层集装箱，甲板上还可堆放三至四层
3	可变换集装箱船	其货舱内装载集装箱的结构为可拆装式的。因此，它既可装运集装箱，必要时也可装运普通杂货。集装箱船舶航速较快，大多数船舶本身没有起吊设备，需要依靠码头上的起吊设备进行装卸。这种集装箱船舶也称为吊上吊下船

（四）集装箱码头

与集装箱水路运输密切相关的是集装箱港口码头。集装箱水路运输的两端必须有码头，以便装船与卸船。

集装箱码头是指包括港池、锚地、进港航道、泊位等水域以及货运站、堆场、码头前沿、办公生活区域等陆域范围的，能够容纳完整的集装箱装卸操作过程的具有明确界限的场所。

集装箱码头是水陆联运的枢纽站，是集装箱货物在转换运输方式时的缓冲地，也是货物的交接点，因此，集装箱码头在整个集装箱运输过程中占有重要地位。

（五）集装箱货运站

集装箱货运站在整个集装箱运输系统中发挥了"承上启下"的重要作用，是一个必不可少的基本要素。集装箱货运站按其所处的地理位置和不同的职能，可分为设在集装箱码头内的货运站、设在集装箱码头附近的货运站和内陆货运站三种。

集装箱货运站的主要职能与任务为：

（1）集装箱货物的承运、验收、保管与交付；

（2）拼箱货的装箱和拆箱作业；

（3）整箱货的中转；

（4）实箱和空箱的堆存和保管；

（5）票据单证的处理；

（6）运费、堆存费的结算等。

（六）集装箱卡车

集装箱卡车主要用于集装箱公路长途运输、陆上各结点之间（如码头与码头之间、码头与集装箱货运站之间、码头与铁路办理站之间）的短驳以及集装箱的"末端运输"（将集装箱交至客户手中）。

（七）集装箱铁路专用车

集装箱铁路专用车主要用于铁路集装箱运输，即主要用于集装箱的陆上中长距离运输和所谓的"陆桥运输"。

二、集装箱运输子系统

集装箱运输子系统将集装箱运输的各个"基本要素"，以各种不同的方式组合起来，大致可以组成如图6-3所示的几个子系统。

系统一 ▷ **集装箱水路运输子系统**

集装箱水路运输子系统由集装箱船舶、集装箱码头与集装箱货运站等基本要素组合而成。集装箱水路运输子系统完成集装箱的远洋运输、沿海运输和内河运输，是承担运量最大的一个子系统。集装箱水路运输子系统由集装箱航运系统和集装箱码头装卸系统两个次级系统组成

系统二 ▷ **集装箱铁路运输子系统**

集装箱铁路专用车、集装箱铁路办理站与铁路运输线等组成了集装箱铁路运输子系统，它是集装箱多式联运的重要组成部分。随着"陆桥运输"的兴起与发展，集装箱铁路运输子系统在整个集装箱多式联运中起着越来越重要的作用

系统三 ▷ **集装箱公路运输子系统**

集装箱卡车、集装箱公路中转站与公路网络构成了集装箱公路运输子系统。集装箱公路运输子系统在集装箱多式联运过程中完成短驳、串联和"末端运输"的任务。在不同国家和地区，由于地理环境、道路基础设施条件的不同，集装箱公路运输子系统处于不同的地位，发挥着不同的作用

系统四 ▷ **集装箱航空运输子系统**

在相当长一段时期内，由于航空运输价格昂贵、运量小，集装箱的航空运输占的份额很小。近年来，随着世界经济整体的增长，航空运输速度快、对需求响应及时、可缩短资金占用时间等优越性逐渐显现出来，集装箱航空运输子系统的地位正在逐渐提高

图6-3　集装箱运输子系统

第三节 集装箱运输组织

一、货源组织

（一）集装箱货源

1.按法规分类

集装箱的适箱货源，根据《关于发展我国集装箱运输若干问题的规定》，适箱货源分为12个品类，即交电、仪器、小型机械、玻璃陶瓷、工艺品、印刷品及纸张、医药、烟酒食品、日用品、化工品、针纺织品，以及小五金等杂货、贵重、易碎、怕湿的货物。

2.按运输组织分类

集装箱货源按运输组织分为整箱货和拼箱货两类，如图 6-4 所示。

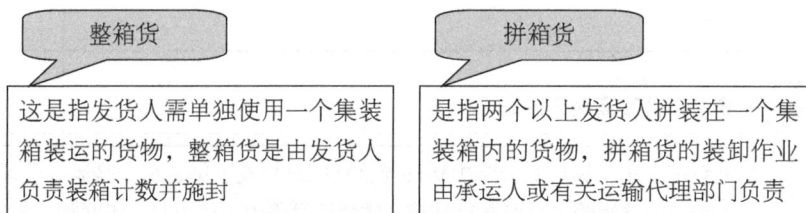

整箱货	拼箱货
这是指发货人需单独使用一个集装箱装运的货物，整箱货是由发货人负责装箱计数并施封	是指两个以上发货人拼装在一个集装箱内的货物，拼箱货的装卸作业由承运人或有关运输代理部门负责

图 6-4 集装箱货源按运输组织的分类

（二）日常货源组织工作

日常货源组织对于货物的品种、数量、流向、时间都有一定的要求。

（1）对于不同品种的货物要详细了解其尺寸、外形、重量和需要的集装箱类型及数量等。

（2）在流向上要确定货物到站、港，以便组织拼装货。

（3）在时间上要按照运输作业的需要进行货源的组织工作。

二、运输工作组织

集装箱运输工作可以分为发送作业、中转作业和交付作业三部分。下面以铁路集装箱运输工作组织为例进行介绍。

（一）发送作业

这是指在发站装运之前的各项货运作业，包括集装箱承运前的组织工作和承运后至装运前的作业，具体包括货主要明确使用集装箱运输的条件及有关规定，如必须在指定的集装箱办理站，按站内规定承运日期受理、审核、装箱等。

（二）中转作业

集装箱运输除了由发站至到站的形式外，还有一部分集装箱要经过中转才能至到站。中转站的任务是负责将到达中转站的集装箱迅速按去向、到站重新配装继续发往到站。

（三）交付作业

这是指装运集装箱的货车到货场后需要办理的卸车和向货主办理交付手续等工作，具体包括卸车作业、交付作业。

铁路货运员根据车站的卸车计划及时安排货位，核对运单、货票、装载清单与集装箱箱号、印封号是否一致，逐箱检查，卸车；完毕后填写到达记录；最后，由货运室通知发货人。

门到门的集装箱由铁路货运员与收货人代理共同核对箱号，检查箱体封印，确认无误后，填发门到门运输作业单，并在作业单上签收。

三、集装箱联运

集装箱联运是集装箱运输的一种方式，是以集装箱为运输单元，将不同的运输方式有机组合在一起，成为连续的、综合性的一体化货物运输。集装箱联运是交通运输现代化发展的必然产物，是指组织铁路、水运、公路多种运输方式进行集装箱运输，通过各种运输方式主管部门相互配合共同努力而完成运输的全过程。

集装箱联运的出现是因为单独靠一种运输方式开展集装箱运输已经不能充分发挥集装箱运输的优越性，达不到顶期的效果。因此，组织铁路、水运、公路多种运输的集装箱联运已成为现代化运输的必然产物。通过一次托运、一次计费、一份单证、一次保险，由各运输区段的承运人共同完成货物的全程运输。

如今，集装箱联运已由国内联运发展到国际联运，由在一个国家内的不同运输方式中进行，发展到在几个国家甚至洲际范围内进行。

四、集装箱运输的交接方式

在集装箱运输中，整箱货和拼箱货在船货双方之间的交接方式有以下几种，如表 6-3 所示。

表 6-3　集装箱运输的交接方式

序号	交接方式	说明
1	门到门（Door to Door）	由托运人负责装载的集装箱，在其货仓或工厂仓库交承运人验收后，由承运人负责全程运输，直到收货人的货仓或工厂仓库交箱为止。这种全程连线运输，称为"门到门"运输
2	门到场（Door to CY）	由发货人货仓或工厂仓库至目的地或卸箱港的集装箱装卸区堆场
3	门到站（Door to CFS）	由发货人货仓或工厂仓库至目的地或卸箱港的集装箱货运站
4	场到门（CY to Door）	由起运地或装箱港的集装箱装卸区堆场至收货人的货仓或工厂仓库
5	场到场（CY to CY）	由起运地或装箱港的集装箱装卸区堆场至目的地或卸箱港的集装箱装卸区堆场
6	场到站（CY to CFS）	由起运地或装箱港的集装箱装卸区堆场至目的地或卸箱港的集装箱货运站
7	站到门（CFS to Door）	由起运地或装箱港的集装箱货运站至收货人的货仓或工厂仓库
8	站到场（CFS to CY）	由起运地或装箱港的集装箱货运站至目的地或卸箱港的集装箱装卸区堆场
9	站到站（CFS to CFS）	承运人在装货港或其指定的内陆集装箱货运站装箱，并运至卸货港或其指定的内陆集装箱货运站拆箱后将货物交付给收货人
10	Free Out（CY/FO）	承运人在装货港集装箱堆场接收整箱货物并负责运至卸货港但不负责卸货
11	Line Out（CY/LO）	承运人在装货港集装箱堆场接收整箱货物并负责运至卸货港卸货
12	CY/Tackle	承运人在装货港集装箱堆场接收整箱货物并负责运至卸货港卸货至接货车上
13	CY/Hook	承运人在装货港集装箱堆场接收整箱货物并负责运至卸货港卸货，此处当吊臂吊下货物后服务终止

第七章

国际陆桥运输

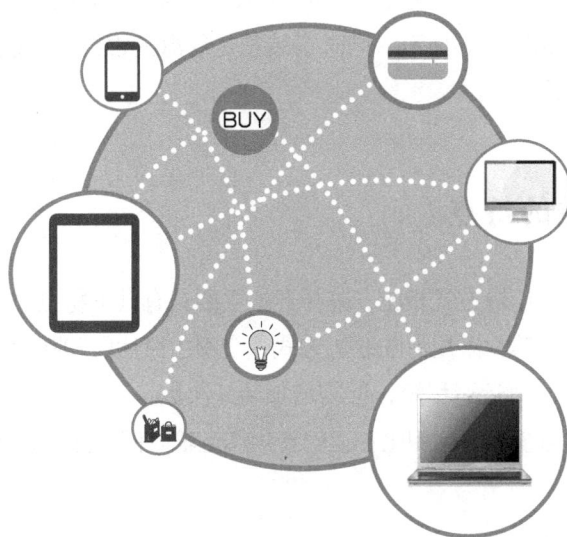

第一节　国际陆桥运输概述

一、陆桥运输的定义

大陆桥（Land Bridge）是指把海运与海运连接起来的横贯大陆的铁路或高速公路。

陆桥运输（Land Bridge Transport）是指采用集装箱专列或集装箱拖车，把横贯大陆的铁路或公路作为中间"桥梁"，使大陆两端的集装箱海运航线与铁路专列或集装箱拖车运输连接起来的一种连贯运输方式。

陆桥运输一般都是以集装箱（满足 ISO 的 20 英寸和 40 英寸）为媒介，这样可大大简化理货、搬运、储存、保管和装卸等环节，同时集装箱是经海关铝封，中途不用开箱检验，而且可以迅速直接转换的运输工具。

二、陆桥运输的特点

与其他各种国际货物运输方式相比，陆桥运输主要具有以下特点：

（1）属大陆桥运输范畴，采用海陆联运方式，全程由海运段和陆运段组成；

（2）陆桥运输比全程海运运程短，但需增加装卸次数，所以在某一区域陆桥运输能否存在和发展主要取决于它与全程海运相比在运输费用和运输时间等方面是否有综合竞争力。

三、陆桥运输的优越性

陆桥运输具有如下优越性：

（1）缩短了运输里程；

（2）降低了运输费用；

（3）加快了运输速度；

（4）简化了货物的包装及作业手续；

（5）保证了运输安全。

如从日本横滨到欧洲鹿特丹，采用陆桥运输不仅可使运距缩短 1/3，而且可以使运输时间节省 1/2。此外，在一般情况下，还可节省 20% ~ 30% 的运输费用，因而对货主有很大的吸引力。

第二节　国际陆桥运输路线

目前世界上最重要的陆桥运输路线主要有以下三条。

一、北美大陆桥

北美大陆桥运输指从日本东向，利用海路运输到北美西海岸，再经由横贯北美大陆的铁路线，陆运到北美东海岸，再经海路运送到欧洲的"海—陆—海"运输结构，这也是世界上历史最悠久的陆桥运输路线，如图 7-1 所示。

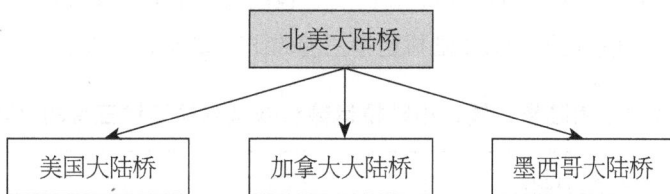

图 7-1　北美大陆桥

（一）美国大陆桥

美国大陆桥（USA Mainland Bridge）是北美大陆桥的主要组成部分，其中一条运输线是从西部太平洋沿岸至东部大西洋沿岸的铁路和公路；另一条运输线是从西部太平洋沿岸至东南部墨西哥湾沿岸的铁路和公路，如图 7-2 所示。

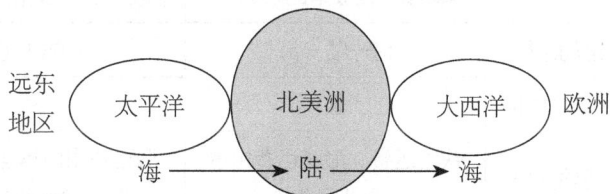

图 7-2　美国大陆桥示意图

北美西岸主要的接驳中转港是洛杉矶／长滩、旧金山／奥克兰、温哥华／西雅图。

北美东岸主要的接驳中转港是纽约、波士顿、哈利法克斯。

墨西哥湾沿岸主要的接驳中转港是休斯敦、新奥尔良、迈阿密。

美国大陆桥于1971年底由经营远东／欧洲航线的船舶公司和铁路承运人联合开办"海陆海"多式联运线，后来美国几家班轮公司也投入营运。

因美国东海岸港口和铁路十分拥挤，货物出现了挤压，从而抵消了大陆桥运输带来的时间节省，从而发展出了小陆桥运输和微型陆桥运输。

1. 小陆桥

小陆桥运输是在美国大陆桥开始萎缩后产生的。小陆桥运输的具体做法是由远东把货物运至美国西海岸港口，再以铁路或公路运至美国东海岸港口或墨西哥湾靠近最后目的地的港口，卸车后再转运目的地。这种运输由于不必通过巴拿马运河，所以可以节省时间。小陆桥运输全程使用一张多式联运提单，由海运承运人支付路上运费，由美国东海岸或墨西哥港口转运至目的地的费用由收货人负担。

2. 微型陆桥

微型陆桥运输是指利用大陆桥的一部分而不通过整条陆桥，比小陆桥又短了一段的陆上运输。其将海上运输的集装箱运至陆地港口附近的一部分地区，故又称为半陆桥运输。微型陆桥运输全程也使用一张多式联运提单，铁路运费也由海运承运人支付。

大陆桥运输、小陆桥运输和微型陆桥运输三者的比较如表7-1所示。

表7-1　大陆桥运输、小陆桥运输和微型陆桥运输三者的比较

	大陆桥运输	小陆桥运输	微型陆桥运输
定义	指采用集装箱专用列车，把大陆当成连接两端海运的桥梁，采用这样的运输方式，使集装箱船和专用列车结合起来，达到迅速运输和降低成本的目的	从日本港口海运至美国、加拿大西部港口卸下，再由西部港口换装铁路集装箱专列或汽车运至北美东海岸和加勒比海区域以及相反方向的运输	日本到美国内陆地区的货物，在西海岸港口上陆后，直接由陆上运输运到美国内陆地区的城市，这样就可免去收货人到港口办理报关、提货等进口手续的环节
运输结构	海—陆—海	海—陆（港口）	海—陆（内陆）
距离／时间	长	短	更短
运输费用	铁路运费、海路运费由承运人承担	海路费用由承运人承担，铁路运费由收货人承担	铁路运费、海路运费由承运人承担

（二）加拿大大陆桥

加拿大大陆桥（Canadian Mainland Bridge）是北美大陆桥的组成部分，于 20 世纪 70 年代末开通使用，主要由日本三菱仓库、日新运输仓库、京滨仓库等公司联合参与。该桥运输路线为：从日本海运至温哥华或西雅图港口后，换装并利用加拿大铁路横跨北美大陆至蒙特利尔，再换装海运至欧洲各港口。

由于北美西海岸港口收费很高，致使从日本到欧洲经加拿大大陆桥的运费和全部采用海运的运费差不多，只是在运期上有所缩短，与西伯利亚大陆桥相比没有任何竞争优势。

（三）墨西哥大陆桥

墨西哥大陆桥（Mexican Mainland Bridge）是北美大陆桥的组成部分。该大陆桥横跨特万特佩克地峡，连接太平洋沿岸的萨利纳克鲁斯港和墨西哥港沿岸的夸察夸尔科斯港。墨西哥港于 1982 年开始运营，但服务范围有限，对其他港口和大陆桥运输的影响还很小。

二、西伯利亚大陆桥

西伯利亚大陆桥又称欧亚大陆桥，起点为俄罗斯的东方港，终点为鹿特丹，全长 1.3 万千米，是目前世界上最长的一条陆桥运输线。因为它以东起海参崴，西至车里雅宾斯克，长 7 000 多千米的西伯利亚大铁路为主干，所以被称为"西伯利亚大陆桥"。

（一）西伯利亚大陆桥途经的国家

西伯利亚大陆桥贯通亚洲北部，途经 7 个国家，包括俄罗斯、中国（支线段）、哈萨克斯坦、白俄罗斯、波兰、德国、荷兰。该陆桥吸引了太平洋西岸的日本、韩国、新加坡、澳大利亚、我国台湾及中近东阿富汗、叙利亚，以及欧洲的挪威、英国、德国、西班牙等 40 多个国家和地区参与其运输贸易。

（二）西伯利亚大陆桥的联运方式

西伯利亚大陆桥有三种联运方式。

1.铁—铁联运

铁—铁联运指在俄罗斯西部国境站用铁路转往伊朗、东欧、西欧，其铁路—铁路路线如图 7-3 所示。

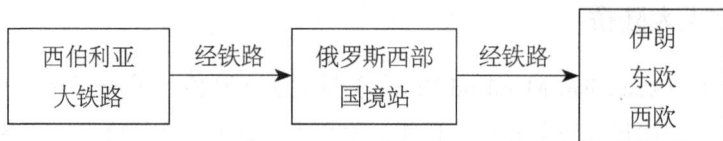

图 7-3　铁路—铁路路线

2. 铁—海联运

铁—海联运指在圣彼得堡 / 里加 / 塔林用海运转往波罗的海的西欧各港口，其铁路—海运路线如图 7-4 所示。

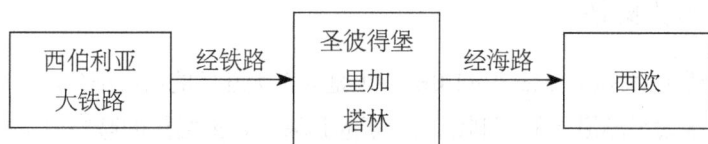

图 7-4　铁路—海运路线

3. 铁路—公路联运

铁路—公路联运指在俄罗斯西部国境站用汽车转往东欧、中欧、南欧等地，其铁路—公路路线如图 7-5 所示。

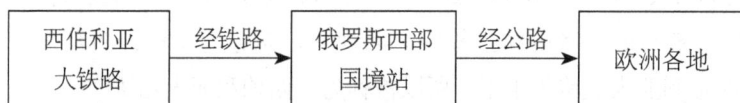

图 7-5　铁路—公路路线

（三）西伯利亚大陆桥的运营

西伯利亚大陆桥于 1971 年开通，由俄罗斯的过境运输总公司担当总经营人，它拥有签发货物过境许可证的权利，并签发统一的全程联运提单，承担全程运输责任。至于参加联运的各运输区段，则采用"互为托承运"的接力方式完成全程联运任务。可以说，西伯利亚大陆桥是较为典型的一条过境多式联运线路。

三、新亚欧大陆桥

新亚欧大陆桥（第二欧亚大陆桥）是指 1990 年 9 月经我国陇海铁路、兰新铁路与哈萨克斯坦铁路接轨的亚欧大陆桥，它东起我国的连云港，向西经陇海铁路、兰新铁路和北疆铁路到达我国边境的阿拉山口，进入哈萨克斯坦，再经俄罗斯、白俄罗斯、波兰、德国，西止荷兰的世界第一大港鹿特丹港。

新亚欧大陆桥跨越亚欧两大洲，联结太平洋和大西洋，全长约 10 800 千米，通向东亚、中亚、西亚、东欧和西欧 40 多个国家和地区，其已于 1992 年 12 月 1 日正式投入国际集装箱运输业务。

同时，由于所经路线很大一部分是原"丝绸之路"，所以人们又称其为现代"丝绸之路"。新亚欧大陆桥如今是亚欧大陆东西最为便捷的通道。新亚欧大陆桥路线如图 7-6 所示。

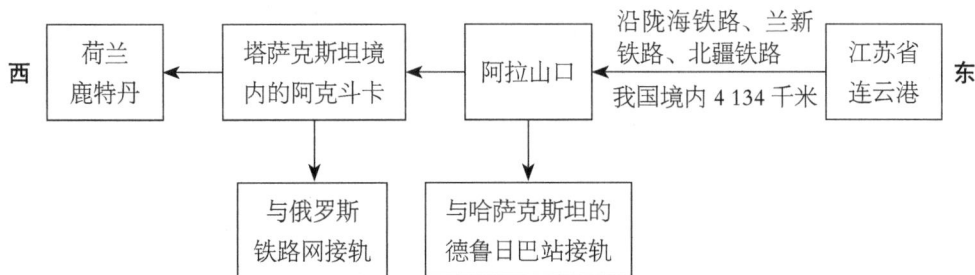

图 7-6　新亚欧大陆桥路线

与西伯利亚大陆桥相比，新亚欧大陆桥具有明显的优势。

第一，地理位置和气候条件优越。整个陆桥避开了高寒地区，港口无封冻期，可以常年作业。

第二，运输距离短。新亚欧大陆桥比西伯利亚大陆桥的陆上运距缩短了 2 000 ~ 2 500 千米。

第三，辐射面广。新亚欧大陆桥辐射亚欧大陆 30 多个国家和地区，而且多是经济发达、人口稠密地区。

第四，对亚太地区吸引力大。新亚欧大陆桥的东端桥头堡是我国连云港，不仅东北亚日本、韩国等国，而且东南亚各国以及我国的台湾及港澳地区，均可利用此线路开展集装箱运输。但是由于我国与俄罗斯、独联体国家的铁路轨制不统一（我国是标准轨 1 435mm，独联体国家是宽轨 1 520mm），因此，在过境站有一个换装环节，不仅耽误时间，而且增加费用。这是新亚欧大陆桥与西伯利亚大陆桥竞争的一个不利因素。

2

第二部分

国际物流运输工具管理及业务办理

海关对进出境运输工具实施监管的目的是确保运输工具及其所载货物、物品合法进出境。海关需要通过审核单证，实地实物查验来判断运输工具负责人向海关申报的事项是否属实，从而判断运输工具及所载货物、物品的进出是否符合海关监管规定。海关对进出境运输工具的管理从有关企业的运输工具的注册登记开始，通过监督每次进出境的活动及转港、转关运输等活动，实现有效管理。本部分介绍进出境运输工具的管理要求及相关业务的办理。

第八章

国际物流运输工具管理概述

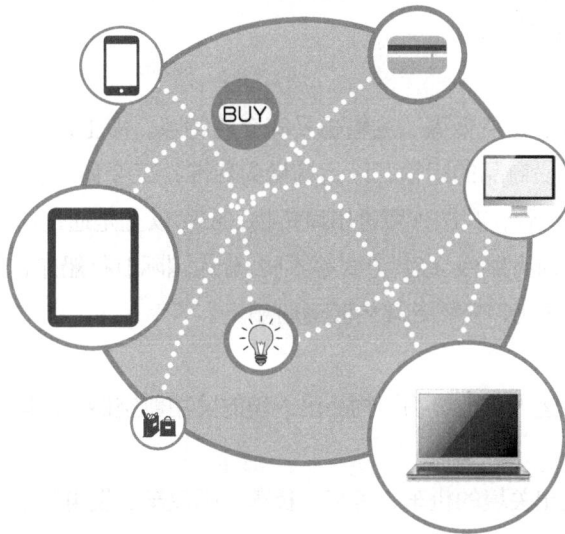

第一节　基本概念

一、海关监管的运输工具的定义

海关监管的运输工具是指用于载运进出境货物和人员的运输工具，包括进出境运输工具和非进出境的载运海关监管货物的境内运输工具。

（一）进出境运输工具

进出境运输工具指用以载运货物和人员进出境的各种船舶、航空器、进出境列车、车辆、驮畜、集装箱和能源管道等。

1. 船舶

船舶具有运载量大、运费低廉、运输稳妥安全的特点。海上运输在国际贸易中占有重要的地位。全世界国际贸易商品的运输，以运输量为标准，至今还主要依靠海运，其占世界贸易总量的 2/3 以上。据统计，我国外贸进出口货物，85% 以上是通过船舶运输来完成的。

根据海上运输工具航行路线、经营方式等不同，分为国际航行船舶，兼营船舶，航行于香港、澳门的小型船舶和转运进出口货物的境内驳运船舶。

2. 航空器

航空器是指用于载运人员、货物、物品出入境的民用航空器，即国际民航机。

3. 进出境列车

进出境列车是指进出关境的机车、客车、货车、邮政车、发电车、守车和轨道车等。

4. 车辆

海关监管车辆分为载运进出境货物、人员的进出境汽车，载运海关监管货物的境内汽车。

5. 驮畜

进出境驮畜指受海关监管，用于驮运货物进出境的牲畜。驮畜监管的内容主要是对驮畜自身的监管。

6. 集装箱

集装箱是在运输中可以反复使用、能够加封管理的一种运输设备。

7. 能源管道

能源管道是指运输进口能源的跨境管道。

（二）海关监管的境内运输工具

海关监管的境内运输工具指沿海、沿边地区载运海关监管货物的从事境内运输的船舶和汽车。海关监管的境内运输工具有以下特征：

（1）其所在地区为沿海、沿边地区，且处于进出境口岸周围；

（2）境内运输工具载运的是海关监管货物；

（3）其具体形式有船舶和汽车。

二、海关监管运输工具的分类

分类标准和具体类型划分如下：

（1）根据运行特点分类，划分为船舶、航空器、车辆等；

（2）根据是否进出境分类，划分为进出境、境内；

（3）根据流向分类，划分为进境、出境；

（4）根据国籍分类，划分为外籍、中国籍；

（5）根据经停口岸分类，划分为转关、非转关。

第二节　运输工具海关监管法律制度

运输工具海关监管法律制度是调整海关在运输工具监管中，海关与出入境运输工具负责人之间管理与被管理关系法律规范构建的规范体系，具体规范包括《海关法》第二章、《海关进出境运输工具监管办法》、其他专门的监管规定。

一、《海关法》对运输工具的监管要求

《海关法》第二章对进出境运输工具的监督做出了明确的规定。

（1）进出境运输工具到达或者驶离设立海关的地点时，运输工具负责人应当向海关如实申报，交验单证，并接受海关监管和检查。

停留在设立海关的地点的进出境运输工具，未经海关同意，不得擅自驶离。

进出境运输工具从一个设立海关的地点驶往另一个设立海关的地点的，应当符合海关监管要求，办理海关手续，未办结海关手续的，不得改驶境外。

（2）进境运输工具在进境以后向海关申报以前，出境运输工具在办结海关手续以后出境以前，应当按照交通主管机关规定的路线行进；交通主管机关没有规定的，由海关指定。

（3）进出境船舶、火车、航空器到达和驶离时间、停留地点、停留期间更换地点以及装卸货物、物品时间，运输工具负责人或者有关交通运输部门应当事先通知海关。

（4）运输工具装卸进出境货物、物品或者上下进出境旅客，应当接受海关监管。

货物、物品装卸完毕，运输工具负责人应当向海关递交反映实际装卸情况的交接单据和记录。

上下进出境运输工具的人员携带物品的，应当向海关如实申报，并接受海关检查。

（5）海关检查进出境运输工具时，运输工具负责人应当到场，并根据海关的要求开启舱室、房间、车门；有走私嫌疑的，应当开拆可能藏匿走私货物、物品的部位，搬移货物、物料。

海关根据工作需要，可以派员随运输工具执行职务，运输工具负责人应当提供方便。

（6）进境的境外运输工具和出境的境内运输工具，未向海关办理手续并缴纳关税，不得转让或者移作他用。

（7）进出境船舶和航空器兼营境内客、货运输，应当符合海关监管要求。

进出境运输工具改营境内运输，需向海关办理手续。

（8）沿海运输船舶、渔船和从事海上作业的特种船舶，未经海关同意，不得载运或者换取、买卖、转让进出境货物、物品。

（9）进出境船舶和航空器，由于不可抗力的原因，被迫在未设立海关的地点停泊、降落或者抛掷、起卸货物、物品，运输工具负责人应当立即报告附近海关。

二、《海关进出境运输工具监管办法》对运输工具的监管要求

（一）总的要求

（1）除经国务院或者国务院授权的机关批准外，进出境运输工具应当通过设立海关的地点进境或者出境，在海关监管场所停靠、装卸货物、物品和上下人员。

由于不可抗力原因，进出境运输工具被迫在未设立海关的地点或者在非海关监管场所停靠、降落或者抛掷、起卸货物、物品以及上下人员的，进出境运输工具负责人应当立即报告附近海关。附近海关应当对运输工具及其所载的货物、物品实施监管。

（2）进境运输工具在进境以后向海关申报以前，出境运输工具在办结海关手续以后出境以前，应当按照交通运输主管机关规定的路线行进；交通运输主管机关没有规定的，由海关指定。

进境运输工具在进境申报以后出境以前，应当按照海关认可的路线行进。

（3）进出境运输工具到达或者驶离设立海关的地点时，进出境运输工具负责人应当采用电子数据和纸质申报单形式向海关申报。

（4）进境的境外运输工具和出境的境内运输工具，未向海关办理手续并缴纳关税，不得转让或者移作他用。

运输工具作为货物以租赁或其他贸易方式进出口的，除按照本办法办理进出境运输工具进境或者出境手续外，还应当按照有关规定办理进出境运输工具进出口报关手续。

（二）备案管理

1. 备案管理机构

进出境运输工具、进出境运输工具负责人和进出境运输工具服务企业应当在经营业务所在地的直属海关或者经直属海关授权的隶属海关备案。

海关对进出境运输工具、进出境运输工具负责人以及进出境运输工具服务企业的备案实行全国海关联网管理。

2. 备案

进出境运输工具、进出境运输工具负责人和进出境运输工具服务企业在海关办理备案的，应当按不同运输方式分别提交《进出境国际航行船舶备案表》《进出境航空器备案表》《进出境铁路列车备案表》《进出境公路车辆备案表》《运输工具负责人备案表》《运输工具服务企业备案表》，并同时提交上述备案表随附单证栏中列明的材料。

运输工具服务企业相关管理办法，由海关总署另行制定。

《运输工具备案表》《运输工具负责人备案表》和《运输工具服务企业备案表》的内容发生变更的，进出境运输工具负责人、进出境运输工具服务企业应当在海关规定的时限内持《备案变更表》和有关文件到备案海关办理备案变更手续。

进出境运输工具负责人、进出境运输工具服务企业可以主动申请撤销备案，海关也可以依法撤销备案。

3. 分类管理

海关对在海关备案的进出境运输工具服务企业和进出境运输工具所有企业、经营企业实施分类管理，具体办法由海关总署另行制定。

（三）运输工具管理

1. 进境监管

（1）进境运输工具负责人应当在规定时限将运输工具预计抵达境内目的港和预计抵达时间以电子数据形式通知海关。

因客观条件限制，经海关批准，公路车辆负责人可以采用电话、传真等方式通知海关。

进境运输工具抵达设立海关的地点以前，运输工具负责人应当将进境时间、抵达目的港的时间和停靠位置通知海关。

（2）进境运输工具抵达设立海关的地点时，运输工具负责人应当按不同运输方式向海关申报，分别提交《中华人民共和国海关船舶进境（港）申报单》《中华人民共和国海关航空器进境（港）申报单》《中华人民共和国海关铁路列车进境申报单》《中华人民共和国海关公路车辆进境（港）申报单》，以及上述申报单中列明应当交验的其他单证。

进境运输工具负责人也可以在运输工具进境前提前向海关办理申报手续。

（3）进境运输工具抵达监管场所时，监管场所经营人应当通知海关。

（4）海关接受进境运输工具申报时，应当审核电子数据和纸质申报单证。

进境运输工具在向海关申报以前，未经海关同意，不得装卸货物、物品，除引航员、口岸检查机关工作人员外不得上下人员。

2. 停留监管

（1）进出境运输工具到达设立海关的地点时，应当接受海关监管和检查。

海关检查进出境运输工具时，运输工具负责人应当到场，并根据海关的要求开启舱室、房间、车门；有走私嫌疑的，应当开拆可能藏匿走私货物、物品的部位，搬移货物、物料。

海关认为必要时，可以要求进出境运输工具工作人员进行集中，配合海关实施检查。

海关检查完毕后，应当按规定制作《检查记录》。

（2）海关认为必要的，可以派员对进出境运输工具值守，进出境运输工具负责人应当为海关人员提供方便。

海关派员对进出境运输工具值守的，进出境运输工具装卸货物、物品以及上下人员应当征得值守海关人员同意。

（3）进出境运输工具负责人应当在进出境运输工具装卸货物的 1 小时前通知海关；航程

或者路程不足 1 小时的，可以在装卸货物前通知海关。

海关可以对进出境运输工具装卸货物实施监装监卸。

进出境运输工具装卸货物、物品完毕后，进出境运输工具负责人应当向海关递交反映实际装卸情况的交接单据和记录。

（4）进出境运输工具在海关监管场所停靠期间更换停靠地点的，进出境运输工具负责人应当事先通知海关。

3. 境内续驶监管

（1）进出境运输工具在境内从一个设立海关的地点驶往另一个设立海关的地点的，进出境运输工具负责人应当按照有关规定办理驶离手续。

（2）进出境运输工具在境内从一个设立海关的地点驶往另一个设立海关的地点的，应当符合海关监管要求，驶离地海关应当制发关封。进出境运输工具负责人应当妥善保管关封，抵达另一设立海关的地点时提交目的地海关。

未经驶离地海关同意，进出境运输工具不得改驶其他目的地；未办结海关手续的，不得改驶境外。

（3）进出境运输工具在境内从一个设立海关的地点驶往另一个设立海关的地点时，海关可以派员随运输工具实施监管，进出境运输工具负责人应当为海关人员提供方便。

（4）进出境运输工具在境内从一个设立海关的地点驶往另一个设立海关的地点抵达目的地以后，应当按照有关规定办理抵达手续。

4. 出境监管

（1）出境运输工具离开设立海关的地点驶往境外的 2 小时以前，运输工具负责人应当将驶离时间以电子数据形式通知海关。对临时出境的运输工具，运输工具负责人可以在其驶离设立海关的地点以前将驶离时间通知海关。

因客观条件限制，经海关批准，公路车辆负责人可以在车辆出境前采用电话、传真等方式通知海关。

（2）运输工具出境时，运输工具负责人应当按不同运输方式向海关申报，分别提交《中华人民共和国海关船舶出境（港）申报单》《中华人民共和国海关航空器出境（港）申报单》《中华人民共和国海关铁路列车出境申报单》《中华人民共和国海关公路车辆出境（港）申报单》，以及上述申报单中列明应当交验的其他单证。

（3）出境运输工具负责人在货物、物品装载完毕或者旅客全部登机（船、车）以后，应当向海关提交结关申请。海关审核无误的，制发《结关通知书》。

海关制发《结关通知书》以后，非经海关同意，出境运输工具不得装卸货物、上下旅客。

（4）出境运输工具驶离海关监管场所时，监管场所经营人应当通知海关。

（5）进出境运输工具在办结海关出境或者续驶手续后的 24 小时未能驶离的，运输工具负责人应当重新办理有关手续。

（四）物料管理

（1）经运输工具负责人申请，海关核准后，进出境运输工具可以添加、起卸、调拨下列物料：

① 保障进出境运输工具行驶、航行的轻油、重油等燃料；

② 供应进出境运输工具工作人员和旅客的日常生活用品、食品；

③ 保障进出境运输工具及所载货物运输安全的备件、垫舱物料和加固、苫盖用的绳索、篷布、苫网等；

④ 海关核准的其他物品。

（2）进出境运输工具需要添加、起卸物料的，物料添加单位或者接受物料起卸单位应当向海关申报，并提交以下单证：

①《中华人民共和国海关运输工具起卸／添加物料申报单》；

② 添加、起卸物料明细单；

③ 海关认为必要的其他单证。

境外运输工具在我国境内添加、起卸物料的，应当列入海关统计。

（3）进出境运输工具之间调拨物料的，接受物料的进出境运输工具负责人应当在物料调拨完毕后向海关提交《运输工具物料调拨清单》。

（4）进出境运输工具添加、起卸、调拨物料的，应当接受海关监管。

（5）进出境运输工具添加、起卸、调拨的物料，运输工具负责人免予提交许可证件，海关予以免税放行；添加、起卸国家限制进出境或者涉及国计民生的物料超出自用合理数量范围的，应当按照进出口货物的有关规定办理海关手续。

（6）除下列情况外，进出境运输工具使用过的废弃物料应当复运出境：

① 运输工具负责人声明废弃的物料属于《自动进口类可用作原料的废物目录》和《限制进口类可用作原料的废物目录》列明，且接收单位已经办理进口手续的；

② 不属于《自动进口类可用作原料的废物目录》和《限制进口类可用作原料的废物目录》范围内的供应物料，以及进出境运输工具产生的清舱污油水、垃圾等，且运输工具负责人或者接受单位能够自卸下进出境运输工具之日起 30 日内依法作无害化处理的。

前款第①、②项所列物项未办理合法手续或者未在规定时限内依法作无害化处理的，海关可以责令退运。

（7）进出境运输工具负责人应当将进口货物全部交付收货人。经海关核准，同时符合下列条件的扫舱地脚，可以免税放行：

① 进口货物为散装货物；

② 进口货物的收货人确认运输工具已经卸空；

③ 数量不足 1 吨，且不足进口货物重量的 0.1%。

前款规定的扫舱地脚涉及许可证件管理的，进出境运输工具负责人免于提交许可证件。

（五）运输工具工作人员携带物品管理

（1）进出境运输工具工作人员携带物品进出境的，应当向海关申报并接受海关监管。

（2）进出境运输工具工作人员携带的物品，应当以服务期间必需和自用合理数量为限。

运输工具工作人员不得为其他人员携带物品进境或者出境。

进出境运输工具工作人员需携带物品进入境内使用的，应当向海关办理手续，海关按照有关规定验放。

第三节　进出境运输工具舱单管理

一、舱单的定义

进出境运输工具舱单（以下简称舱单）是指反映进出境运输工具所载货物、物品及旅客信息的载体，包括原始舱单、预配舱单、装（乘）载舱单。

原始舱单是指舱单传输人向海关传输的反映进境运输工具装载货物、物品或者乘载旅客信息的舱单。

预配舱单是指反映出境运输工具预计装载货物、物品或者乘载旅客信息的舱单。

装（乘）载舱单是指反映出境运输工具实际配载货物、物品或者载有旅客信息的舱单。

进出境运输工具载有货物、物品的，舱单内容应当包括总提（运）单及其项下的分提（运）单信息。

二、舱单管理的基本要求

（一）舱单的传输主体

（1）进出境运输工具负责人、无船承运业务经营人、货运代理企业、船舶代理企业、邮政企业以及快件经营人等舱单电子数据传输义务人（以下统称"舱单传输人"）应当按照海关备案的范围在规定时限向海关传输舱单电子数据。

（2）海关监管场所经营人、理货部门、出口货物发货人等舱单相关电子数据传输义务人应当在规定时限向海关传输舱单相关电子数据。

（二）舱单的传输要求

（1）对未按照《中华人民共和国海关进出境运输工具舱单管理办法》的规定传输舱单及相关电子数据的，海关可以暂不予办理运输工具进出境申报手续。

（2）因计算机故障等特殊情况无法向海关传输舱单及相关电子数据的，经海关同意，可以采用纸质形式在规定时限向海关递交有关单证。

> 海关以接受原始舱单主要数据传输的时间为进口舱单电子数据传输时间；海关以接受预配舱单主要数据传输的时间为出口舱单电子数据传输时间。

（三）舱单传输人备案

舱单传输人、监管场所经营人、理货部门、出口货物发货人应当向其经营业务所在地直属海关或者经授权的隶属海关备案。

1.舱单传输人应提交的文件

舱单传输人办理备案手续时，应当向海关提交下列文件：

（1）《备案登记表》；

（2）提（运）单和装货单的样本；

（3）企业印章以及相关业务印章的印模；

（4）行政主管部门核发的许可证件或者资格证件的复印件；

（5）海关需要的其他文件。

2. 海关监管场所经营人、理货部门、出口货物发货人应提交的文件

海关监管场所经营人、理货部门、出口货物发货人办理备案手续时，应当向海关提交下述文件：

（1）《备案登记表》；

（2）行政主管部门核发的许可证件或者资格证件的复印件；

（3）海关需要的其他文件。

3. 提交文件的要求

（1）提交复印件的，应当同时出示原件供海关验核。

（2）在海关备案的有关内容如果发生改变的，舱单传输人、监管场所经营人、理货部门、出口货物发货人应当持书面申请和有关文件到海关办理备案变更手续。

4. 舱单的保密

（1）舱单传输人可以书面向海关提出为其保守商业秘密的要求，并具体列明需要保密的内容。

（2）海关应当按照国家有关规定承担保密义务，妥善保管舱单传输人及相关义务人提供的涉及商业秘密的资料。

三、进境舱单的管理

（一）运输工具抵港前的通知

原始舱单电子数据传输以前，运输工具负责人应当将运输工具预计抵达境内目的港的时间通知海关。

运输工具抵港以前，运输工具负责人应当将运输工具确切的抵港时间通知海关。

运输工具抵达设立海关的地点时，运输工具负责人应当向海关进行运输工具抵港申报。

（二）进境工具载货物、物品

1. 舱单数据传输时限

进境运输工具载有货物、物品的，舱单传输人应当在下列时限向海关传输原始舱单主要数据：

（1）集装箱船舶装船的 24 小时以前，非集装箱船舶抵达境内第一目的港的 24 小时以前；

（2）航程 4 小时以下的，航空器起飞前；航程超过 4 小时的，航空器抵达境内第一目的港的 4 小时以前；

（3）铁路列车抵达境内第一目的站的 2 小时以前；

（4）公路车辆抵达境内第一目的站的 1 小时以前。

舱单传输人应当在进境货物、物品运抵目的港以前向海关传输原始舱单主要数据。

2. 海关接受后的审单

海关接受原始舱单主要数据传输后，收货人、受委托报关企业方可向海关办理货物、物品的申报手续。

海关发现原始舱单中列有我国禁止进境的货物、物品时，可以通知运输工具负责人不得装载进境。

3. 理货部门或者海关监管场所经营人的理货

（1）理货部门或者海关监管场所经营人应当在进境运输工具卸载货物、物品完毕后的 6 小时以内以电子数据方式向海关提交理货报告。

需要二次理货的，经海关同意，可以在进境运输工具卸载货物、物品完毕后的 24 小时以内以电子数据方式向海关提交理货报告。

（2）海关应当将原始舱单与理货报告进行核对，对二者不相符的，以电子数据方式通知运输工具负责人。运输工具负责人应当在卸载货物、物品完毕后的 48 小时以内向海关报告不相符的原因。

> 原始舱单中未列名的进境货物、物品，海关可以责令原运输工具负责人直接退运。

4. 进境货物、物品的分拨、分流及放行

（1）分拨。

进境货物、物品需要分拨的，舱单传输人应当以电子数据方式向海关提出分拨货物、物品申请，经海关同意后方可分拨。

分拨货物、物品运抵海关监管场所时，海关监管场所经营人应当以电子数据方式向海关提交分拨货物、物品运抵报告。

在分拨货物、物品拆分完毕后的 2 小时以内，理货部门或者海关监管场所经营人应当以电子数据方式向海关提交分拨货物、物品理货报告。

（2）分流。

货物、物品需要疏港分流的，海关监管场所经营人应当以电子数据方式向海关提出疏港分流申请，经海关同意后方可疏港分流。

疏港分流完毕后，海关监管场所经营人应当以电子数据方式向海关提交疏港分流货物、物品运抵报告。

（3）放行。

进口货物、物品和分拨货物、物品提交理货报告后，疏港分流货物、物品提交运抵报告后，海关即可办理货物、物品的查验、放行手续。

（三）载有旅客的进境工具舱单管理

1. 载有旅客的舱单数据传输时限

进境运输工具载有旅客的，舱单传输人应当在下列时限向海关传输原始舱单电子数据：

（1）船舶抵达境内第一目的港的 2 小时以前；

（2）航程在 1 小时以下的，航空器抵达境内第一目的港的 30 分钟以前；航程在 1 小时至 2 小时的，航空器抵达境内第一目的港的 1 小时以前；航程在 2 小时以上的，航空器抵达境内第一目的港的 2 小时以前；

（3）铁路列车抵达境内第一目的站的 2 小时以前；

（4）公路车辆抵达境内第一目的站的 1 小时以前。

2. 结关放行

进境运输工具载有旅客的，运输工具负责人或者海关监管场所经营人应当在进境运输工具下客完毕后 3 小时以内向海关提交进境旅客及其行李物品结关申请，并提供实际下客人数、托运行李物品提取数量以及未运抵行李物品数量。经海关核对无误的，可以办理结关手续；原始舱单与结关申请不相符的，运输工具负责人或者海关监管场所经营人应当在进境运输工具下客完毕后 24 小时以内向海关报告不相符的原因。

运输工具负责人或者海关监管场所经营人应当将无人认领的托运行李物品转交海关处理。

（四）海关对原始舱单的决定及通知

海关接受原始舱单主要数据传输后，对决定不准予卸载货物、物品或者下客的，应当以电子数据方式通知舱单传输人，并告知不准予卸载货物、物品或者下客的理由。

海关因故无法以电子数据方式通知的，应当派员实地办理相关手续。

四、出境舱单的管理

以集装箱运输的货物、物品，出口货物发货人应当在货物、物品装箱以前向海关传输装箱清单电子数据。

（一）舱单传输时限

1. 载有货物、物品的预配舱单传输时限

出境运输工具预计载有货物、物品的，舱单传输人应当在办理货物、物品申报手续以前向海关传输预配舱单主要数据。

海关接受预配舱单主要数据传输后，舱单传输人应当在下列时限向海关传输预配舱单其他数据：

（1）集装箱船舶装船的 24 小时以前，非集装箱船舶在开始装载货物、物品的 2 小时以前；

（2）航空器在开始装载货物、物品的 4 小时以前；

（3）铁路列车在开始装载货物、物品的 2 小时以前；

（4）公路车辆在开始装载货物、物品的 1 小时以前。

2. 载有旅客的预配舱单传输时限

出境运输工具预计载有旅客的，舱单传输人应当在出境旅客开始办理登机（船、车）手续的 1 小时以前向海关传输预配舱单电子数据。

3. 运抵报告提交

出境货物、物品运抵海关监管场所时，海关监管场所经营人应当以电子数据方式向海关提交运抵报告。

运抵报告提交后，海关即可办理货物、物品的查验、放行手续。

4. 舱单电子数据传输

（1）舱单传输人应当在运输工具开始装载货物、物品的 30 分钟以前向海关传输装载舱单电子数据。

装载舱单中所列货物、物品应当已经海关放行。

（2）舱单传输人应当在旅客办理登机（船、车）手续后、运输工具上客以前向海关传输乘载舱单电子数据。

（二）海关对装（乘）载舱单电子数据的处理

海关接受装（乘）载舱单电子数据传输后，对决定不准予装载货物、物品或者上客的，应当以电子数据方式通知舱单传输人，并告知不准予装载货物、物品或者上客的理由。

海关因故无法以电子数据方式通知的，应当派员实地办理相关手续。

（三）其他要求

（1）运输工具负责人应当在运输工具驶离设立海关的地点的 2 小时以前将驶离时间通知海关。

对临时追加的运输工具，运输工具负责人应当在运输工具驶离设立海关的地点以前将驶离时间通知海关。

（2）运输工具负责人应当在货物、物品装载完毕或者旅客全部登机（船、车）后向海关提交结关申请，经海关办结手续后，出境运输工具方可离境。

（3）出境运输工具驶离装货港的 6 小时以内，海关监管场所经营人或者理货部门应当以电子数据方式向海关提交理货报告。

（4）海关应当将装载舱单与理货报告进行核对，对二者不相符的，以电子数据方式通知运输工具负责人。运输工具负责人应当在装载货物、物品完毕后的 48 小时以内向海关报告不相符的原因。

海关应当将乘载舱单与结关申请进行核对，对二者不相符的，以电子数据方式通知运输工具负责人。运输工具负责人应当在出境运输工具结关完毕后的 24 小时以内向海关报告不相符的原因。

五、舱单变更的管理

（一）办理变更的时间

已经传输的舱单电子数据需要变更的，舱单传输人可以在原始舱单和预配舱单规定的传输时限以前直接予以变更，但是货物、物品所有人已经向海关办理货物、物品申报手续的除外。

舱单电子数据传输时间以海关接受舱单电子数据变更的时间为准。

（二）可以变更的情形

在原始舱单和预配舱单规定的传输时限后，有下列情形之一的，舱单传输人向海关递交舱单变更书面申请，经海关审核同意后，可以进行变更：

（1）货物、物品因不可抗力灭失、短损，造成舱单电子数据不准确的；

（2）装载舱单中所列的出境货物、物品，因装运、配载等原因造成部分或者全部货物、物品退关或者变更运输工具的；

（3）大宗散装货物、集装箱独立箱体内载运的散装货物的溢短装数量在规定范围以内的；

（4）其他客观原因造成传输错误的。

需要变更舱单电子数据的，舱单传输人应当按照海关的要求予以变更。

（三）舱单变更提交的文件

舱单传输人向海关申请变更货物、物品舱单时，应当提交下列文件：

（1）《舱单变更申请表》；

（2）提（运）单的复印件；

（3）加盖有舱单传输人公章的正确的纸质舱单；

（4）其他能够证明舱单变更合理性的文件。

舱单传输人向海关申请变更旅客舱单时，应当提交上述（1）、（3）、（4）项文件。

提交复印件的，应当同时出示原件供海关验核。

> 自海关接受舱单等电子数据之日起3年内，舱单传输人、海关监管场所经营人、理货部门应当妥善保管纸质舱单、理货报告、运抵报告以及相关账册等资料。

第四节　进出境运输工具检验检疫要求

一、卫生检验检疫要求

（一）《中华人民共和国国境卫生检疫法》的要求

《中华人民共和国国境卫生检疫法》规定入境、出境的人员、交通工具、运输设备以及可能传播检疫传染病的行李、货物、邮包等物品，都应当接受检疫，经国境卫生检疫机关许可，方准入境或者出境。具体要求如下。

（1）入境的交通工具和人员，必须在最先到达的国境口岸的指定地点接受检疫。除引航员外，未经国境卫生检疫机关许可，任何人不准上下交通工具，不准装卸行李、货物、邮包等物品。具体办法由本法实施细则规定。

（2）出境的交通工具和人员，必须在最后离开的国境口岸接受检疫。

（3）来自国外的船舶、航空器因故停泊、降落在中国境内非口岸地点的时候，船舶、航空器的负责人应当立即向就近的国境卫生检疫机关或者当地卫生行政部门报告。除紧急情况外，未经国境卫生检疫机关或者当地卫生行政部门许可，任何人不准上下船舶、航空器，不准装卸行李、货物、邮包等物品。

（4）在国境口岸发现检疫传染病、疑似检疫传染病，或者有人非因意外伤害而死亡并死因不明的，国境口岸有关单位和交通工具的负责人，应当立即向国境卫生检疫机关报告，并申请临时检疫。

（5）国境卫生检疫机关依据检疫医师提供的检疫结果，对未染有检疫传染病或者已实施卫生处理的交通工具，签发入境检疫证或者出境检疫证。

（6）国境卫生检疫机关对检疫传染病染疫人必须立即将其隔离，隔离期限根据医学检查结果确定；对检疫传染病染疫嫌疑人应当将其留验，留验期限根据该传染病的潜伏期确定。

因患检疫传染病而死亡的尸体，必须就近火化。

（7）接受入境检疫的交通工具有下列情形之一的，应当实施消毒、除鼠、除虫或者其他卫生处理：

① 来自检疫传染病疫区的；

② 被检疫传染病污染的；

③ 发现有与人类健康有关的啮齿动物或者病媒昆虫的。

如果外国交通工具的负责人拒绝接受卫生处理，除有特殊情况外，准许该交通工具在国境卫生检疫机关的监督下，立即离开中华人民共和国国境。

（二）入境卫生检疫

《国境卫生检疫法》规定，入境的交通工具和人员，应当在最先到达的国境口岸的指定地点接受检疫，除引航员外，未经国境卫生检疫机关许可，任何人不准上下交通工具，不准装卸行李、货物、邮包等物品。所谓指定地点，包括检疫锚地、允许航空器降落的停机坪和航空站、国际列车到达国境后第一个火车站的站台及江河口岸边境的通道口。

（1）入境前报告。在交通工具及人员抵达国境前，交通工具的代理人或者有关管理机关（如港务监督机关，实施检疫的航空站、车站），必须向国境卫生检疫机关通知相关事项。

（2）提交申报证件。

（3）电讯检疫。

所有出入境交通工具应当实施卫生检疫。根据交通工具运营者或其代理人申请，经检验检疫机构进行风险评估，可以对符合条件的出入境交通工具，实施电讯检疫。

相关链接

电讯检疫及其监督管理办法

电讯检疫是指出入境的交通工具通过无线通信或其他便捷通信方式，按要求向出入境检验检疫机构（以下称检验检疫机构）申报规定内容。经检验检疫机构进行风险评估，认为其符合检疫要求，准予其无疫通行，不实施交通工具检疫。

2016年8月15日，国家质量监督检验检疫总局发布《质检总局关于发布〈出入境交通工具电讯卫生检疫管理办法〉的公告》（2016年第78号），以规范全国口岸出入境交通工具的电讯卫生检疫管理工作，通过风险评估，科学有效防止疫情通过口岸传播和扩散，保护人体健康，维护国门安全，便利口岸通关，服务经贸发展。

一、监督管理机构

（1）检验检疫机构根据所提供材料、诚信档案、既往卫生检疫和卫生监督结果，开展风险评估。

（2）口岸运营者应当为检验检疫机构开展电讯检疫提供必需的场地、通道和功能用房，给予必要的支持和保障。口岸核心能力建设达标的口岸方可开展电讯检疫业务。

（3）质检总局主管全国口岸出入境交通工具的电讯检疫管理。各检验检疫机构负责所辖口岸出入境交通工具电讯检疫的监督管理和具体实施。

二、船舶电讯检疫

1. 申请时间

出入境船舶申请电讯检疫的，船舶运营者或其代理人应当在船舶预计抵达或驶离口岸24小时前向检验检疫机构申报。入境船舶航程不足24小时的，在驶离上一口岸时申请入境电讯检疫。出境船舶在港时间不足24小时的，可在抵达本口岸时申请出境电讯检疫。

船舶运营者或其代理人可采用电子化、信息化及书面等方式申请电讯检疫。如船舶动态或者申报内容有变化，应当及时向检验检疫机构更正。

2. 申报信息

国际航行船舶申请出入境电讯检疫应申报以下信息：

（1）船名、国籍、呼号、国际海事组织编号、预定抵离时间；

（2）发航港、最后寄港、4周内寄港；

（3）船员和旅客人数；

（4）载货清单、船载主要物品清单；

（5）航海健康申报书、相关卫生证书等。

3. 检验检疫机构不给予入境船舶电讯检疫的情形

入境船舶有以下情形之一的，检验检疫机构不给予电讯检疫：

（1）申报资料不全的；

（2）来自或经停受染地区的；

（3）本航次发现受染人或受染嫌疑人的；

（4）本航次有人非因意外伤害而死亡并死因不明的；

（5）本航次发现啮齿动物反常死亡或死因不明，或在船上发现活鼠、鼠迹、新鲜鼠粪的；

（6）本航次发现可疑的核与辐射、生物、化学污染源或危害事实的；

（7）未持有有效《船舶免予卫生控制措施证书/船舶卫生控制措施证书》的；

（8）船上载有散装废旧物品的；

（9）入境船舶为废旧船舶的；

（10）来自动植物疫区，国家有明确要求的，或装载的货物为活动物的。

4. 检验检疫机构不给予出境船舶电讯检疫的情形

出境船舶有以下情形之一的，检验检疫机构不给予电讯检疫：

（1）申报资料不全的；

（2）国内航行或在港期间发现受染人或受染嫌疑人的；

（3）国内航行或在港期间有人非因意外伤害而死亡并死因不明的；

（4）国内航行或在港期间船上发现啮齿动物反常死亡或死因不明，或在船上发现活鼠、鼠迹、新鲜鼠粪的；

（5）国内航行或在港期间发现可疑的核与辐射、生物、化学污染源或危害事实的；

（6）未持有有效《船舶免予卫生控制措施证书/船舶卫生控制措施证书》的。

5. 接到是否批准回复的处理

（1）船舶在收到检验检疫机构给予电讯检疫批准和回复后，入境船舶解除检疫信号，在抵达后可以直接上下人员、装卸货物，出境船舶可以直接离港。

船舶运营者或其代理人应当在船舶抵达口岸 24 小时内，或离开口岸 1 小时前办理检验检疫手续。

对实施电讯检疫的船舶，检验检疫机构可以根据实际情况对其实施抽查和卫生监督。

（2）检验检疫机构对不予实施电讯检疫的出入境船舶，应确定其他检疫方式，及时通知船舶运营者或其代理人。

三、航空器电讯检疫

1. 申报电讯检疫的时间

出入境航空器申请电讯检疫的，入境航空器在预计降落 30 分钟前，出境航空器在离境关闭舱门 15 分钟前向检验检疫机构申报。

航空器运营者或其代理人可采用电子化、信息化及书面等方式申请电讯检疫。如航班动态或者申报内容有变化，应当及时向检验检疫机构更正。

2. 申报信息

出入境航空器申请电讯检疫应申报以下信息：

（1）航班号、国籍、机身识别号、机型、预定抵离时间；

（2）始发机场、经停机场；

（3）总申报单、旅客名单、货物舱单；

（4）必要时，提交有效灭蚊证书等其他检疫有关证书、文件。

3. 不给予入境航空器电讯检疫的情形

入境航空器有以下情形之一的，检验检疫机构不给予电讯检疫：

（1）申报资料不全的；

（2）来自或经停受染地区的；

（3）本航次发现受染人或受染嫌疑人的；

（4）本航次有人非因意外伤害而死亡并死因不明的；

（5）本航次发现啮齿动物反常死亡或死因不明，或发现活鼠、鼠迹、新鲜鼠粪的；

（6）本航次发现可疑的核与辐射、生物、化学污染源或危害事实的；

（7）入境维修的航空器。

4. 不给予出境航空器电讯检疫的情形

出境航空器有以下情形之一的，检验检疫机构不给予电讯检疫：

（1）申报资料不全的；

（2）出境前发现受染人或受染嫌疑人的；

（3）出境前有人非因意外伤害而死亡并死因不明的；

（4）出境前发现啮齿动物反常死亡或死因不明，或发现活鼠、鼠迹、新鲜鼠粪的；

（5）出境前发现可疑的核与辐射、生物、化学污染源或危害事实的。

5. 接到是否批准回复的处理

（1）出入境航空器在收到检验检疫机构给予电讯检疫批准回复后，入境航空器在抵港后可以直接上下人员、装卸货物，出境航空器可以直接起飞离港。

对实施电讯检疫的航空器，检验检疫机构可以根据实际情况对其进行抽查和卫生监督。

（2）检验检疫机构对不予实施电讯检疫的出入境航空器，确定其他检疫方式，及时通知航空器运营者或其代理人。

四、列车电讯检疫

1. 申报时间

出入境列车申请电讯检疫的，列车运营者或其代理人应当在列车预计抵达或离开口岸30分钟前申报。

列车运营者或其代理人可采用电子化、信息化及书面等方式申请电讯检疫。如列车动态或者申报内容有变化，应当及时向检验检疫机构更正。

2. 申报信息

出入境列车申请电讯检疫应申报以下信息：

（1）车次、国籍、预定抵离时间；

（2）本车次起点站、停靠车站；

（3）总申报单、旅客名单、货物舱单、其他检疫有关证书、文件。

3. 不给予入境列车电讯检疫的情形

入境列车有以下情形之一的，检验检疫机构不给予电讯检疫：

（1）申报资料不全的；

（2）来自或经停受染地区的；

（3）本车次发现受染人或受染嫌疑人的；

（4）本车次发现有人非因意外伤害而死亡并死因不明的；

（5）本车次发现啮齿动物反常死亡或死因不明，或发现活鼠、鼠迹、新鲜鼠粪的；

（6）本车次发现可疑的核与辐射、生物、化学污染源或危害事实的；

（7）载有散装废旧物品的；

（8）来自动植物疫区，国家有明确要求的，或装载的货物为活动物的。

4. 不给予出境列车电讯检疫的情形

出境列车有以下情形之一的，检验检疫机构不给予电讯检疫：

（1）申报资料不全的；

（2）本车次发现受染人或受染嫌疑人的；

（3）本车次列车上发现有人非因意外伤害而死亡并死因不明的；

（4）本车次列车上发现啮齿动物反常死亡或死因不明，或发现活鼠、鼠迹、新鲜鼠粪的；

（5）本车次发现可疑的核与辐射、生物、化学污染源或危害事实的；

（6）载有散装废旧物品的。

5. 接到是否批准回复的处理

（1）出入境列车在收到检验检疫机构给予电讯检疫批复后，入境列车在抵站后可以直接上下人员、装卸货物，出境列车可直接离境。

列车运营者或其代理人必须在列车抵达口岸 2 小时内，或离开口岸 30 分钟前办理检验检疫手续。

对实施电讯检疫的列车，检验检疫机构可以根据实际情况对其进行抽查和卫生监督。

（2）检验检疫机构对不予实施电讯检疫的出入境列车，确定其他检疫方式，及时通知运营者或其代理人。

五、日常管理

1. 诚信管理与信息档案

检验检疫机构对出入境交通工具的运营者及其代理人实施诚信管理，建立信息档案，内容包括：

（1）营业执照；

（2）运营航线信息；

（3）运营交通工具信息。

相关信息改变时，应及时变更。

2. 监督抽查

检验检疫机构根据口岸抽查、卫生监督、诚信管理对已实施电讯检疫的出入境交通工具实施监督抽查，抽查比例不高于 20%。对交通工具存在不符合电讯检疫要求情况的，停止受理该交通工具的电讯检疫申请 6 个月。

3. 电讯检疫档案保存

电讯检疫入境档案保存三年，出境档案保存二年，电子数据应长期保存，涉及重大疫情和案件、典型案例等事项的档案，作长期或永久保存。

（三）出境检疫

《国境卫生检疫法》规定，出境的交通工具和人员，必须在最后离开的国境口岸接受卫生检疫。

（四）临时检疫

在国境口岸发现检疫传染病、疑似检疫传染病，或者有人非因意外伤害而死亡并死因不明的，国境口岸有关单位和交通工具的负责人，应当立即向国境卫生检疫机关报告，并申请临时检疫。

入境和出境检疫证的签发国境卫生检疫机关依据检疫医师提供的检疫结果，对未染有检疫传染病或者已实施卫生处理的交通工具，签发入境或者出境检疫证。

二、进出境运输工具上的动植物检疫

（一）口岸动植物检疫机关的检验

口岸动植物检疫机关对来自动植物疫区的船舶、飞机、火车，可以登船、登机、登车实施现场检疫。有关运输工具负责人应当接受检疫人员的询问并在询问记录上签字，提供运行日志和装载货物的情况，开启舱室接受检疫。

口岸动植物检疫机关应当对前款运输工具可能隐藏病虫害的餐车、配餐间、厨房、储藏室、食品舱等动植物产品存放、使用场所和泔水、动植物性废弃物的存放场所以及集装箱箱体等区域或者部位，实施检疫；必要时，作防疫消毒处理。

（二）作熏蒸、消毒或者其他除害处理

（1）来自动植物疫区的船舶、飞机、火车，经检疫发现有进出境动植物检疫法第十八条规定的名录所列病虫害的，必须作熏蒸、消毒或者其他除害处理。发现有禁止进境的动植物、动植物产品和其他检疫物的，必须作封存或者销毁处理；作封存处理的，在中国境内停留或者运行期间，未经口岸动植物检疫机关许可，不得启封动用。对运输工具上的泔水、动植物性废弃物及其存放场所、容器，应当在口岸动植物检疫机关的监督下作除害处理。

（2）来自动植物疫区的进境车辆，由口岸动植物检疫机关作防疫消毒处理。装载进境动植物、动植物产品和其他检疫物的车辆，经检疫发现病虫害的，连同货物一并作除害处理。

装运供应香港、澳门地区的动物的回空车辆，实施整车防疫消毒。

（3）进境拆解的废旧船舶，由口岸动植物检疫机关实施检疫。发现病虫害的，在口岸动植物检疫机关监督下作除害处理。发现有禁止进境的动植物、动植物产品和其他检疫物的，在口岸动植物检疫机关的监督下作销毁处理。

来自动植物疫区的进境运输工具经检疫或者经消毒处理合格后，运输工具负责人或者其代理人要求出证的，由口岸动植物检疫机关签发《运输工具检疫证书》或者《运输工具消毒证书》。

（三）其他要求

（1）进境、过境运输工具在中国境内停留期间，相关员工和其他人员不得将所装载的动植物、动植物产品和其他检疫物带离运输工具；需要带离时，应当向口岸动植物检疫机关报检。

（2）装载动物出境的运输工具，装载前应当在口岸动植物检疫机关监督下进行消毒处理。

装载植物、动植物产品和其他检疫物出境的运输工具，应当符合国家有关动植物防疫和检疫的规定。发现危险性病虫害或者超过规定标准的一般性病虫害的，作除害处理后方可装运。

第九章

进出境运输工具业务办理

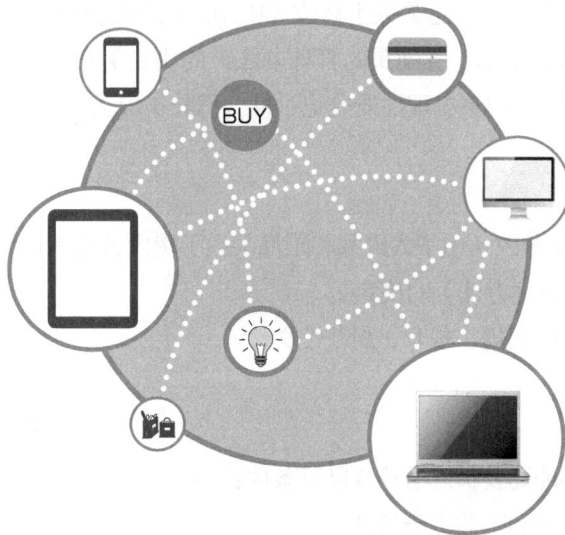

第一节　进出境运输工具备案

一、承运海关监管货物境内运输车辆驾驶员备案

（一）备案内容

按海关规定从事承运海关监管货物的运输业务，并承担相应法律责任和义务。

（二）设立依据

海关总署令第121号《海关总署关于修改〈中华人民共和国海关关于境内公路承运海关监管货物的运输企业及其车辆、驾驶员的管理办法〉的决定》第三条：运输企业、车辆应当向企业所在关区的直属海关申请办理注册登记手续，驾驶员应当办理备案登记手续。

（三）实施依据

（1）《海关总署关于修改〈中华人民共和国海关关于境内公路承运海关监管货物的运输企业及其车辆、驾驶员的管理办法〉的决定》。

（2）其他法律、行政法规、规章、规范性文件。

（四）申请条件

承运海关监管货物的驾驶员应当符合以下条件：

（1）具有中华人民共和国居民身份证；

（2）为运输企业职工；

（3）没有违法犯罪前科；

（4）遵守海关的有关管理规定。

（五）申请时提交的文件

驾驶员办理备案登记时，应当向海关提交以下文件：

（1）《承运海关监管货物境内运输车辆驾驶员备案登记表》；

（2）驾驶员的国内居民身份证（复印件）、《机动车驾驶员驾驶证》（复印件）；

（3）驾驶员彩色近照2张（规格：大1寸、免冠、红底）。

提交本条第（2）项文件时，还应同时出示原件供海关审核。

（六）办理程序

（1）海关准予承运海关监管货物境内运输车辆驾驶员向其运输企业注册地所在地上海海关监管通关处物流监控科申请备案，递交齐全且符合法定形式的备案文件，海关受理。

（2）承运海关监管货物境内运输车辆的驾驶员名单及备案登记资料，企业更换驾驶员的，应当及时向海关办理驾驶员的变更备案手续。

承运海关监管货物境内运输车辆驾驶员备案登记表如表9-1所示。

表9-1 承运海关监管货物境内运输车辆驾驶员备案登记表

姓名		性别		贴照片处（大1寸免冠近照）
身份证号		电话		
合同期： _____年_____月_____日至_____年_____月_____日				
本人保证遵守海关法规，承担相应法律责任和义务，按海关规定从事承运海关监管货物的运输业务。 驾驶员签名： 申请日期：				
本企业保证以上填写内容真实无讹，并愿加强对该驾驶员的管理，对该驾驶员驾驶本企业车辆承运海关监管货物的行为承担有关法律责任。 法人代表签名： 企业公章（照片骑缝） 申请日期：				
备注				

（请用签字笔或钢笔以正楷字书写，涂改无效）

二、航空地面代理企业（地面代理）备案

（一）备案内容

海关准予航空地面代理企业（地面代理）向海关传输原始舱单、预配舱单的总（分）运单电子数据以及装载舱单的活动。

（二）设立依据

海关总署令第172号《中华人民共和国海关进出境运输工具舱单管理办法》第六条：舱单传输人、监管场所经营人、理货部门、出口货物发货人应当向其经营业务所在地直属海关或者经授权的隶属海关备案。

（三）实施依据

（1）《中华人民共和国海关进出境运输工具舱单管理办法》（署令第172号）。

（2）《中华人民共和国海关总署公告》（2008年第101号）。

（3）其他法律、行政法规、规章、规范性文件。

（四）备案时提交的文件

（1）《备案登记表》一式二份。

（2）提（运）单的样本。

（3）企业印章以及相关业务印章的印模。

（4）行政主管部门核发的许可证件或者资格证件的复印件。

（5）《中华人民共和国组织机构代码证》复印件。

（6）《营业执照》（正副本）复印件。

（7）航空公司授权的委托书和地面代理协议复印件。

（8）海关需要的其他文件。

提交复印件的，应当提供正本供海关验核。

（五）办理程序

（1）海关准予舱单传输人及舱单相关电子数据传输人向其经营业务所在地上海浦东国际机场海关申请备案，递交齐全且符合法定形式的备案文件，海关受理。

（2）海关经审核决定予以备案的，自收到备案文件之日起 5 个工作日办理备案手续。

（3）经海关备案的舱单传输人及舱单相关数据传输人，备案信息发生改变的，应当在 10 个工作日内向备案地海关办理备案信息的变更手续。

备案变更时提交书面申请，说明变更内容及原因，并提交相关的证明文件。

（4）申请注销备案的，应当在所传输的舱单电子数据及舱单相关电子数据全部处理完结之后，才能办理注销手续。

（六）办理时限

海关经审核决定予以备案的，自收到备案文件之日起 5 个工作日；海关经审核决定不予备案的，自收到备案文件之日起 5 个工作日内。

三、航空货运代理企业备案

（一）备案内容

海关准予航空货运代理企业向海关传输其所代理的货物总运单和分运单的预配电子数据舱单的活动。

（二）设立依据

海关总署令第 172 号《中华人民共和国海关进出境运输工具舱单管理办法》第六条：舱单传输人、监管场所经营人、理货部门、出口货物发货人应当向其经营业务所在地直属海关或者经授权的隶属海关备案。

（三）实施依据

（1）《中华人民共和国海关进出境运输工具舱单管理办法》（署令第 172 号）。

（2）《中华人民共和国海关总署公告》（2008 年第 101 号）。

（3）其他法律、行政法规、规章、规范性文件。

（四）备案时提交的文件

（1）《备案登记表》一式二份。

（2）提（运）单的样本。

（3）企业印章以及相关业务印章的印模。

（4）《国际货物运输代理企业批准证书》复印件。

（5）《中华人民共和国组织机构代码证》复印件。

（6）《营业执照》（正副本）复印件。

（7）海关需要的其他文件。

提交复印件的，应当提供正本供海关验核。

（五）办理程序

（1）海关准予舱单传输人及舱单相关电子数据传输人向其经营业务所在地上海浦东国际机场海关申请备案，递交齐全且符合法定形式的备案文件，海关受理。

（2）海关经审核决定予以备案的，自收到备案文件之日起5个工作日办理备案手续。

（3）经海关备案的舱单传输人及舱单相关数据传输人，备案信息发生改变的，应当在10个工作日内向备案地海关办理备案信息的变更手续。

备案变更时提交书面申请，说明变更内容及原因，并提交相关的证明文件。

（4）申请注销备案的，应当在所传输的舱单电子数据及舱单相关电子数据全部处理完结之后，才能办理注销手续。

（六）办理时限

海关经审核决定予以备案的，自收到备案文件之日起5个工作日；海关经审核决定不予备案的，自收到备案文件之日起5个工作日内。

四、境内航空运输企业备案

（一）备案内容

海关准予境内航空运输企业向海关传输原始舱单、预配舱单的总（分）运单电子数据以及装载舱单的活动。

（二）设立依据

海关总署令第172号《中华人民共和国海关进出境运输工具舱单管理办法》第六条：舱单传输人、监管场所经营人、理货部门、出口货物发货人应当向其经营业务所在地直属海关或者经授权的隶属海关备案。

（三）实施依据

（1）《中华人民共和国海关进出境运输工具舱单管理办法》（署令第172号）。

（2）《中华人民共和国海关总署公告》（2008年第101号）。

（3）其他法律、行政法规、规章、规范性文件。

（四）备案时提交的文件

（1）《备案登记表》一式二份。

（2）提（运）单的样本。

（3）企业印章以及相关业务印章的印模。

（4）《公共航空运输企业经营许可证》复印件。

（5）《中华人民共和国组织机构代码证》复印件。

（6）《营业执照》（正副本）复印件。

（7）海关需要的其他文件。

提交复印件的，应当提供正本供海关验核。

（五）办理程序

（1）海关准予舱单传输人向其经营业务所在地上海浦东国际机场海关申请备案，递交齐全且符合法定形式的备案文件，海关受理。

（2）海关经审核决定予以备案的，自收到备案文件之日起5个工作日办理备案手续。

（3）经海关备案的舱单传输人及舱单相关数据传输人，备案信息发生改变的，应当在10个工作日内向备案地海关办理备案信息的变更手续。

备案变更时提交书面申请，说明变更内容及原因，并提交相关的证明文件。

（4）申请注销备案的，应当在所传输的舱单电子数据及舱单相关电子数据全部处理完结之后，方能办理注销手续。

（六）办理时限

海关经审核决定予以备案的，自收到备案文件之日起5个工作日；海关经审核决定不予备案的，自收到备案文件之日起5个工作日内。

五、境外航空运输企业备案

（一）备案内容

海关准予境外航空运输企业向海关传输原始舱单、预配舱单的总（分）运单电子数据以及装载舱单的活动。

（二）设立依据

海关总署令第172号《中华人民共和国海关进出境运输工具舱单管理办法》第六条：舱单传输人、监管场所经营人、理货部门、出口货物发货人应当向其经营业务所在地直属海关或者经授权的隶属海关备案。

（三）实施依据

（1）《中华人民共和国海关进出境运输工具舱单管理办法》（署令第172号）。

（2）《中华人民共和国海关总署公告》（2008年第101号）。

（3）其他法律、行政法规、规章、规范性文件。

（四）备案时提交的文件

（1）《备案登记表》一式二份。

（2）提（运）单的样本。

（3）企业印章以及相关业务印章的印模。

（4）行政主管部门核发的许可证件或者资格证件的复印件。

（5）《中华人民共和国组织机构代码证》复印件。

（6）《经营许可》复印件。

（7）《外国企业常驻代表机构登记证》复印件。

（8）境外航空运输企业总部法定代表人或者经其书面授权人员签发的申请书。

（9）海关需要的其他文件。

提交复印件的，应当提供正本供海关验核。

（五）办理程序

（1）海关准予舱单传输人向其经营业务所在地上海浦东国际机场海关申请备案，递交齐全且符合法定形式的备案文件，海关受理。

（2）海关经审核决定予以备案的，自收到备案文件之日起 5 个工作日内办理备案手续。

（3）经海关备案的舱单传输人及舱单相关数据传输人，备案信息发生改变的，应当在 10 个工作日内向备案地海关办理备案信息的变更手续。

备案变更时提交书面申请，说明变更内容及原因，并提交相关的证明文件。

（4）申请注销备案的，应当在所传输的舱单电子数据及舱单相关电子数据全部处理完结之后，才能办理注销手续。

（六）办理时限

海关经审核决定予以备案的，自收到备案文件之日起 5 个工作日；海关经审核决定不予备案的，自收到备案文件之日起 5 个工作日内。

六、空运监管场所经营人企业备案

（一）备案内容

海关准予监管场所经营人向海关传输其所监管场所内的货物总运单和分运单的理货报告、分拨申请和运抵报告等舱单相关电子数据的活动。

（二）设立依据

海关总署令第 172 号《中华人民共和国海关进出境运输工具舱单管理办法》第六条：舱单传输人、监管场所经营人、理货部门、出口货物发货人应当向其经营业务所在地直属海关或者经授权的隶属海关备案。

（三）实施依据

（1）《中华人民共和国海关进出境运输工具舱单管理办法》（署令第 172 号）。

（2）《中华人民共和国海关总署公告》（2008 年第 101 号）。

（3）其他法律、行政法规、规章、规范性文件。

（四）备案时提交的文件

（1）《备案登记表》一式二份。

（2）企业印章以及相关业务印章的印模。

（3）行政主管部门核发的许可证件或者资格证件的复印件。

（4）《中华人民共和国组织机构代码证》复印件。

（5）《中华人民共和国海关监管场所注册登记证书》复印件。

（6）海关需要的其他文件。

提交复印件的，应当提供正本供海关验核。

（五）办理程序

（1）海关准予舱单相关电子数据传输人向其经营业务所在地上海浦东国际机场海关申请备案，递交齐全且符合法定形式的备案文件，海关受理。

（2）海关经审核决定予以备案的，自收到备案文件之日起5个工作日办理备案手续。

（3）经海关备案的舱单传输人及舱单相关数据传输人，备案信息发生改变的，应当在10个工作日内向备案地海关办理备案信息的变更手续。

备案变更时提交书面申请，说明变更内容及原因，并提交相关的证明文件。

（4）申请注销备案的，应当在所传输的舱单电子数据及舱单相关电子数据全部处理完结之后，才能办理注销手续。

（六）办理时限

海关经审核决定予以备案的，自收到备案文件之日起5个工作日；海关经审核决定不予备案的，自收到备案文件之日起5个工作日内。

七、船舶代理公司备案

（一）备案内容

海关准予船舶代理公司向海关传输原始舱单总（分）提运单、预配舱单总（分）提运单、分拨申请和装载舱单的活动。

（二）设立依据

海关总署令第172号《中华人民共和国海关进出境运输工具舱单管理办法》第六条：舱单传输人、监管场所经营人、理货部门、出口货物发货人应当向其经营业务所在地直属海关或者经授权的隶属海关备案。

（三）实施依据

（1）《中华人民共和国海关进出境运输工具舱单管理办法》（署令第172号）。

（2）《中华人民共和国海关总署公告》（2008年第97号）。

（3）其他法律、行政法规、规章、规范性文件。

（四）申请时提交的文件

（1）《备案登记表》一式二份。

（2）提（运）单和装货单的样本。

（3）企业印章以及相关业务印章的印模。

（4）国际航行船舶代理资格登记证书或者资格证件的复印件。

（5）《中华人民共和国组织机构代码证》复印件。

（6）《营业执照》（正副本）复印件。

（7）海关需要的其他文件。

复印件均为一份，并在复印件上加盖企业公章。

提交复印件的，应当提供正本供海关验核。

（五）办理程序

（1）海关准予舱单传输人向其经营业务所在地上海海关现场业务三处申请备案，递交齐全且符合法定形式的备案文件，海关受理。

（2）海关经审核决定予以备案的，自收到备案文件之日起5个工作日办理备案手续。

（3）经海关备案的舱单传输人及舱单相关数据传输人，备案信息发生改变的，应当在10个工作日内向备案地海关办理备案信息的变更手续。

备案变更时提交书面申请，说明变更内容及原因，并提交相关的证明文件。

（4）申请注销备案的，应当在所传输的舱单电子数据及舱单相关电子数据全部处理完结之后，才能办理注销手续。

（六）办理时限

海关经审核决定予以备案的，自收到备案文件之日起5个工作日；海关经审核决定不予备案的，自收到备案文件之日起5个工作日内。

八、船舶负责人备案

（一）备案内容

海关准予船舶负责人向海关传输原始舱单总提运单、预配舱单总提运单和装载舱单的活动。

（二）设立依据

海关总署令第172号《中华人民共和国海关进出境运输工具舱单管理办法》第六条：舱单传输人、监管场所经营人、理货部门、出口货物发货人应当向其经营业务所在地直属海关或者经授权的隶属海关备案。

（三）实施依据

（1）《中华人民共和国海关进出境运输工具舱单管理办法》（署令第172号）。

（2）《中华人民共和国海关总署公告》（2008年第97号）。

（3）其他法律、行政法规、规章、规范性文件。

（四）申请时提交的文件

（1）《备案登记表》一式二份。

（2）提（运）单和装货单的样本。

（3）企业印章以及相关业务印章的印模。

（4）国际班轮运输经营资格登记证书复印件。

（5）《中华人民共和国组织机构代码证》复印件。

（6）《营业执照》（正副本）复印件。

复印件均为一份，并在复印件上加盖企业公章。

提交复印件的，应当提供正本供海关验核。

（五）办理程序

（1）海关准予舱单传输人向其经营业务所在地上海海关现场业务三处申请备案，递交齐全且符合法定形式的备案文件，海关受理。

（2）海关经审核决定予以备案的，自收到备案文件之日起5个工作日办理备案手续。

（3）经海关备案的舱单传输人及舱单相关数据传输人，备案信息发生改变的，应当在 10 个工作日内向备案地海关办理备案信息的变更手续。

备案变更时提交书面申请，说明变更内容及原因，并提交相关的证明文件。

（4）申请注销备案的，应当在所传输的舱单电子数据及舱单相关电子数据全部处理完结之后，才能办理注销手续。

（六）办理时限

海关经审核决定予以备案的，自收到备案文件之日起 5 个工作日；海关经审核决定不予备案的，自收到备案文件之日起 5 个工作日内。

九、海运监管场所经营人备案

（一）备案内容

海关准予监管场所经营人向海关传输运抵报告、理货报告、疏港分流申请的活动。

（二）设立依据

海关总署令第 172 号《中华人民共和国海关进出境运输工具舱单管理办法》第六条：舱单传输人、监管场所经营人、理货部门、出口货物发货人应当向其经营业务所在地直属海关或者经授权的隶属海关备案。

（三）实施依据

（1）《中华人民共和国海关进出境运输工具舱单管理办法》（署令第 172 号）。

（2）《中华人民共和国海关总署公告》（2008 年第 97 号）。

（3）其他法律、行政法规、规章、规范性文件。

（四）申请时提交的文件

（1）《备案登记表》一式二份。

（2）港口经营许可证复印件。

（3）海关需要的其他文件。

复印件均为一份，并在复印件上加盖企业公章。

提交复印件的，应当提供正本供海关验核。

（五）办理程序

（1）海关准予舱单传输人向其经营业务所在地上海海关现场业务三处申请备案，递交齐全且符合法定形式的备案文件，海关受理。

（2）海关经审核决定予以备案的，自收到备案文件之日起 5 个工作日办理备案手续。

（3）经海关备案的舱单传输人及舱单相关数据传输人，备案信息发生改变的，应当在 10 个工作日内向备案地海关办理备案信息的变更手续。

备案变更时提交书面申请，说明变更内容及原因，并提交相关的证明文件。

（4）申请注销备案的，应当在所传输的舱单电子数据及舱单相关电子数据全部处理完结之后，才能办理注销手续。

（六）办理时限

海关经审核决定予以备案的，自收到备案文件之日起 5 个工作日；海关经审核决定不予备案的，自收到备案文件之日起 5 个工作日内。

十、海运理货部门备案

（一）备案内容

海关准予理货部门向海关传输理货报告的活动。

（二）设立依据

海关总署令第 172 号《中华人民共和国海关进出境运输工具舱单管理办法》第六条：舱单传输人、监管场所经营人、理货部门、出口货物发货人应当向其经营业务所在地直属海关或者经授权的隶属海关备案。

（三）实施依据

（1）《中华人民共和国海关进出境运输工具舱单管理办法》（署令第 172 号）。

（2）《中华人民共和国海关总署公告》（2008 年第 97 号）。

（3）其他法律、行政法规、规章、规范性文件。

（四）申请时提交的文件

（1）《备案登记表》一式二份。

（2）港口经营许可证复印件。

（3）《中华人民共和国组织机构代码证》复印件。

（4）《营业执照》（正副本）复印件。

（5）海关需要的其他文件。

复印件均为一份，并在复印件上加盖企业公章。

提交复印件的，应当提供正本供海关验核。

（五）办理程序

（1）海关准予舱单传输人向其经营业务所在地上海海关现场业务三处申请备案，递交齐全且符合法定形式的备案文件，海关受理。

（2）海关经审核决定予以备案的，自收到备案文件之日起5个工作日办理备案手续。

（3）经海关备案的舱单传输人及舱单相关数据传输人，备案信息发生改变的，应当在10个工作日内向备案地海关办理备案信息的变更手续。

备案变更时提交书面申请，说明变更内容及原因，并提交相关的证明文件。

（4）申请注销备案的，应当在所传输的舱单电子数据及舱单相关电子数据全部处理完结之后，才能办理注销手续。

（六）办理时限

海关经审核决定予以备案的，自收到备案文件之日起5个工作日；海关经审核决定不予备案的，自收到备案文件之日起5个工作日内。

十一、无船承运人备案

（一）备案内容

海关准予无船承运人向海关传输原始舱单分提运单、预配舱单分提运单的活动。

（二）设立依据

海关总署令第172号《中华人民共和国海关进出境运输工具舱单管理办法》第六条：舱

单传输人、监管场所经营人、理货部门、出口货物发货人应当向其经营业务所在地直属海关或者经授权的隶属海关备案。

（三）实施依据

（1）《中华人民共和国海关进出境运输工具舱单管理办法》（署令第 172 号）。

（2）《中华人民共和国海关总署公告》（2008 年第 97 号）。

（3）其他法律、行政法规、规章、规范性文件。

（四）申请时提交的文件

（1）《备案登记表》一式二份。

（2）提（运）单和装货单的样本。

（3）企业印章以及相关业务印章的印模。

（4）无船承运业务经营资格登记证书复印件。

（5）《中华人民共和国组织机构代码证》复印件。

（6）《营业执照》（正副本）复印件。

（7）海关需要的其他文件。

复印件均为一份，并在复印件上加盖企业公章。

提交复印件的，应当提供正本供海关验核。

（五）办理程序

（1）海关准予舱单传输人向其经营业务所在地海关现场业务三处申请备案，递交齐全且符合法定形式的备案文件，海关受理。

（2）海关经审核决定予以备案的，自收到备案文件之日起 5 个工作日办理备案手续。

（3）经海关备案的舱单传输人及舱单相关数据传输人，备案信息发生改变的，应当在 10 个工作日内向备案地海关办理备案信息的变更手续。

备案变更时提交书面申请，说明变更内容及原因，并提交相关的证明文件。

（4）申请注销备案的，应当在所传输的舱单电子数据及舱单相关电子数据全部处理完结之后，才能办理注销手续。

（六）办理时限

海关经审核决定予以备案的，自收到备案文件之日起 5 个工作日；海关经审核决定不予备案的，自收到备案文件之日起 5 个工作日内。

第二节　进出境运输工具动态管理

为了配合海关总署对进出境运输工具舱单数据的规范管理，电子口岸按照一点接入的原则，开发了新舱单及运输工具动态管理系统（简称新舱单系统），新舱单系统实现了电子口岸、船代、货代、码头、堆场和地方海关之间的数据传输。

新舱单系统以通关舱单作为物流监控的主线，整合了运输工具动态申报、舱单核注核销、货物堆存、移动、分流、分拨、发放、进口卡口等整个物流链的信息，从而建立了以国际标准格式数据为基础的进出口舱单管理系统。

该系统目前主要涉及海运和空运领域。

一、海运领域

海运领域中船舶备案、动态及随船单证的申报流程如图 9-1 所示。

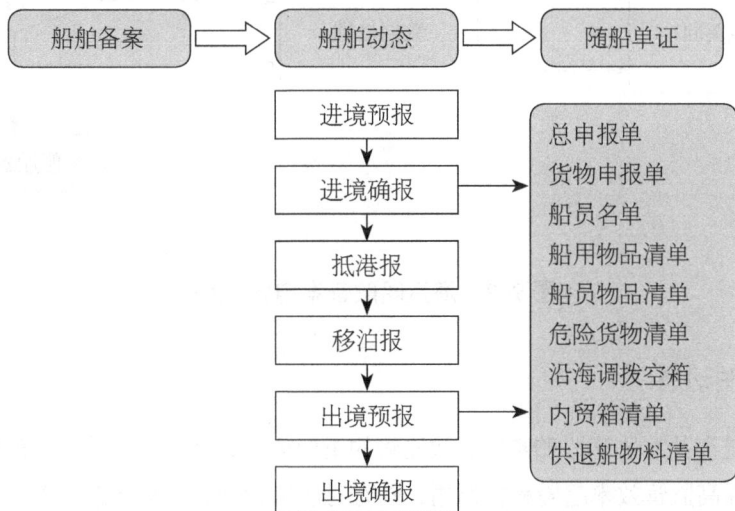

图 9-1　船舶备案、动态及随船单证的申报流程

（一）船舶备案管理

海关运输工具动态管理系统的备案包括全国性和地方性备案两部分，全国性备案包括运输企业备案、船舶备案；地方性备案包括船舶代理企业备案、供退船物料申报企业备案。

中国籍监管船舶的船舶备案由运输企业、船舶或船舶代理人向海关申请进行备案。

船舶备案数据以 IMO 编号（国际海事组织编号）为备案船舶的唯一标识，即一个 IMO 编号只对应一条备案船舶记录。对没有 IMO 编号的船舶，此项由海关确定备案号码并视为 IMO 编号。

海关电子口岸平台提供报文导入、前台录入及数据传输等功能，根据海关对数据的要求，对必填项等做控制或提示，将企业备案数据发送海关，并接收相关回执。

海运船舶备案申报流程如图 9-2 所示。

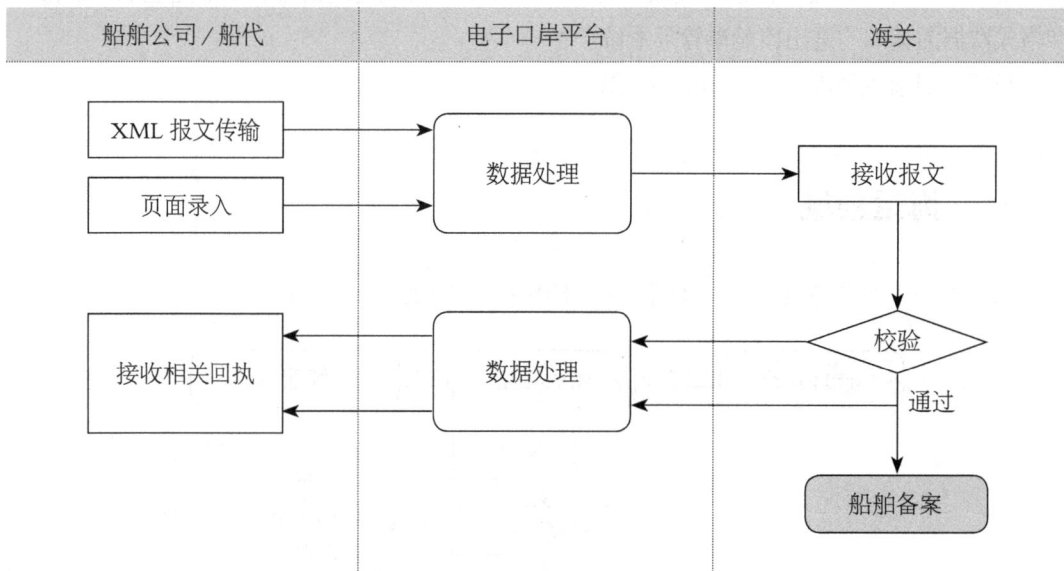

图 9-2　海运船舶备案申报流程

（二）船舶动态

船舶动态是海关对监管船舶实施有效监管的重要依据，及时、准确掌握船舶动态，对加强船边监管，提高监管效率起着积极作用，同时对舱单管理、货物快速通关等物流管理提供数据支持和参考。

船舶动态管理主要针对六种动态进行管理，从而对船舶到达、在港、离港实施全程监控，如图9-3所示。

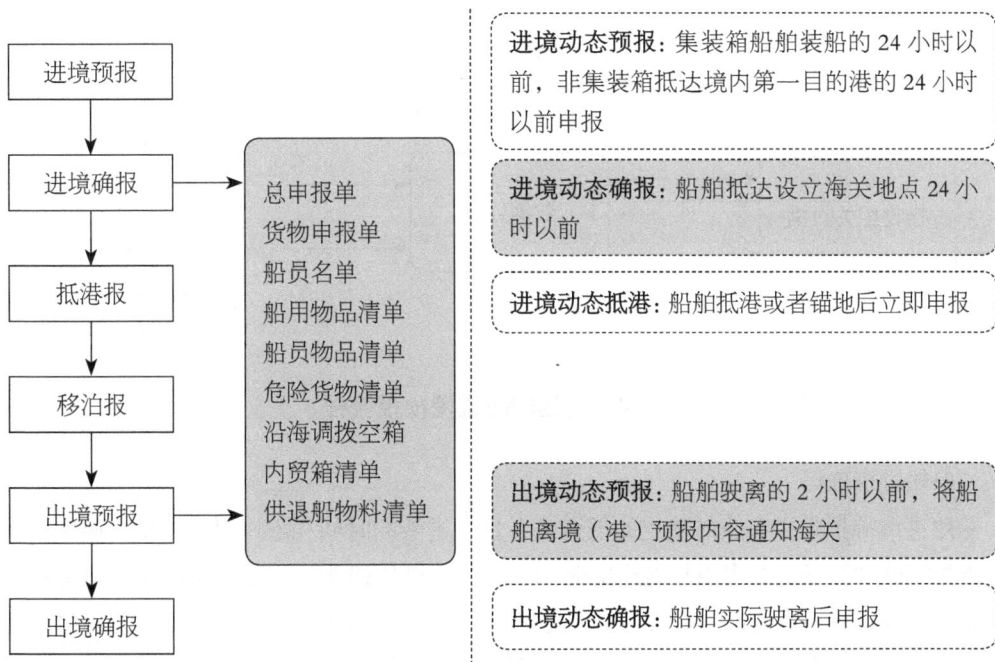

图 9-3　船舶六种动态管理

1. 船舶进境预报

船舶进境预报是指船舶有来港计划，但不能确定具体抵达或者直接进港时间，船舶或者代理人事先将预计抵达或者直接进港时间及其相关船舶信息通知海关的报告。

国内港口为多个港口的，企业在填写进境预报动态时要一次性按顺序同时填报挂靠国内所有港口的名称及各个港口的预计抵达时间。系统确认船舶进境预报动态以后，才能接收确报动态。如国内港口为多个港口的，我国海关向国内所有挂靠的港口同时下发进境预报动态。

企业已经发送并经我国海关确认入库的船舶预报进境动态，如要取消，由企业向我国海关发送该船取消动态信息，我国海关自动取消该船预报进境动态。

海运船舶进境预报流程如图9-4所示。

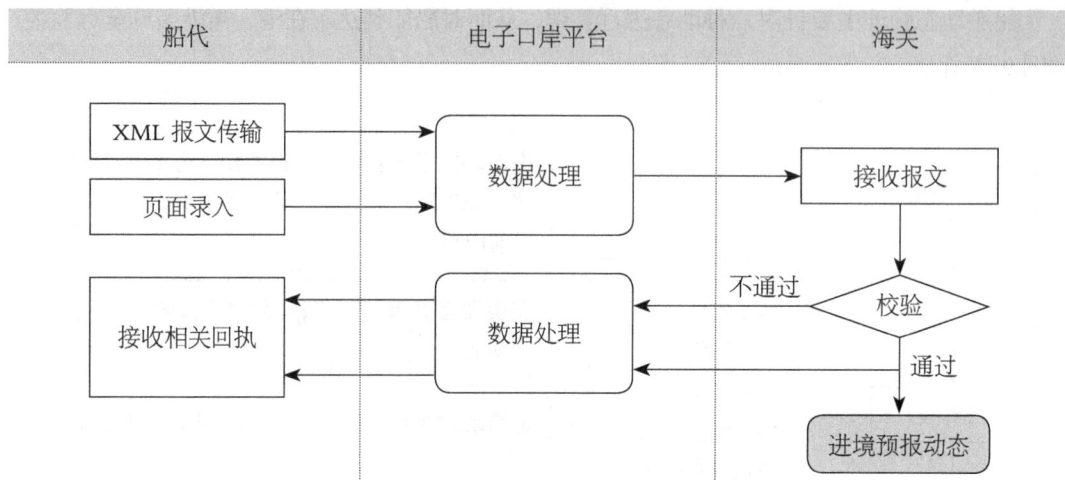

图 9-4　海运船舶进境预报流程

2. 船舶进境确报

船舶进境确报是指有船舶确定的抵达或者直接进港的时间和港口码头泊位，船舶或者代理人事先将确切的抵达或者直接进港的时间、具体的港口码头泊位及其相关船舶信息数据通知海关的报告。海关系统自动将其与船舶进境预报动态的船舶 IMO 号加进 / 出航次号进行校对、接收，系统确认船舶确报动态以后，才能接受移泊动态及以后动态类型的电子申报。

海运船舶进境确报流程如图 9-5 所示。

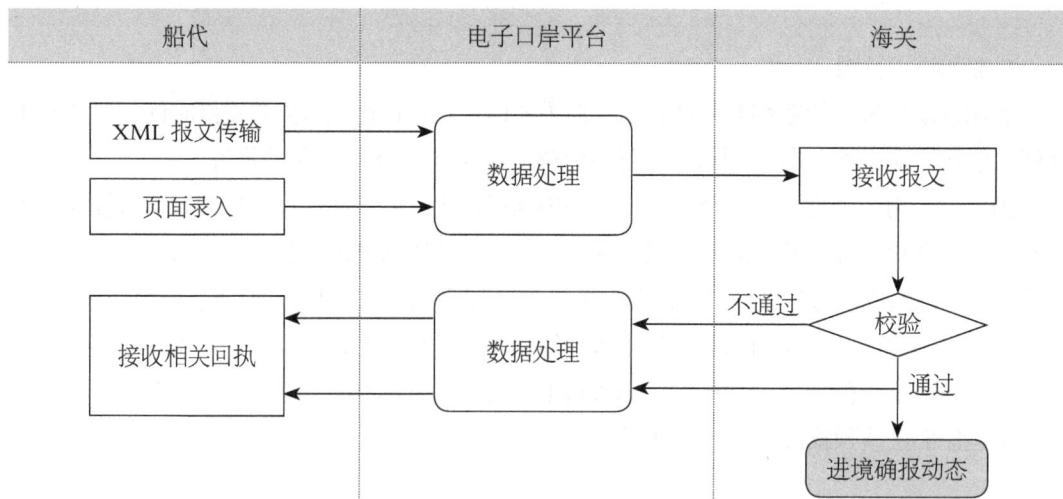

图 9-5　海运船舶进境确报流程

3. 抵港报

抵港报（或直接靠泊）是指船代公司在船舶实际抵达锚地或者直接靠泊后向海关申报的船舶实际抵达锚地或者直接靠泊的时间和作业码头、泊位的准确报告。海关系统自动与 IMO号加航次号进行校对、接收，并进行审核确认。海运船舶抵港申报流程如图 9-6 所示。

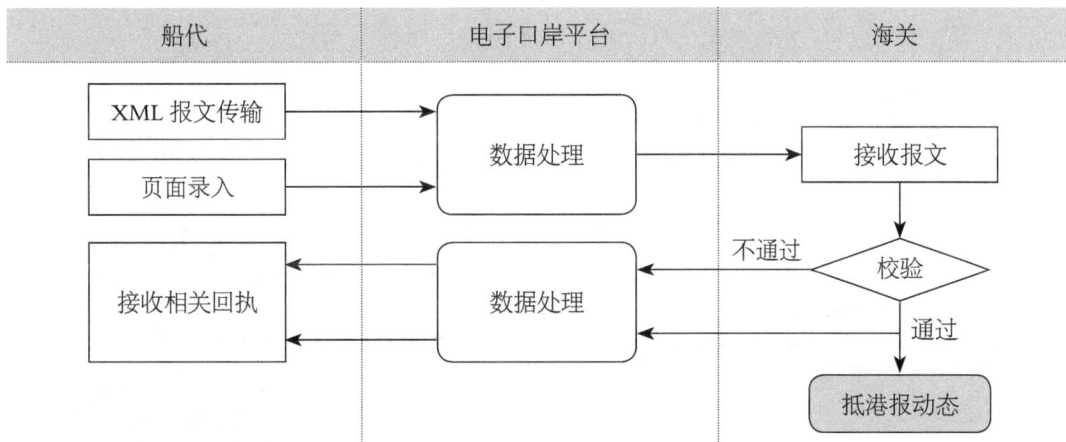

图 9-6 海运船舶抵港申报流程

4. 移泊动态

移泊动态包括从锚地移到码头泊位的动态（靠泊）、泊位之间移动的动态、从码头移到锚地的动态。移泊动态由船舶或其代理人在移泊前进行报告，并在抵港报后才能发送。海关系统以 IMO 号加航次号为标识与抵港报动态进行核对、确认，并反馈信息指令。海运船舶移泊申报流程如图 9-7 所示。

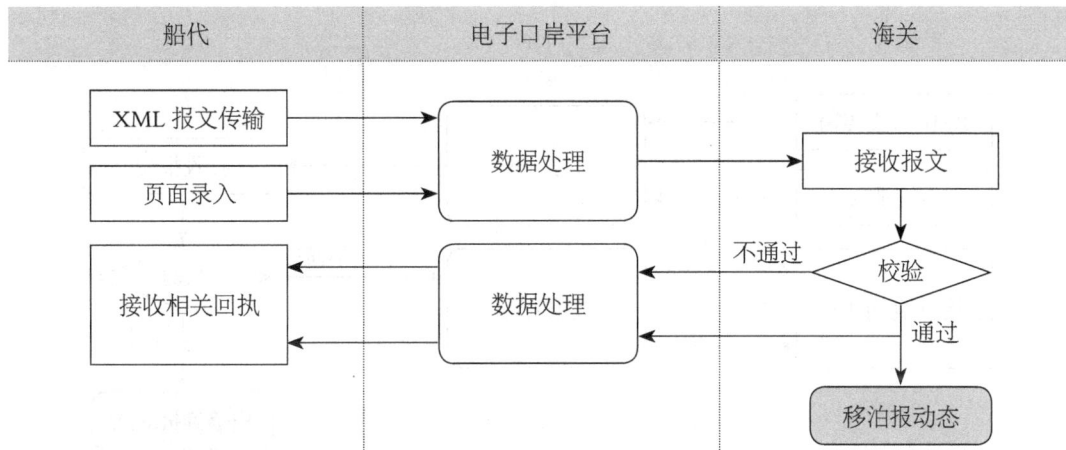

图 9-7 海运船舶移泊申报流程

5. 出境预报

出境预报是指在港船舶(含锚地船舶)计划开船时间的船舶动态,在船舶离境(港)前申报。只有抵港报动态确认后,海关系统才能接收预报离境动态,在预报离境动态申报后,才能发送出口申报单据。海运船舶出境预报流程如图9-8所示。

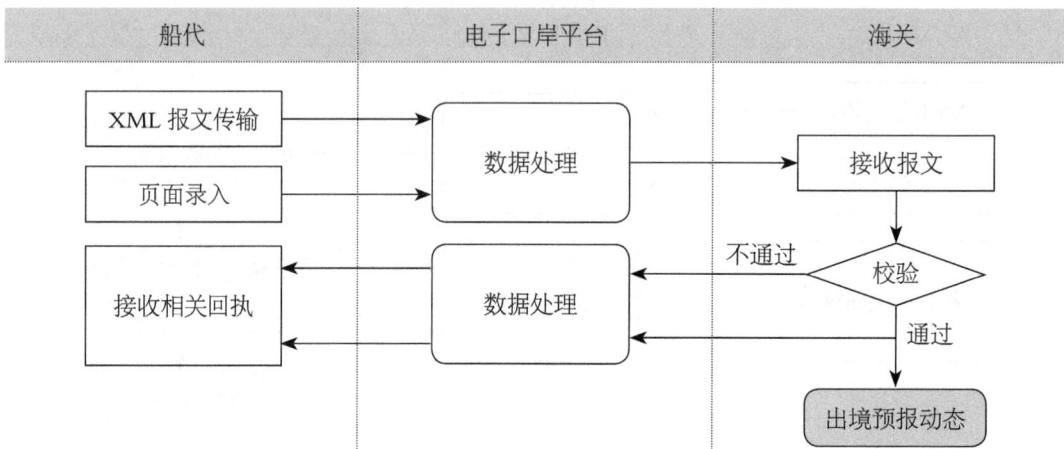

图 9-8　海运船舶出境预报流程

6. 出境确报

出境确报是指船泊代理公司在船舶实际驶离锚地（泊位）后向海关申报的船舶实际驶离锚地（泊位）的时间、作业码头和泊位,是对船舶出口的准确报告。海关系统自动以船舶IMO 号加航次为标识与离港预报动态进行校对、接收,并进行审核确认。船舶出境确报流程如图9-9所示。

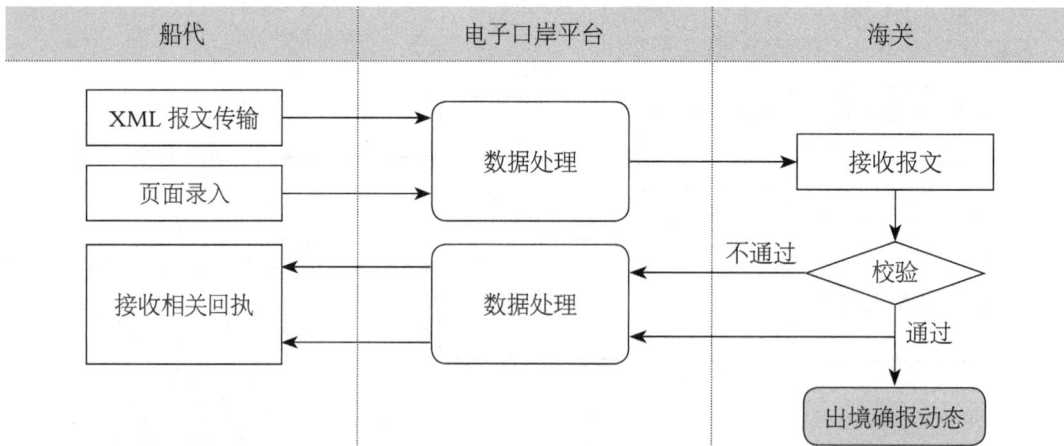

图 9-9　船舶出境确报流程

（三）随船单据申报

随船单据是指海关进出口船舶运载货物及其他物品的明细表单，主要包括总申报单、货物申报单、船用物品申报单、船员名单、船员物品申报单、国际海事组织危险货物舱单、进境／出境沿海空箱申报、进境／出境内贸货箱申报。

进境单据（总申报单、货物申报单、船用物品申报单、船员名单、船员物品申报单、国际海事组织危险货物舱单）要在进境确报动态确认后申报；出境单据要在离境预报动态确认后申报。沿海和沿江内支线船舶单据只报总申报单、货物申报单、危险货物申报单。

本港起卸的沿海空箱应在船舶进境预报动态确认以后、船舶卸货前向海关申报，本港装运的沿海空箱应在船舶进境预报动态确认以后、船舶装货前向海关申报。

内支线船舶搭载来本港起卸的内贸集装箱应在船舶进境预报动态确认以后，船舶卸货前向海关申报，搭载的本港装运到其他港口的内贸集装箱应在船舶进境预报动态确认以后，船舶装货前向海关申报。海运随船单证申报流程如图9-10所示。

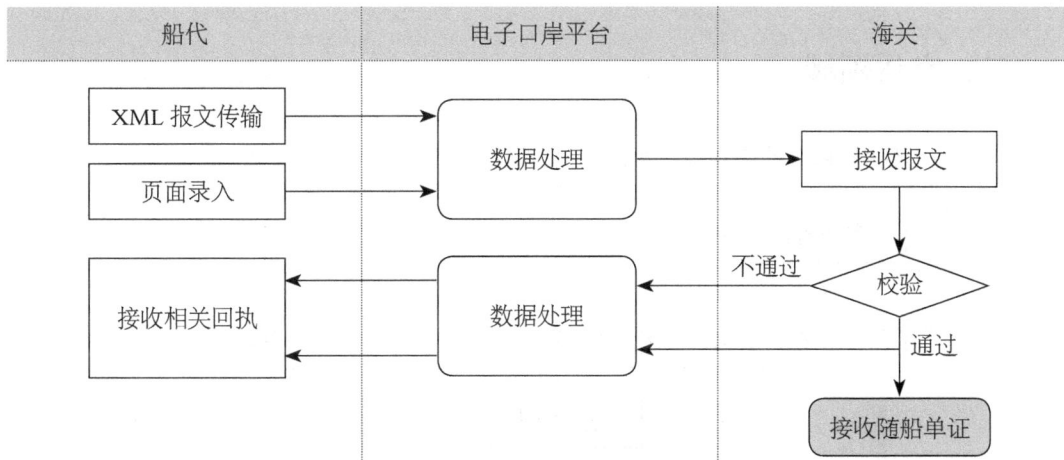

图9-10　海运随船单证申报流程

（四）海运供退船物料申报

海关监管船舶供退船物料（保税烟酒、燃料、食料、物品），物料需由有国际航行船舶供应服务资质的企业经营，供船单位必须经过主管部门批准和海关备案。已备案的供船单位可通过电子口岸平台向海关申报供退料。物料是统称，包括船用燃料、备件、油漆、烟酒、食料、苫垫物料等。

海运供退船物料申报流程如图9-11所示。

供退企业	电子口岸平台	海关

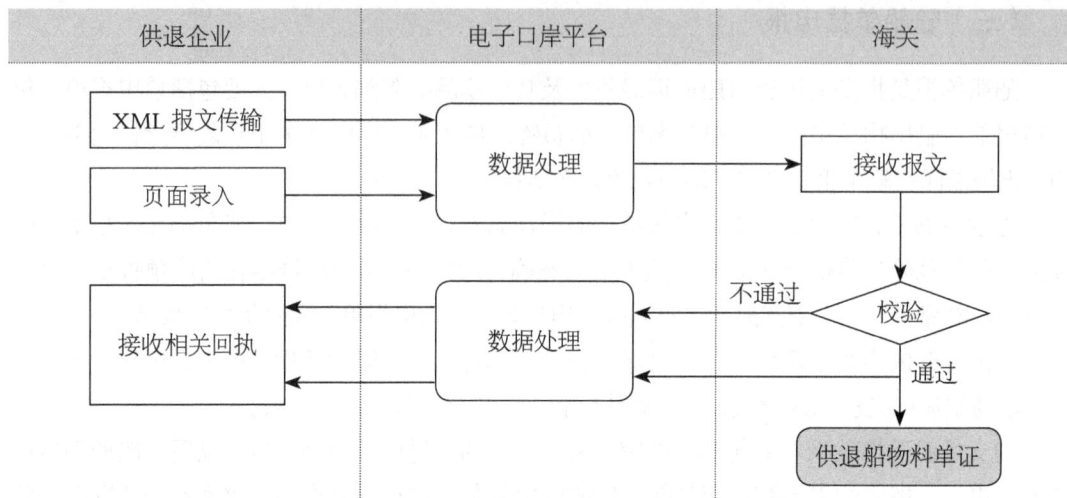

图 9-11　海运供退船物料申报流程

二、空运领域

航班动态及随机单证的申报流程如图 9-12 所示。

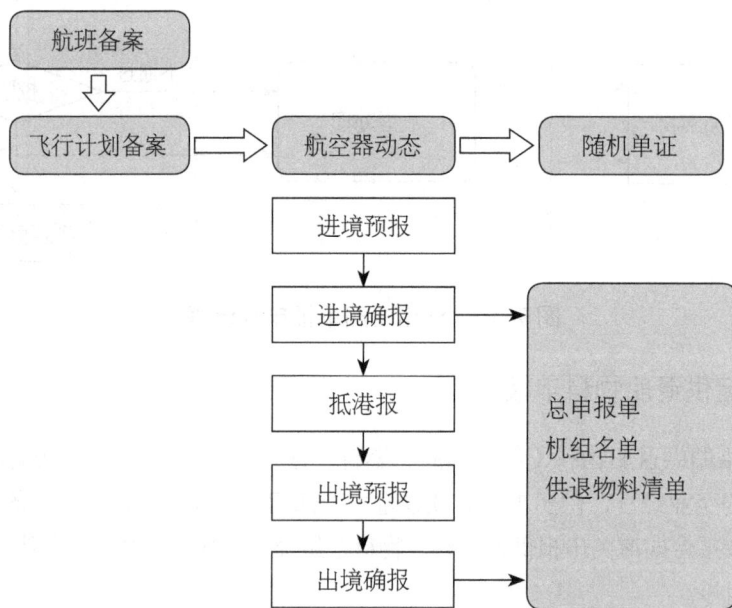

图 9-12　航班动态及随机单证的申报流程

（一）备案管理

1. 航空器备案申报流程

航空器备案申报流程如图 9-13 所示。

航空公司／地代	电子口岸平台	海关

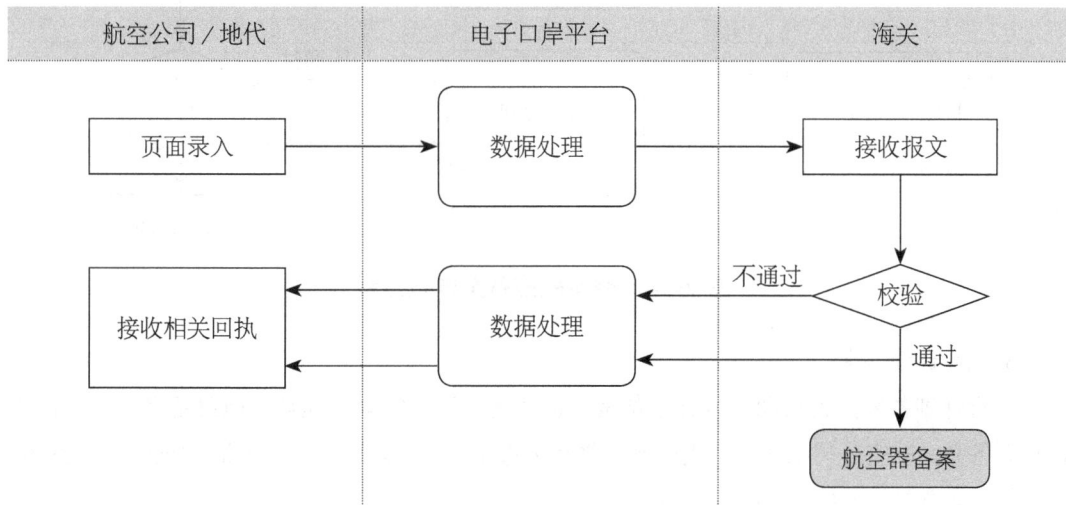

图 9-13　航空器备案申报流程

2. 航班备案

航班备案是指进出中国关境的国际航线的航班备案和承运海关监管货物的国内航线的航班备案。

海关运输工具系统在航空器预报动态环节须检查是否有航班备案信息，如没有，系统将提示申报人进行航班备案补录。

海关运输工具系统在确报动态环节须检查是否有航班备案信息，如没有，必须先进行航班备案，才可进行确报及后续航空器相关申报。

空运航班备案申报流程如图 9-14 所示。

航空公司／地代	电子口岸平台	海关

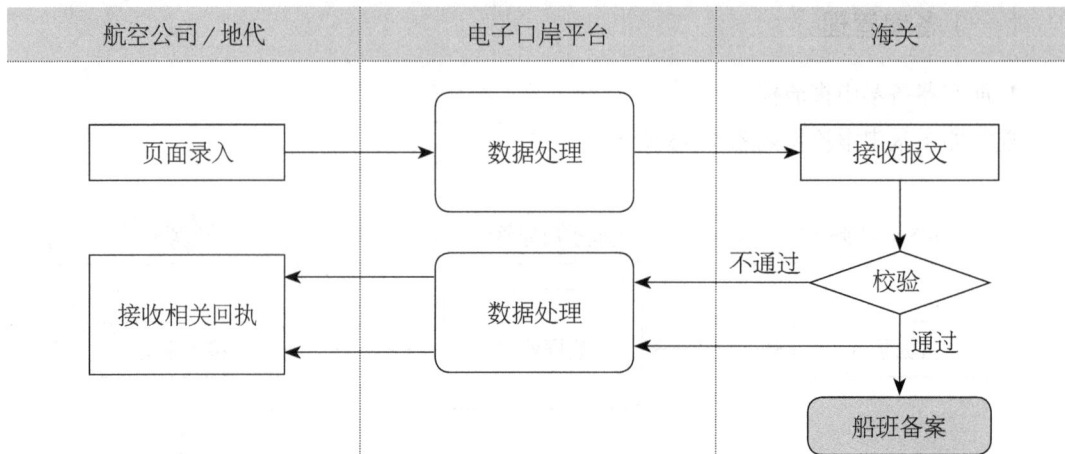

图 9-14　空运航班备案申报流程

3.飞行计划备案

飞行计划备案分为长期飞行计划备案（长期飞行计划备案可理解为航班备案）和当日飞行计划备案。航空公司或其代理人应预先将有关进出中国关境的航班号及时刻表向海关备案，并于每次变更前将变更情况向海关备案。

航空公司或其代理人应于每日 0 时（前）将当日航班飞行计划向海关备案。

电子口岸平台提供当日飞行计划前台录入界面，供企业录入相关数据后，形成符合海关要求格式的报文，向海关发送，并接收相关回执。在申报航空器动态前，必须要申报当日飞行计划。空运飞行计划备案申报流程如图 9-15 所示。

航空公司／地代	电子口岸平台	海关

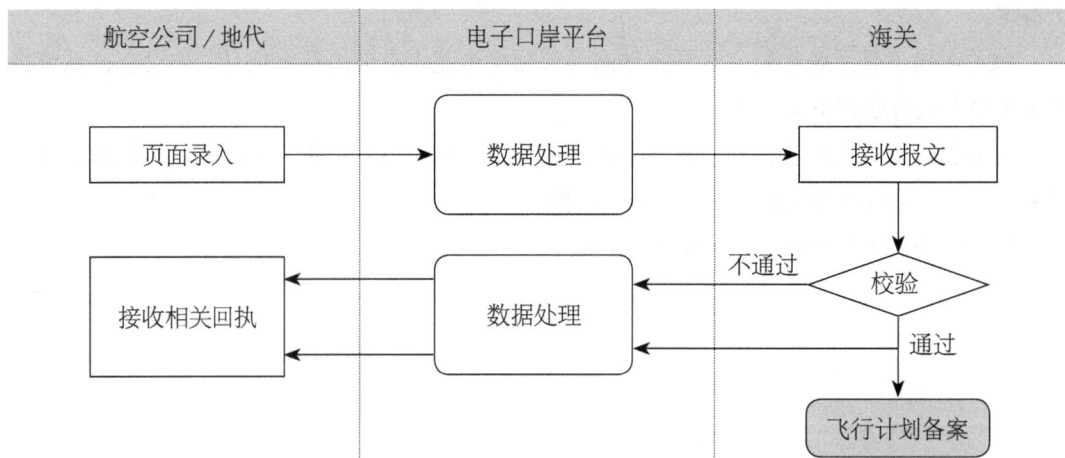

图 9-15　空运飞行计划备案申报流程

（二）航空器动态管理

航空器动态包括预报进港动态、确报抵港动态、在港动态、预报出港动态、确报离港动态五种类型，通过动态分类管理可以对航空器到达、在港、出发实施全程监控。

同时，海关运输工具系统运用"海关监管货物联系单"（简称"电子关封"）加强各关业务联系，提高通关效率，强化监管的严密性。电子关封作用于国际航班国内段和承载海关监管货物国内航班管理，通过电子关封的流转反馈、核注核销来实现国际航班国内段间和海关监管货物国内运输途中的监控，如图 9-16 所示。

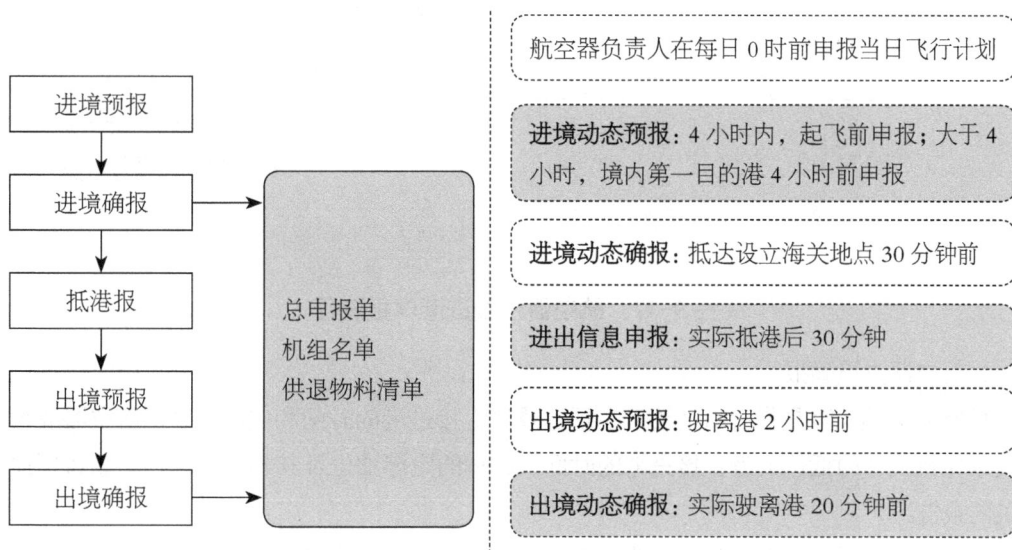

图 9-16　航空器动态管理内容

1.航空器预报进港

航空器预报进港是指航空器有来港计划，且即将抵达本港，航空器或其代理人事先将预计进港时间及其相关信息数据预先向海关申报。航空器预报进港动态申报以后，航空器才能发送确报动态或进行相关申报。在航空器或其代理人获取"预报进港"入库回执后，如遇备降、取消航班情况，应立即向原预报空港海关撤销预报进港（航空器或其代理人须在确认备降空港后，如其备降空港为国内空港，则向备降空港海关发送预报动态，以便于备降空港海关进行监管）。航空器预报进港申报流程如图 9-17 所示。

航空公司 / 地代	电子口岸平台	海关

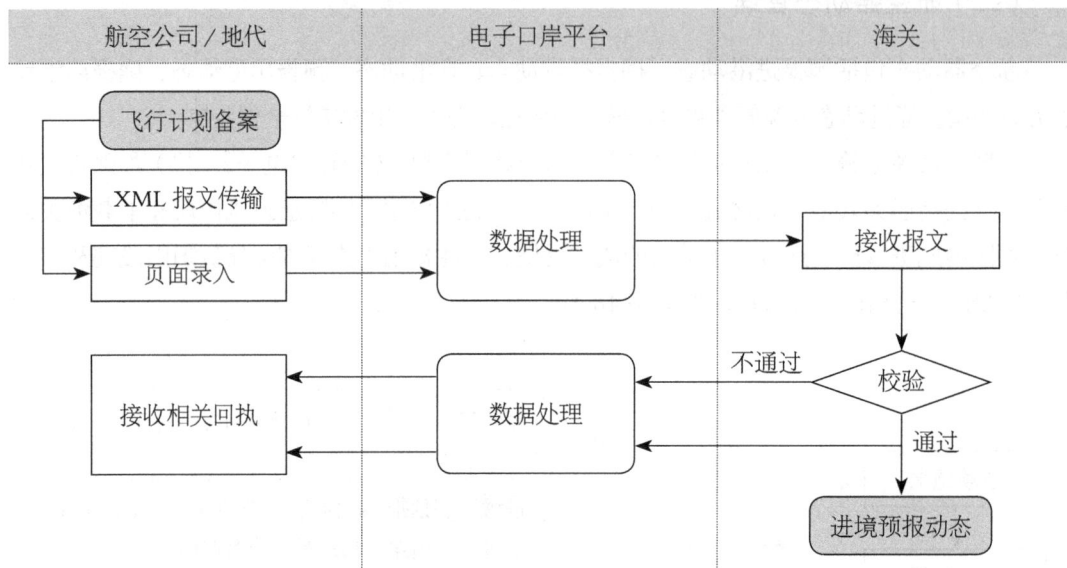

图 9-17　航空器预报进港申报流程

2. 航空器进境确报

航空器进境确报是指有航空器确定抵达或者直接进港的时间和空港泊位，航空器或者代理人事先将确切的抵达或者直接进港的时间、具体的空港泊位及其相关航空器信息数据通知海关的报告。

海关运输工具系统自动以航空器预报时的航空器编号、航班号＋日期为标识进行校验、接收。确报抵港动态成功入库后，在中国关境内注册的航空公司的航空器，系统自动将航空器在港状态调整为"结关／解除监管"，其他则自动将航空器在港状态设置为"结关／在港待命"。

航空器进境确报申报流程如图 9-18 所示。

航空公司/地代	电子口岸平台	海关

飞行计划备案

XML 报文传输

页面录入

数据处理

接收报文

接收相关回执

数据处理

不通过

校验

通过

进境确报动态

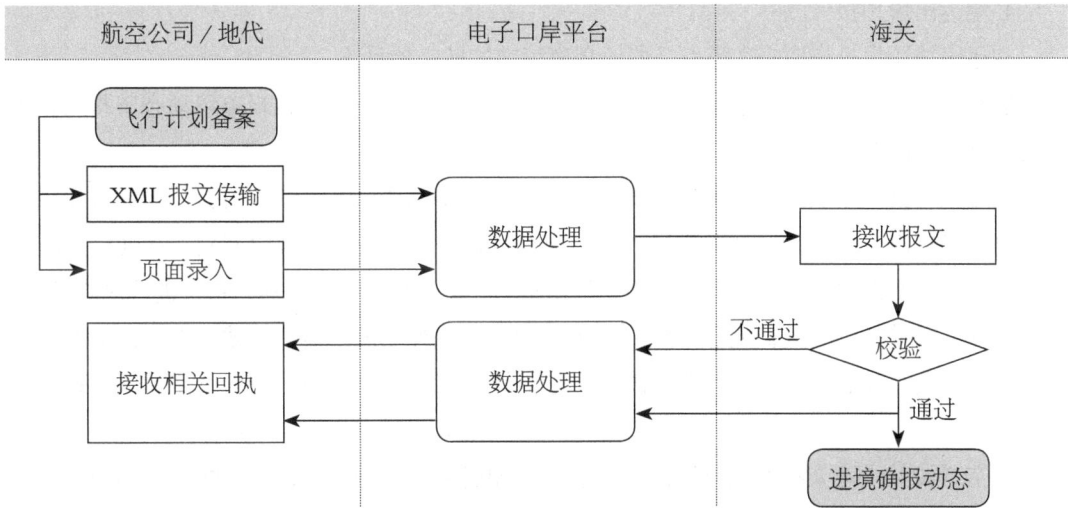

图 9-18　航空器进境确报申报流程

3. 航空器在港动态申报

航空器在港动态申报主要指航空器办结进港申报手续后，如滞留本港，机长代理人或航空器代理企业应向海关及时申报"在港动态"。在港动态划分为"在港待命"和"在港维修"两种。

在港动态申报流程如图 9-19 所示。

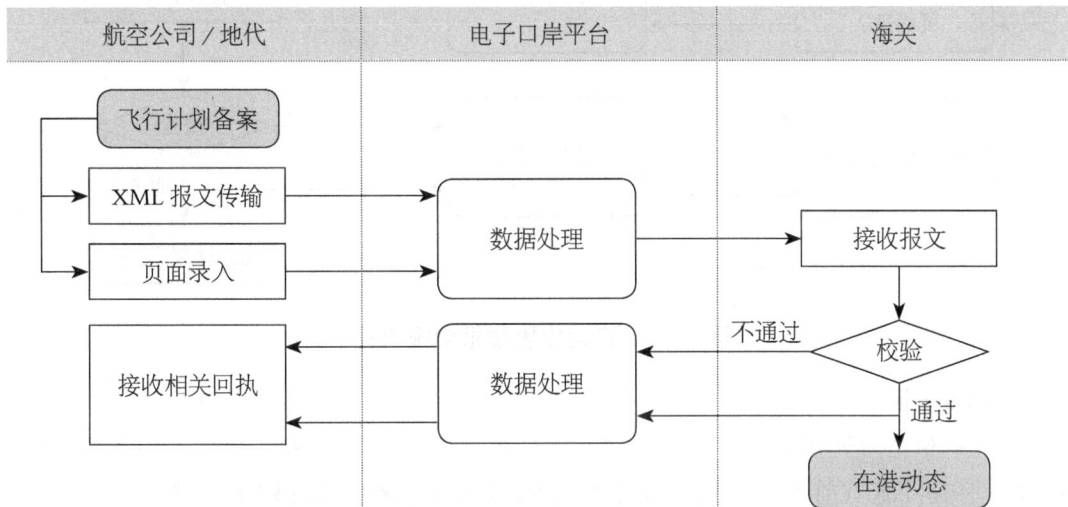

航空公司/地代	电子口岸平台	海关

飞行计划备案

XML 报文传输

页面录入

数据处理

接收报文

接收相关回执

数据处理

不通过

校验

通过

在港动态

图 9-19　在港动态申报流程

4. 空运出境预报

空运出境预报是指申报在港航空器计划离境前的航空器动态。

航空器代理人在航空器装载货物前向海关提交预报离境动态。预报离境动态申报后，才能发送出口申报单据申请结关。

运输工具负责人应当在其起飞 30 分钟前，向海关发送"总申报单"，并提出"结关申请"，海关收到"总申报单"和"结关申请"后，海关运输工具系统进行风险判别，如通过风险判别，系统自动发送"准许结关"监管指令给申报人；如未通过风险判别，系统进行风险预警，提示现场监管关员，由关员人工审核后决定是否发送"等候现场监管"或"准许结关"监管指令给申报人，并需对执行现场监管的航班在监管结束后将监管情况录入系统后人工执行航班结关。

航空器或其代理人在发送预报离境动态后，如遇取消航班情况，应立即向原预报空港海关发送申请撤销预报离境及结关申请，海关运输工具系统通过合法校验后自动将原预报动态进行撤销标注，同时反馈回执给申请人。空运出境预报申报流程如图 9-20 所示。

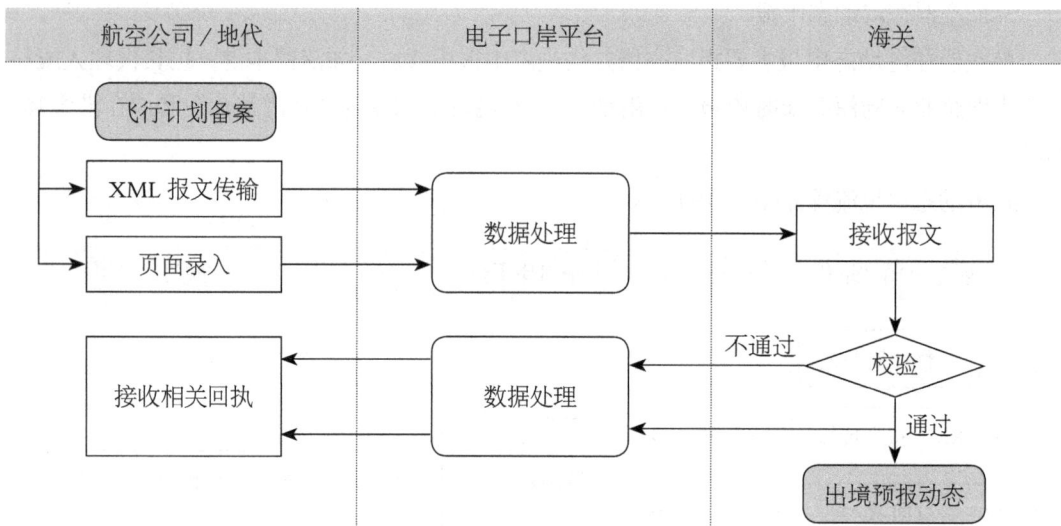

图 9-20 空运出境预报申报流程

5. 出境确报

出境确报是指航空器代理人在航空器实际飞离空港后向海关申报的航空器实际飞离航空港的时间和实际起飞前所在机位、实际机组人数，是对航空器出境情况的准确报告。

空运出境确报申报流程如图 9-21 所示。

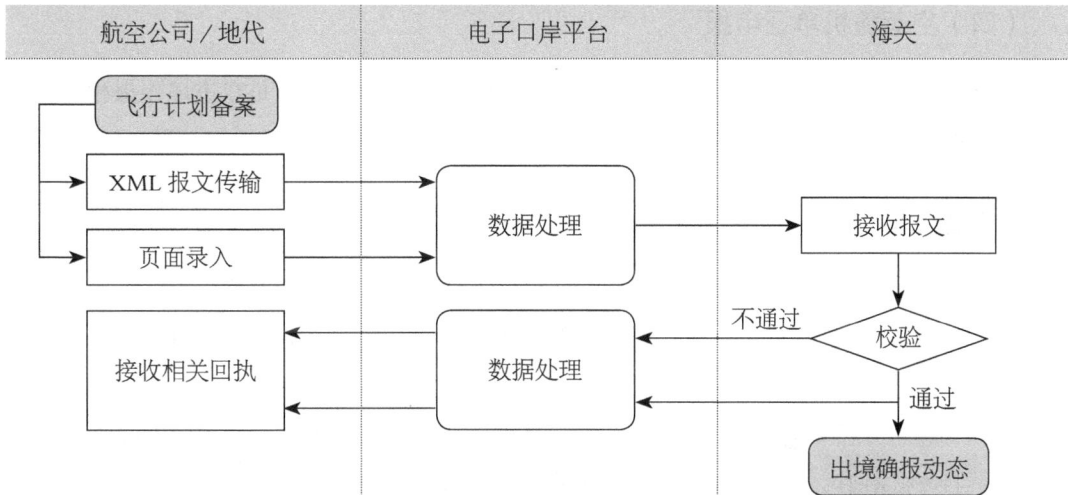

航空公司／地代	电子口岸平台	海关

图 9-21 空运出境确报申报流程

（三）航班取消申报

在航空器或其代理人获取"预报进港"入库回执后，如遇备降、取消航班情况，应立即向原预报空港海关撤销预报进港（航空器或其代理人在确认备降空港后，如其备降空港为国内空港，须向备降空港海关发送预报动态，以便于备降空港海关进行监管）。

航空器或其代理人在发送预报出港动态后，如遇取消航班情况，应立即向原预报空港海关发送申请撤销预报离境及结关申请，海关运输工具系统通过合法校验后自动将原预报动态进行撤销标注，同时反馈回执给申请人。

航班取消申报流程如图 9-22 所示。

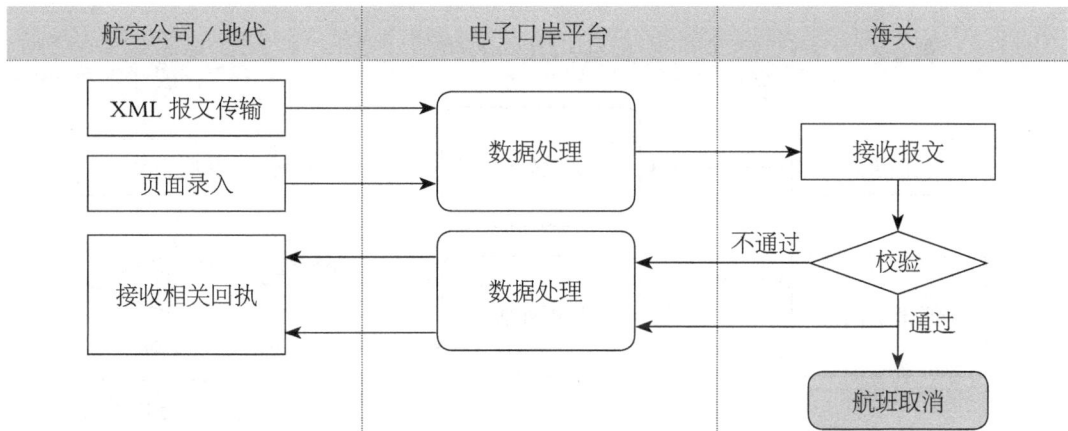

航空公司／地代	电子口岸平台	海关

图 9-22 航班取消申报流程

（四）空运随机单证申报

空运的随机单证报文包含总申报单和机组名单信息，申报时间点是在进境预报和出境预报之后，如图 9-23 所示。

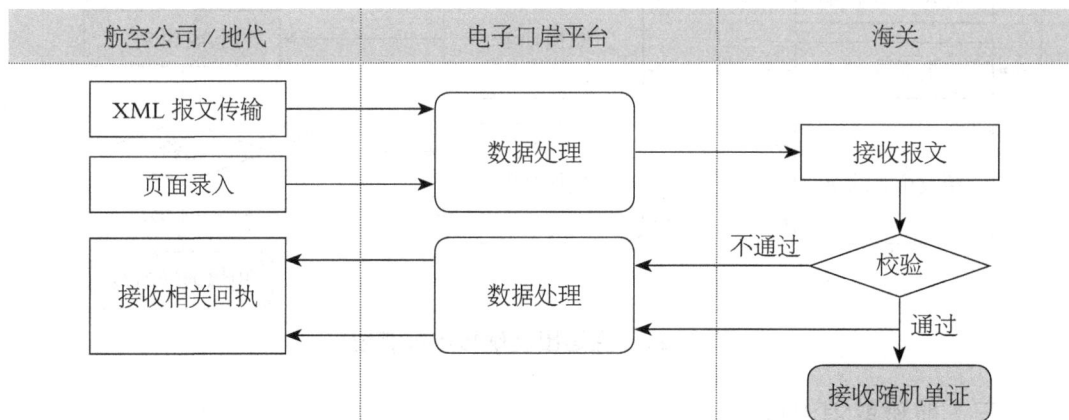

图 9-23　空运随机单证申报流程

（五）空运供退物料申报

海关监管航空器供退物料（免税品、航油、航材、航空物料等），物料需由有国际航行航空器供应服务资质的企业经营，供机单位必须经过主管部门批准和海关备案后方可通过该系统向海关申报。物料是统称，包括免税品、航油、航材、航空物料等。

空运供退物料申报流程如图 9-24 所示。

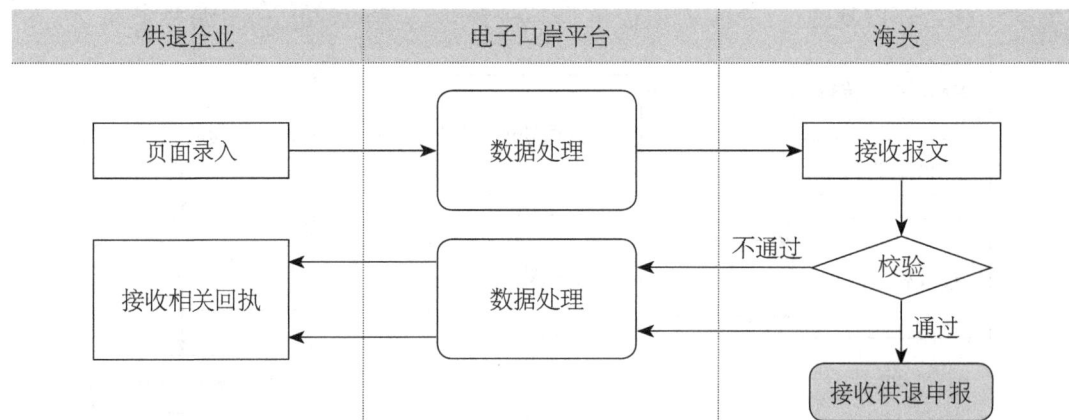

图 9-24　空运供退物料申报流程

（六）空运转关申报

转关管理指对执行国内航段的国际航班和承载海关监管货物的国内航班的监管，在本港和下一港海关间利用电子关封进行业务衔接。

国际航空器转关关封（海关监管联系单）内容包括日期、航班号、始发港、目的港、经停港、机组人数、国际及国内旅客人数、装载国际及国内货物的情况。

当国际航班有国内段飞行任务及当国内航班搭载海关监管货物时，由航空器代理企业发送转关申请报文，在飞行器确报离港后生成电子关封。

空运转关申报流程如图9-25所示。

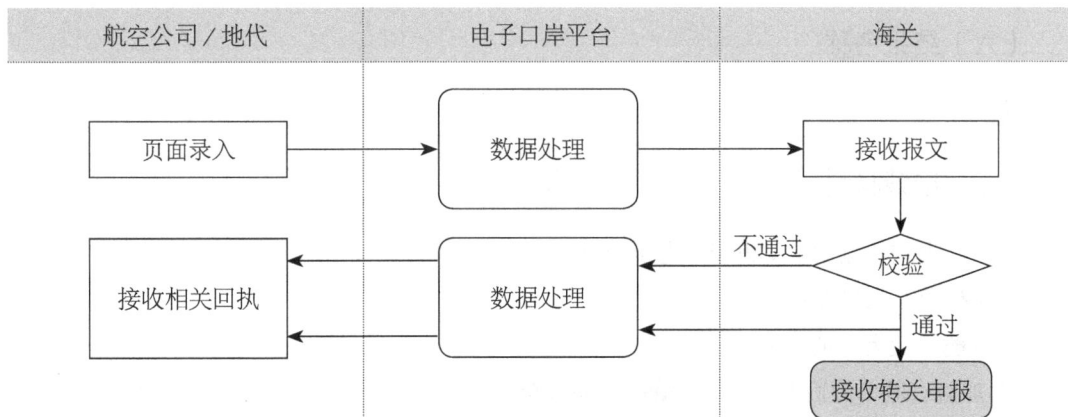

图9-25　空运转关申报流程

第三节　进出境运输工具舱单业务

一、水/空舱单电子数据传输和变更

（一）法律依据

《中华人民共和国海关进出境运输工具舱单管理办法》。

（二）实施机构

各直属海关、隶属海关监管部门。

（三）办理形式

窗口、网上办理。

（四）法定办结时限

无。

（五）承诺办结时限

无。

（六）结果名称

无。

（七）申请材料

（1）向海关传输舱单变更申请电子数据。

（2）提交下列文件：

①《舱单变更申请表》（如表9-2所示）；

②加盖有舱单传输人公章的正确的纸质舱单。

表9-2　舱单变更申请表

海关编号：□□□□□□□□□□□□□□□

变更舱单类型	□原始舱单　□预配舱单　□装载舱单　□其他			
变更数据类型	□总提（运）单　□分提（运）单　□旅客舱单　□其他			
运输工具情况	运输工具名称（中文）	运输工具名称（英文）	航次	进/出港时间
需变更舱单	总提（运）单号		分提（运）单号	
变更项目	项目	代码	更改前内容	更改后内容

变更原因	□货物因不可抗力灭失、短损，造成舱单数据不准确
	□装载舱单中的出口货物，由于装运、配载等原因造成部分或者全部货物退关、变更运输工具
	□大宗散装货物溢短装数量在规定范围之内
	□集装箱载运的散装货物，独立箱体内溢短装数量在规定范围之内
	□由于计算机、网络系统等方面原因导致传输舱单数据错误
	□已经接受海关处罚，申请变更
	□其他原因（请简要说明或附表说明）_____
随附单据	□加盖有舱单传输人印章的正确舱单
	□行政处罚决定书
	□其他能够证明舱单更改合理性的文件： ①_____ ②_____ ③_____
批注栏	企业签章栏： 本公司保证以上更正内容真实、正确、有效，否则由此更正所引起的一切后果、责任及费用由我司承担。	海关批注： 办理情况：

（八）办理流程

水／空舱单变更办理流程如图 9-26 所示。

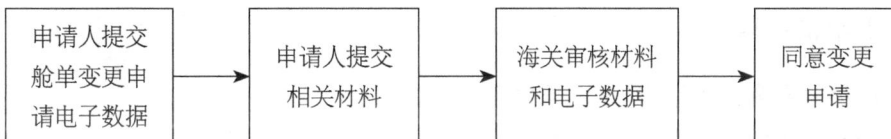

图 9-26　水／空舱单变更办理流程

（九）审查标准

（1）变更申请人是否与传输人一致。

（2）申请材料是否齐全。

（3）申请材料内容是否一致。

二、铁路运输舱单传输

（一）法律依据

《中华人民共和国海关进出境运输工具舱单管理办法》。

（二）实施机构

各直属海关、隶属海关监管部门。

（三）办理形式

窗口。

（四）法定办结时限

无。

（五）承诺办结时限

无。

（六）结果名称

通过。

（七）申请材料

（1）向海关传输舱单变更申请电子数据。

（2）提交下列文件：

①《舱单变更申请表》；

② 提（运）单；

③ 加盖有舱单传输人公章的正确的纸质舱单；

④ 其他能够证明舱单变更合理性的文件。

舱单传输人向海关申请变更旅客舱单时，应当提交上述①、③、④项文件。

提交复印件的，应当同时出示原件供海关验核。

（八）办理流程

铁路运输舱单变更办理流程如图 9-27 所示。

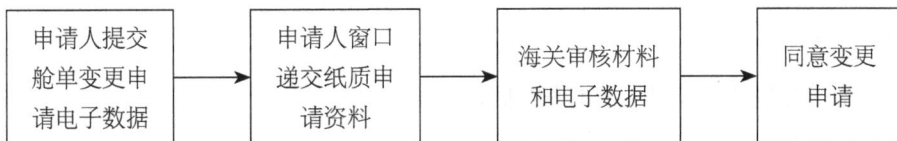

图 9-27　铁路运输舱单变更办理流程

（九）审查标准

（1）变更申请人是否与传输人一致。

（2）申请材料是否齐全。

（3）申请材料内容是否一致。

三、公路舱单电子数据传输和变更

（一）法律依据

《中华人民共和国海关进出境运输工具舱单管理办法》。

（二）实施机构

各直属海关、隶属海关监管部门。

（三）办理形式

窗口。

（四）法定办结时限

无。

（五）承诺办结时限

无。

（六）结果名称

通过。

（七）申请材料

（1）向海关传输舱单变更申请电子数据。

（2）提交下列文件：

①《舱单变更申请表》；

②提（运）单；

③加盖有舱单传输人公章的正确的纸质舱单；

④其他能够证明舱单变更合理性的文件。

舱单传输人向海关申请变更旅客舱单时，应当提交上述①、③、④项文件。

提交复印件的，应当同时出示原件供海关验核。

（八）办理流程

公路舱单变更办理流程如图9-28所示。

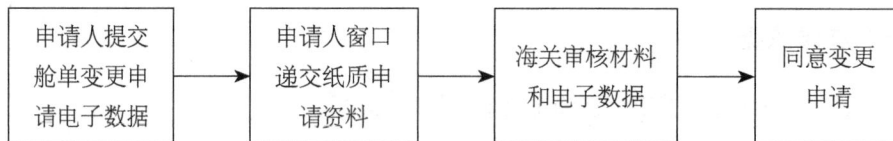

```
┌─────────┐      ┌─────────┐      ┌─────────┐      ┌─────────┐
│申请人提交 │      │申请人窗口 │      │海关审核材料│      │同意变更  │
│舱单变更申 │ ──▶  │递交纸质申 │ ──▶  │和电子数据 │ ──▶  │申请     │
│请电子数据 │      │请资料    │      │         │      │         │
└─────────┘      └─────────┘      └─────────┘      └─────────┘
```

图9-28　公路舱单变更办理流程

（九）审查标准

（1）变更申请人是否与传输人一致。

（2）申请材料是否齐全。

（3）申请材料内容是否一致。

四、海运／空运舱单分拨及疏港分流

（一）法律依据

《中华人民共和国海关进出境运输工具舱单管理办法》。

（二）实施机构

各直属海关、隶属海关监管部门。

（三）办理形式

窗口。

（四）法定办结时限

无。

（五）承诺办结时限

无。

（六）结果名称

同意或不同意变更申请。

（七）申请材料

（1）进境货物、物品需要分拨的，舱单传输人应当以电子数据方式向海关提出分拨货物、物品申请。

（2）货物、物品需要疏港分流的，海关监管场所经营人应当以电子数据方式向海关提出疏港分流申请。

（八）办理流程

海运／空运舱单分拨及疏港分流办理流程如图9-29所示。

| 申请人提交海运／空运舱单分拨及疏港分流申请电子数据 | → | 申请人窗口递交纸质申请资料 | → | 海关审核材料和电子数据 | → | 同意变更申请 |

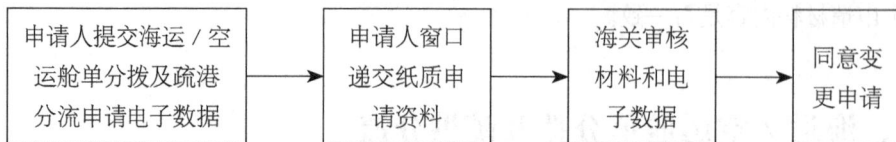

图 9-29　海运／空运舱单分拨及疏港分流办理流程

（九）审查标准

（1）申请人是否与权利人一致。

（2）申请材料是否齐全。

（3）申请材料内容是否一致。

五、舱单传输人备案

（一）法律依据

《中华人民共和国海关进出境运输工具舱单管理办法》。

（二）实施机构

各直属海关、隶属海关监管部门。

（三）办理形式

窗口。

（四）法定办结时限

无。

（五）承诺办结时限

无。

（六）结果名称

无。

（七）申请材料

（1）舱单传输人办理备案手续时，应当向海关提交下列文件：

①《备案登记表》（如表9-3所示）；

② 提（运）单和装货单的样本；

③ 企业印章以及相关业务印章的印模；

④ 行政主管部门核发的许可证件或者资格证件的复印件。

（2）海关监管场所经营人、理货部门、出口货物发货人办理备案手续时，应当向海关提交上述 ①、④ 项文件。

提交复印件的，应当同时出示原件供海关验核。

（3）在海关备案的有关内容如果发生改变的，舱单传输人、监管场所经营人、理货部门、出口货物发货人应当持书面申请和有关文件到海关办理备案变更手续。

表9-3　备案登记表

海关编号：□□□□□□□□□□□□□

单位全称	（中文）	简称	
	（英文）		
备案类型	□舱单传输人	□理货报告提交人	□运抵报告提交人
单位类型	□进出境运输工具负责人或其代理人 □相关主管部门批准营运资格企业 □其他签发提（运）单资格企业	□理货公司 □监管场所经营人 □其他	□疏港分流运抵 □分拨运抵
传输类型	□总提（运）单□原始舱单□运输工具理货报告 □分提（运）单□预配舱单□拼箱理货报告 □旅客舱单□装载舱单□装箱清单 □其他		
运输方式	□船舶　□航空器　□铁路列车　□公路车辆　□其他		
联系人	姓名	联系方式	
其他	组织机构代码	行业批准文号	
	税务登记证代码	企业国际通用代码及授予组织	
提交单证	□提（运）单和装货单的样本； □企业公章以及相关业务印章的印模；		

（续表）

提交单证	□行政主管部门核发的许可证件或者资格证件的复印件； □海关需要的其他文件	
海关批注栏	备案意见	复核意见
	办理情况：	

（八）办理流程

舱单传输人备案办理流程如图 9-30 所示。

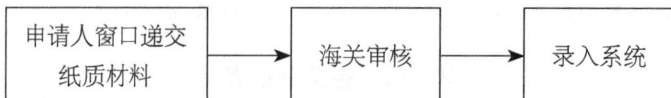

申请人窗口递交纸质材料 → 海关审核 → 录入系统

图 9-30　舱单传输人备案办理流程

（九）审查标准

（1）申请人是否与权利人一致。

（2）申请材料是否齐全。

（3）申请材料内容是否一致。

第四节　进出境运输工具检验检疫业务

一、出入境船舶检疫

（一）法律依据

（1）《国际卫生条例（2005）》第二十二条、第二十八条。

（2）《中华人民共和国国境卫生检疫法》第四条、第七条、第八条。

（3）《中华人民共和国国境卫生检疫法实施细则》第四条、第二十三条、第三十二条。

（4）《中华人民共和国进出境动植物检疫法》第二条。

（5）《中华人民共和国进出境动植物检疫法实施条例》第二条、第四十六条。

（6）《国际航行船舶进出中华人民共和国口岸检查办法》。

（7）《国际航行船舶出入境检验检疫管理办法》（质检总局令第38号）。

（二）实施机构

各水运口岸隶属海关。

（三）办理形式

窗口办理／网上办理。

（四）法定办结时限

即时办理。

（五）承诺办结时限

即审即办。

（六）结果名称

《船舶入境卫生检疫证》《船舶入境检疫证》《交通工具出境卫生检疫证书》《船舶进港检疫证书》《船舶进港卫生检疫证书》《船舶出港卫生检疫证书》等证书。

（七）申请材料

1. 入境船舶

入境船舶所需申请材料如表9-4所示。

表9-4　入境船舶申请材料

序号	申请材料目录	份数	资料形式		备注
			书面	电子	
1	航海健康申报书（原件）	1	√		
2	总申报单（原件）	1	√		

（续表）

序号	申请材料目录	份数	资料形式		备注
			书面	电子	
3	货物申报单（原件）	1	√		
4	船员名单（原件）	1	√		
5	旅客名单（原件）	1	√		
6	载货清单（复印件）	1	√		
7	船用物品申报单（原件）	1	√		
8	压舱水报告单（原件）	1	√		
9	船舶免予卫生控制措施证书／船舶卫生控制措施证书（复印件）	1	√		
10	寄港清单（原件）	1	√		
11	预防接种证书（原件）	按实际情况	√		
12	健康证书（中国籍船员）（原件）	按实际情况	√		

2. 出境船舶

出境船舶所需申请材料如表9-5所示。

表 9-5 出境船舶申请材料

序号	申请材料目录	份数	资料形式		备注
			书面	电子	
1	航海健康申报书（原件）	1	√		
2	总申报单（原件）	1	√		
3	货物申报单（原件）	1	√		
4	船员名单（原件）	1	√		
5	旅客名单（原件）	1	√		
6	载货清单（复印件）	1	√		
7	船舶免予卫生控制措施证书／船舶卫生控制措施证书（复印件）	1	√		

（八）办理流程

1. 入境检疫

（1）船方或者其代理人在船舶预计抵达口岸 24 小时前（航程不足 24 小时的，在驶离上一口岸时）向海关申报，填报入境检疫申报书。如船舶动态或者申报内容有变化，船方或者其代理人应当及时向海关更正。

（2）海关对申报内容进行审核，确定检疫方式，并及时通知船方或者其代理人。

（3）船方或者其代理人向海关提交相关材料。

（4）对于需实施靠泊检疫或锚地检疫的入境船舶，检疫人员登轮开展检疫工作。

（5）海关对经检疫判定没有染疫的入境船舶，签发《船舶入境卫生检疫证》；对两岸直航船舶，签发《船舶进港卫生检疫证书》；对来往港澳的小型船舶，在登记簿上做好登记。对经检疫判定染疫、染疫嫌疑或者来自传染病疫区应当实施卫生除害处理的或者有其他限制事项的入境船舶，在实施相应的卫生除害处理或者注明应当接受的卫生除害处理事项后，签发《船舶入境检疫证》；对来自动植物疫区经检疫判定合格的船舶，应船舶负责人或者其代理人要求签发《运输工具检疫证书》；对须实施卫生除害处理的，应当向船方出具《检验检疫处理通知书》，并在处理合格后，应船方要求签发《运输工具检疫处理证书》。

2. 出境检疫

（1）船方或者其代理人在船舶离境前 4 小时内向海关申报，办理出境检疫手续。已办理手续但出现人员、货物的变化或者因其他特殊情况 24 小时内不能离境的，须重新办理手续。船舶在口岸停留时间不足 24 小时的，经海关同意，船方或者其代理人在办理入境手续时，可以同时办理出境手续。

（2）海关对申报内容进行审核，确定是否登轮检疫，并及时通知船方或者其代理人。

（3）船方或者其代理人向海关提交相关材料（入境时已提交且无变动的可免于提供）。

（4）对于需实施登轮检疫的出境船舶，检疫人员登轮开展检疫工作。

（5）经审核船方提交的出境检疫资料或者经登轮检疫，符合有关规定的，海关签发《交通工具出境卫生检疫证书》，并在船舶出口岸联系单上签注；对两岸直航船舶，签发《船舶出港卫生检疫证书》；对来往港澳的小型船舶，在登记簿上做好登记。对需卫生处理的，实施相应的卫生处理措施，消除公共卫生风险后，签发《交通工具出境卫生检疫证书》。

（九）审查标准

（1）申请人是否与权利人一致。

（2）申报书的内容是否如实、准确。

（3）提交的材料是否如实、清晰。

二、出入境航空器检疫

（一）法律依据

（1）《国际卫生条例（2005）》第二十二条、第二十八条。

（2）《中华人民共和国国境卫生检疫法》第四条、第七条、第八条。

（3）《中华人民共和国国境卫生检疫法实施细则》第四条、第三十八条。

（4）《中华人民共和国进出境动植物检疫法》第二条。

（5）《中华人民共和国进出境动植物检疫法实施条例》第二条、第四十六条。

（二）实施机构

各机场口岸海关。

（三）办理形式

窗口办理／网上办理。

（四）法定办结时限

即时办理。

（五）承诺办结时限

即审即办。

（六）结果名称

《运输工具检疫证书》《交通工具出境卫生检疫证书》《航空器进港检疫证书》《航空器出港卫生检疫证书》等证书。

（七）申请材料

出入境航空器检疫申请材料如表9-6所示。

表 9-6　出入境航空器检疫申请材料

序号	申请材料目录	份数	资料形式		备注
			书面	电子	
1	总申报单	1	√		原件
2	旅客名单	1	√		原件
3	货物舱单	1	√		原件
4	有效灭蚊证书证明	1	√		依要求提供，有效灭蚊证书提供复印件，同时核验原件
5	出入境航空器电讯检疫申报表	1	√		电讯检疫航班适用
6	航空器员工健康证明	按实际情况	√		
7	航空器员工预防接种证书	按实际情况	√		前往 / 来自疫情流行风险国家地区的航空器员工提供

（八）办理流程

1. 申报

（1）入境航空器

入境航空器的负责人或代理人须在航空器入境前或入境时，向海关申报，如申请电讯检疫，则需在航空器预计到港前 30 分钟申报。在航空器到达前，如发现以下情况之一的，机长应及时通知地面航空站，并在最短的时间内向海关报告：

① 人员感染或疑似感染传染病；

② 人员出现传染病症状 / 体征；

③ 人员非因意外伤害而死亡，并死因不明的；

④ 发现医学媒介生物或医学媒介生物活动迹象的；

⑤ 发现可疑的核与辐射、生物、化学污染源或危害事实的。

（2）出境航空器

出境航空器的负责人或代理人须在航空器关闭舱门前 15 分钟向海关申报。

2. 提供申请材料

见申请材料目录。

3. 实施检疫

海关审核航空公司提供的申报材料，评估检疫风险，确定检疫方式，并实施查验。

（1）登机检疫

① 入境航空器在抵港后，机长或其授权的代理人对海关工作人员提出有关航空器卫生状况、机上人员健康状况、承载物品等情况的询问，应如实回答。未完成检疫查验，除经海关许可外，任何人不得上下航空器，不得装卸行李、货物等物品。经海关检疫合格或检疫许可后，方准下客和卸载行李、货物等。

② 出境航空器的负责人或代理人向海关提供申报材料，接受检疫查验。

（2）电讯检疫

在收到海关给予电讯检疫批准回复后，入境航空器在抵港后，可以直接上下人员、装卸货物，出境航空器可直接起飞离港。

（九）审查标准

（1）申请人是否与权利人一致。

（2）申报的内容是否如实、准确。

（3）提交的材料是否如实、清晰。

三、出入境列车检疫

（一）法律依据

（1）《中华人民共和国国境卫生检疫法》第四条、第七条、第八条。

（2）《中华人民共和国国境卫生检疫法实施细则》第四条、第四十四条、第四十七条。

（3）《中华人民共和国进出境动植物检疫法》第二条。

（4）《中华人民共和国进出境动植物检疫法实施条例》第二条、第四十六条。

（5）《国际卫生条例（2005）》第二十一条、第二十二条、第二十九条。

（6）《出入境交通工具电讯卫生检疫管理办法》（质检总局 2016 年第 78 号）。

（二）实施机构

各隶属海关。

（三）办理形式

窗口办理 / 网上办理。

（四）法定办结时限

即时办理。

（五）承诺办结时限

即审即办。

（六）结果名称

《运输工具检疫证书》《交通工具出境卫生检疫证书》等证书。

（七）申请材料

出入境列车检疫申请材料如表 9-7 所示。

表 9-7　出入境列车检疫申请材料

序号	申请材料目录	份数	资料形式		备注
			书面	电子	
1	总申报单	1	√		原件
2	旅客名单（客运列车）	1	√		原件
3	货物 / 行李车舱单（含尸体 / 棺柩 / 骸骨、特殊物品）	1	√		原件
4	列车确报信息表	1	√		原件
5	出入境列车电讯检疫申报表	1	√		电讯检疫列车适用
6	交通工具卫生证书（复印件）	1	√		电讯检疫列车适用
7	员工健康证明	按实际情况	√		中国籍司乘人员
8	员工预防接种证书	按实际情况	√		前往 / 来自疫情流行风险国家地区的列车司乘人员提供

（八）办理流程

1. 申报

（1）入境列车的检疫

入境列车的负责人或代理人须在列车入境前或入境时，向海关申报，如申请电讯检疫，列车运营者或其代理人应当在列车预计抵达入境口岸 30 分钟前申报。在列车到达前，如发现以下情况之一的，车长应及时通知入境口岸车站，并在最短的时间内向海关报告：①人员感染或疑似感染传染病；②人员出现传染病症状／体征；③人员非因意外伤害而死亡，并死因不明的；④发现医学媒介生物或医学媒介生物活动迹象的；⑤发现可疑的核与辐射、生物、化学污染源或危害事实的。

（2）出境列车的检疫

出境列车的负责人或代理人须在离开出境口岸 30 分钟前向海关申报。

2. 提供申请材料

见申请材料目录。

3. 实施检疫

海关审核列车负责人或代理人提供的申报材料，评估检疫风险，确定检疫方式，并实施查验。

（1）登车检疫

① 列车到站后，检疫人员首先登车，经判定无染疫情况下，其他人员方可登车。

② 列车长应当向检疫人员报告车上人员的健康状况及车体卫生状况，提交申报单、旅客／乘务人员名单、货物清单、其他检疫有关证书、文件。

③ 检疫人员依法查阅相关证件资料，了解列车运行途中卫生情况，做好查验记录；列车长对检疫人员提出的有关卫生状况和人员健康的询问，应当如实回答，并在查验记录上签字确认。

④ 对来自或途经检疫传染病及监测传染病流行地区的列车，或者车上载有病人和非意外伤害死亡且死因不明者，检疫人员应当进行流行病学调查、收集相关资料；对病人按规定进行医学处置，对列车指定地点停靠并进行相应的检疫处理。

⑤ 检疫人员对入境、出境人员及列车实施传染病监测、卫生检查、核生化有害因子监测等检疫查验后，经判定无染疫，签发相应入出境卫生检疫证书。

（2）电讯检疫

在收到海关给予电讯检疫批准回复后，入境列车在抵站后，可以直接上下人员、装卸货物，出境列车可直接离境。

（3）随车检疫

根据公共卫生风险评估结果，对需实施随车检疫的列车，海关派员实施随车检疫，随车检疫人员在列车上开展检疫查验和卫生监督等工作。

（4）证书签发

入境列车经海关检疫判定没有染疫的，签发《运输工具检疫证书》；对经检疫判定染疫、染疫嫌疑或者来自传染病疫区应当实施检疫处理的入境列车，应当向列车负责人或代理人出具《检验检疫处理通知书》，并在处理合格后，签发《运输工具检疫处理证书》；出境列车经海关审核列车负责人或代理人提交的出境检验检疫资料或者经登车检验检疫，符合有关规定的，签发《交通工具出境卫生检疫证书》。对需检疫处理的，实施相应的检疫处理措施，消除公共卫生风险后，签发《交通工具出境卫生检疫证书》。

（九）审查标准

（1）申请人是否与权利人一致。

（2）申报书的内容是否如实、准确。

（3）提交的材料是否如实、清晰。

四、出入境汽车检疫

（一）法律依据

（1）《中华人民共和国国境卫生检疫法》第四条、第七条、第八条、第十三条、第十八条。

（2）《中华人民共和国国境卫生检疫法实施细则》第四条、第七条、第八条、第四十五条、第四十六条、第四十八条、第五十条、第五十二条。

（3）《中华人民共和国进出境动植物检疫法》第二条、第四条、第三十五条。

（4）《中华人民共和国进出境动植物检疫法实施条例》第二条、第四十八条。

（5）《国际卫生条例（2005）》第二十六条、第二十七条。

（二）实施机构

各隶属海关。

（三）办理形式

窗口办理 / 现场办理。

（四）法定办结时限

即时办理。

（五）承诺办结时限

即审即办。

（六）结果名称

办结。

（七）申请材料

（1）车辆备案（参见海关车辆备案）。

（2）出入境检疫申报：《出入境车辆检疫申报卡》。

（八）办理流程

1. 车辆备案

参见海关车辆备案。

2. 入境检疫

（1）对所有入境车辆实施核与辐射有害因子监测，对符合检疫处理指征的车辆进行检疫处理。

（2）常态下，实施"主动申报"制度，即所有入境车辆负责人或驾驶员应在入境时，向海关申报，提交《出入境车辆检疫申报卡》。申报内容包括：

① 司乘人员及旅客有发烧、咳嗽等传染病症状，或最近一周内到过传染病疫区或接触过传染病病人的；

② 司乘人员携带微生物、人体组织、生物制品、血液及其制品、动植物及其产品、活体动物、废旧物品、放射性物质以及其他应申报物品的；

③ 司乘人员未按要求持有有效的预防接种证书、国际旅行健康检查证明书或其他有关检疫证明。

（3）疫情状态下，根据海关总署疫情公告、警示通报或相关文件，要求实施全申报制度的，车辆负责人或驾驶员在入境时或抵达口岸前，通过电子、纸质等多种方式向海关申报。

（4）海关根据申报内容和检疫工作需要，评估风险，确定检疫方式，包括电讯检疫、车道检疫和指定地点（指定车道或指定车位）登车检疫。检疫指令在车辆入境时下达。

（5）对实施电讯检疫的，入境车辆可直接办理通关手续。

（6）对实施车道检疫的，海关在车道对司乘人员实施体温监测、医学巡查、携带物巡检、车辆卫生学状况巡视等。对发现异常的，实施指定地点登车检疫。

（7）对实施指定地点登车检疫的，海关在口岸指定地点登车检疫，实施司乘人员健康检查、携带物检疫、医学媒介生物监测、车辆卫生学状况检查、核生化监测等，根据检疫及处置结果，签发相应检疫证书或证明文件。

3. 车辆停留口岸期间的卫生监管

（1）对口岸停留的车辆，按比例抽查实施卫生监督，抽查重点为大型客运车辆、装载废旧物品／活体动物等检疫高风险货物的货运车辆。

（2）对口岸停留的车辆，发现以下情况的，车辆负责人或驾驶员应当立即向海关报告，申请临时检疫：

① 发现检疫传染病、疑似检疫传染病；

② 有人非因意外伤害而死亡并死因不明的；

③ 突发公共卫生事件的。

4. 出境检疫

常态下，实施"主动申报"制度，出境车辆存在应检疫内容的，车辆负责人或驾驶员应在出境时，向海关申报，提交《出入境车辆检疫申报卡》。海关根据申报结果，实施指定车道或指定车位登车检疫。

常态下，海关在车道对出境车辆实施巡检，巡检发现异常的，实施指定地点登车检疫。

疫情状态下，根据海关总署疫情公告、警示通报或相关文件要求，对出境车辆采取相应检疫措施。

（九）审查标准

（1）申请人是否与权利人一致。

（2）申报书的内容是否如实、准确。

（3）提交的材料是否如实、清晰。

第五节　运输工具进出境申报

进出境的人、物，均要通过运输工具进出境，如轮船、汽车、飞机、火车，凡运输工具涉及我国关境的进出行为，都必须对运输工具进行申报。

一、船舶进出境申报

（一）国际航行船舶进出境申报

1. 法律依据

《中华人民共和国海关法》第十四条、第十七条、第十八条、第二十条，《中华人民共和国海关进出境运输工具监管办法》。

2. 实施机构

各直属海关、隶属海关负责进出境运输工具监管的部门。

3. 办理形式

窗口。

4. 法定办结时限

无。

5. 承诺办结时限

无。

6. 结果名称

无。

7. 申请材料

（1）进境申报：《中华人民共和国海关船舶进境（港）申报单》（如表9-8所示），以及申报单中列明应当交验的其他单证。

（2）出境申报：《中华人民共和国海关船舶出境（港）申报单》（如表9-9所示），以及申报单中列明应当交验的其他单证。在提交纸质申请材料的同时，应当向进出境运输工具管理系统申报提交相应电子材料信息。

表 9-8 中华人民共和国海关船舶进境（港）申报单

船名及船舶种类		IMO 编号	
呼号		抵达港口	
抵达日期及时间		船籍国	
船长姓名		上一港	
国籍证书（船籍港，签发日期，编号）			
总吨		净吨	船舶代理名称和联系方式
船舶在港位置（锚位或泊位）			
航次摘要（先后挂靠港口，并在即将卸下留存货物的港口名下划线标注）			
货物简述			
船员人数（包括船长）		旅客人数	备注
所附单证（标明份数）			
货物申报单		船用物品申报单	船舶对废弃物和残余物接受设施的需求
船员名单		旅客名单	
船员物品申报单			

注：进境船舶为租赁或其他贸易方式进口的，根据《中华人民共和国进出口关税条例》（国务院令第 392 号）的有关规定，应当向海关进行报关单申报。

表 9-9 中华人民共和国海关船舶出境（港）申报单

船名及船舶种类		IMO 编号	
呼号		驶离港口	
驶离日期及时间		船籍国	
船长姓名		下一港	
国籍证书（船籍港，签发日期，编号）			

（续表）

总吨		净吨		船舶代理名称和联系方式
船舶在港位置（锚位或泊位）				
航次摘要（先后挂靠港口，并在即将卸下留存货物的港口名下划线标注）				
货物简述				
船员人数（包括船长）		旅客人数		备注
所附单证（标明份数）				
货物申报单		船用物品申报单		船舶对废弃物和残余物接受设施的需求
船员名单		旅客名单		

船长或其授权代理人签名_____　　　　　　　日期____年__月__日

海关签注：_____　　　　　　　日期____年__月__日

8. 办理流程

国际航行船舶进出境办理流程如图 9-31 所示。

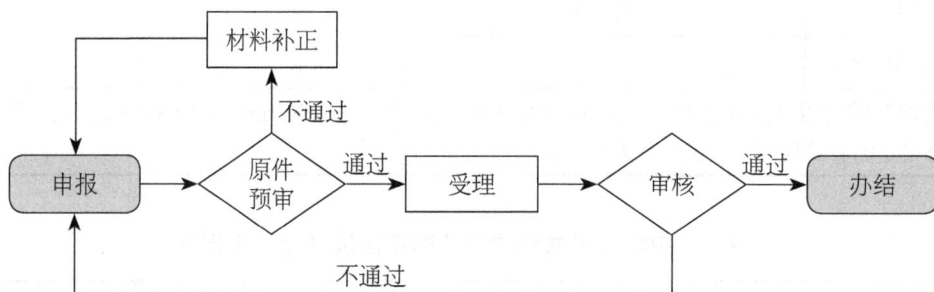

图 9-31　国际航行船舶进出境办理流程

9. 审查标准

（1）单证内容是否如实、准确。

（2）纸质单证内容与电子信息内容是否一致。

（二）港澳小型船舶进出境申报

1. 法律依据

《中华人民共和国海关法》第十四条、第十七条、第十八条、第二十条，《中华人民共和国海关进出境运输工具监管办法》。

2. 实施机构

各直属海关、隶属海关负责进出境运输工具监管的部门。

3. 办理形式

窗口。

4. 法定办结时限

无。

5. 承诺办结时限

无。

6. 结果名称

通过。

7. 申请材料

（1）进境申报：《中华人民共和国海关船舶进境（港）申报单》，以及申报单中列明应当交验的其他单证。

（2）出境申报：《中华人民共和国海关船舶出境（港）申报单》，以及申报单中列明应当交验的其他单证。在提交纸质申请材料的同时，应当向进出境运输工具管理系统申报提交相应电子材料信息。

8. 办理流程

港澳小型船舶进出境申报办理流程如图 9-32 所示。

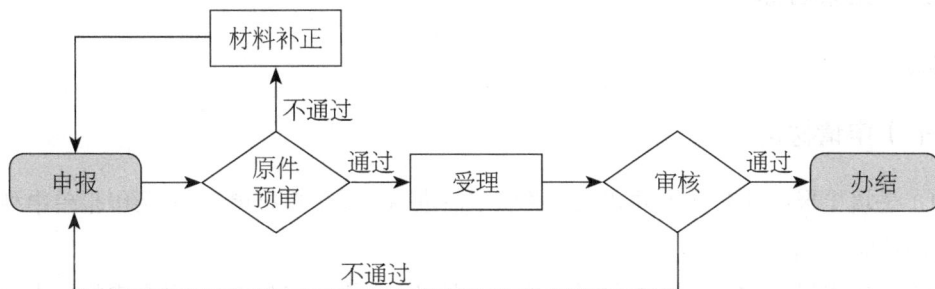

图 9-32　港澳小型船舶进出境申报办理流程

9. 审查标准

（1）单证内容是否如实、准确。

（2）纸质单证内容与电子信息内容是否一致。

二、货运飞机进出境申报

（一）法律依据

《中华人民共和国海关法》第十四条、第十七条、第十八条、第二十条，《中华人民共和国海关进出境运输工具监管办法》。

（二）实施机构

各直属海关、隶属海关负责进出境运输工具监管的部门。

（三）办理形式

窗口。

（四）法定办结时限

无。

（五）承诺办结时限

无。

（六）结果名称

通过。

（七）申请材料

（1）进境申报：《中华人民共和国海关航空器进境（港）申报单》，以及申报单中列明应当交验的其他单证。

（2）出境申报：《中华人民共和国海关航空器出境（港）申报单》，以及申报单中列明应当交验的其他单证。在提交纸质申请材料的同时，应当向进出境运输工具管理系统申报提交相应电子材料信息。

（八）办理流程

货运飞机进出境申报办理流程如图 9-33 所示。

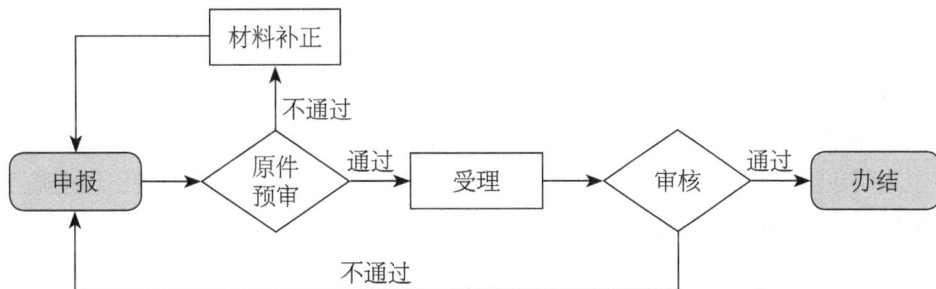

图 9-33　货运飞机进出境申报办理流程

（九）审查标准

（1）单证内容是否如实、准确。

（2）纸质单证内容与电子信息内容是否一致。

三、铁路列车与车辆进出境申报

（一）铁路列车进出境申报

1. 法律依据

《中华人民共和国海关法》第十四条、第十七条、第十八条、第二十条，《中华人民共和国海关进出境运输工具监管办法》。

2. 实施机构

各直属海关、隶属海关负责进出境运输工具监管的部门。

3. 办理形式

窗口。

4. 法定办结时限

无。

5. 承诺办结时限

无。

6. 结果名称

通过。

7. 申请材料

（1）进境申报：《中华人民共和国海关铁路列车进境申报单》（如表9-10所示），以及申报单中列明应当交验的其他单证。

（2）出境申报：《中华人民共和国海关铁路列车出境申报单》（如表9-11所示），以及申报单中列明应当交验的其他单证。在提交纸质申请材料的同时，应当向进出境运输工具管理系统申报提交相应电子材料信息。

表 9-10 中华人民共和国海关铁路列车进境申报单

进境	□货运 □客运	总车辆数		旅客人数
国籍	日期		抵达时间	
车次	重车数		空车数	
机车数	列车工作人员数（含车长）			
需要向海关提供的单证： □列车编组顺序表 □车辆交接单 □货物交接单 □货物运单及其随附单证 □行李车载运货物或行李、包裹交接单等单证 □海关需要的其他单证：_____				
备注				

车长或其授权代理人签名_____　　　　　日期___年__月__日

海关签注：_____　　　　　日期___年__月__日

表 9-11　中华人民共和国海关铁路列车出境申报单

出境	□货运　□客运	总车辆数	旅客人数
国籍	日期	发车时间	
车次	重车数	空车数	
机车数	列车工作人员数（含车长）		
需要向海关提供的单证： □列车编组顺序表 □车辆交接单 □货物交接单 □货物运单及其随附单证 □行李车载运货物或行李、包裹交接单等单证 □海关需要的其他单证：＿＿＿＿＿＿＿＿＿＿＿			
备注			

车长或其授权代理人签名＿＿＿＿＿＿＿＿＿＿　　　　　　　　日期＿＿＿年＿＿月＿＿日

海关签注：＿＿＿＿＿＿＿＿＿＿＿＿＿＿＿＿＿＿　　　　　日期＿＿＿年＿＿月＿＿日

8. 办理流程

铁路列车进出境申报办理流程如图 9-34 所示。

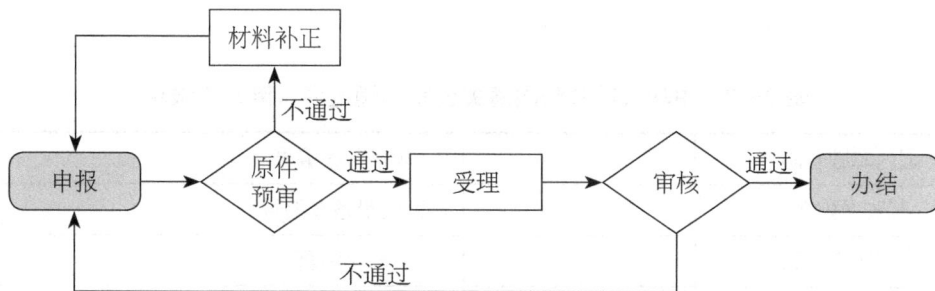

图 9-34　铁路列车进出境申报办理流程

9. 审查标准

（1）单证内容是否如实、准确。

（2）纸质单证内容与电子信息内容是否一致。

（二）货运车辆进出境申报

1. 法律依据

《中华人民共和国海关法》第十四条、第十七条、第十八条、第二十条，《中华人民共和国海关进出境运输工具监管办法》。

2. 实施机构

各直属海关、隶属海关负责进出境运输工具监管的部门。

3. 办理形式

窗口。

4. 法定办结时限

无。

5. 承诺办结时限

无。

6. 结果名称

通过。

7. 申请材料

（1）进境申报：《中华人民共和国海关公路车辆进境（港）申报单》（如表 9-12 所示），以及申报单中列明应当交验的其他单证。

（2）出境申报：《中华人民共和国海关公路车辆出境（港）申报单》（如表 9-13 所示），以及上述申报单中列明应当交验的其他单证。在提交纸质申请材料的同时，应当向进出境运输工具管理系统申报提交相应电子材料信息。

表 9-12　中华人民共和国海关公路车辆进境（港）申报单

国内车牌号码		车辆备案编号	
驾驶员姓名		驾驶员备案编号	
外国车牌号码		车辆国籍	
车辆自重		进境地	
进境日期及时间		目的地	
预计停留境内时间		企业／车主名称及联系方式	
行驶路线摘要			

（续表）

货物／旅客摘要说明				
司乘人数		旅客人数		备注
所附单证（标明份数）				
载货清单		车用备件申报单		
司乘人员名单		旅客名单		
自用物品申报单				

运输工具负责人签名＿＿＿＿＿＿＿＿＿＿＿＿　　　　　　日期＿＿＿年＿月＿日

海关签注：＿＿＿＿＿＿＿＿＿＿＿＿＿＿＿＿＿＿　　　日期＿＿＿年＿月＿日

表 9-13　中华人民共和国海关公路车辆出境（港）申报单

国内车牌号码		车辆备案编号	
驾驶员姓名		驾驶员备案编号	
外国车牌号码		车辆国籍	
车辆自重		启运地	
出境地		出境日期及时间	
企业／车主名称和联系方式			
行驶路线摘要			
货物／旅客摘要说明			

（续表）

司乘人数		旅客人数		备注	
所附单证（标明份数）					
载货清单		车用备件申报单			
司乘人员名单		旅客名单			
自用物品申报单					

运输工具负责人签名_____　　　　　日期____年__月__日

海关签注：_____　　　　　　　　　日期____年__月__日

8. 办理流程

货运车辆进出境申报办理流程如图 9-35 所示。

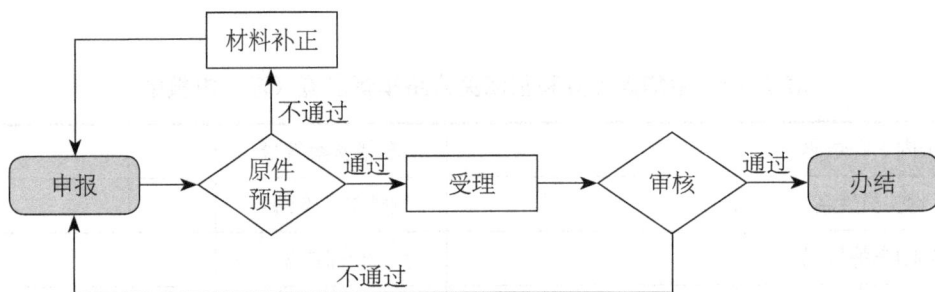

图 9-35　货运车辆进出境申报办理流程

9. 审查标准

（1）单证内容是否如实、准确。

（2）纸质单证内容与电子信息内容是否一致。

（三）来往香港、澳门公路货运车辆和驾驶员备案

1. 法律依据

《中华人民共和国海关关于来往香港、澳门公路货运企业及其车辆和驾驶员的管理办法》。

2. 实施机构

各直属海关、隶属海关监管部门。

3. 办理形式

窗口、网上办理。

4. 法定办结时限

无。

5. 承诺办结时限

无。

6. 结果名称

（1）《来往香港／澳门货运企业备案登记证》。

（2）《来往香港／澳门车辆进出境签证簿》。

通关证件。

7. 申请材料

（1）货运企业备案

①《来往香港／澳门货运企业备案申请表》（如表9-14所示）。

②政府主管部门批准文件。

③《企业法人营业执照》。

④《中华人民共和国组织机构代码证》。

⑤专业货运企业提交《道路运输经营许可证》；生产型企业提交海关核发的《自理报关企业注册登记证书》。

⑥银行或者非银行金融机构出具的担保函。

提交③、④、⑤项文件复印件时，还应当同时出示原件正本供海关核对。

表9-14　来往香港／澳门货运企业备案申请表

中华人民共和国＿＿＿＿＿＿＿＿＿海关：

　　本企业经＿＿＿＿＿省（市）＿＿＿＿＿＿＿＿＿＿＿＿和＿＿＿＿省（市）公安厅（局）车管部门批准：从事来往香港／澳门进出境货物运输业务／本企业来往香港／澳门进出境货物可由本企业自备车辆载运。现根据《中华人民共和国海关关于来往香港、澳门公路货运企业及其车辆和驾驶员的管理办法》的有关规定，向海关申请办理备案登记。有关情况说明如下：

企业名称＿＿＿＿＿＿＿＿＿＿＿　企业性质＿＿＿＿＿＿＿＿　经营范围＿＿＿＿＿＿＿＿

企业办公地址＿＿＿＿＿＿＿＿＿　企业联系电话＿＿＿＿＿＿＿　邮政编码＿＿＿＿＿＿

企业法定代表人＿＿＿＿＿＿＿＿　联系电话＿＿＿＿＿＿＿＿＿＿＿＿＿＿＿＿＿＿

内地承办单位名称＿＿＿＿＿＿＿＿＿＿＿＿　地址＿＿＿＿＿＿＿＿＿＿＿＿＿＿＿

（续表）

内地承办单位联系电话＿＿＿＿＿＿＿＿＿＿＿＿＿＿	邮政编码＿＿＿＿＿＿＿＿＿＿＿＿＿＿＿＿＿＿
内地承办单位法定代表人＿＿＿＿＿＿＿＿＿＿＿	联系电话＿＿＿＿＿＿＿＿＿＿＿＿＿＿＿＿＿＿
外商商号＿＿＿＿＿＿＿＿＿＿＿＿＿＿＿＿＿＿＿	外商地址＿＿＿＿＿＿＿＿＿＿＿＿＿＿＿＿＿＿
外商姓名＿＿＿＿＿＿＿＿＿＿＿＿＿＿＿＿＿＿＿	联系电话＿＿＿＿＿＿＿＿＿＿＿＿＿＿＿＿＿＿

政府主管部门批文号：＿＿＿＿＿＿＿＿；车辆指标＿＿＿＿＿辆；行驶口岸＿＿＿＿＿＿＿

批文有效期＿＿＿＿年＿＿＿＿月＿＿＿＿日至＿＿＿＿年＿＿＿＿月＿＿＿＿日止

本人作为签字人特此声明：

一、上述各项内容及向海关递交的成为此申请表组成部分的有关文件保证无讹，特请准予办理本企业备案登记。本企业及所属进出境车辆和驾驶员保证遵守海关有关法规，并愿承担相应的法律和经济责任。

二、本公司所承运的进出境货物，是受进出口收发货人委托承运的货物，是本企业货物，并愿随时向海关提交：能够反映委托内容的交接单据／能够反映所运载货物真实情况的交接单据。

申请单位（签章）	法定代表人（签名）
＿＿＿年＿＿月＿＿日	＿＿＿年＿＿月＿＿日

海关审核意见	经办关员： ＿＿＿年＿＿月＿＿日	主管科长： ＿＿＿年＿＿月＿＿日

（2）车辆备案

①《来往香港／澳门货运车辆及驾驶员备案登记表》（如表9-15所示）。

表9-15　来往香港／澳门货运车辆及驾驶员备案登记表

企业备案海关编号：　　　　　　　　　　　　　　车辆备案海关编号：

驾驶员基本情况	姓名		性别		籍贯		贴驾驶员照片 规格：大1寸半身、免冠、红底彩色近照		
	身份证号码								
	护照／回乡证号码								
	香港／澳门住址：				电话：				
	内地住址：				电话：		驾驶员进出境／载货登记卡号		

（续表）

车辆基本情况	内地车牌		香港/澳门车牌		车辆类型		车辆识别卡号	
	发动机号						车辆入籍地： 香港（　） 澳门（　） 内地（　）	
	车架号							
	厂牌型号				车身颜色		请在选项括号内打"√"： 运输企业车辆（　） 生产企业车辆（　）	
	车辆吨位/座位		吨/座	车辆自重		千克		
	车属企业						请在选项括号内打"√"： 入线车（　）；企业自有车（　）	
批文情况	批文号		批准车辆进出口岸		皇岗（　）；文锦渡（　）；沙头角（　）；拱北（　）			
	批准车辆行驶路线或范围							
	批准驾驶员为：主驾驶员（　）；后备驾驶员（　）。							
	批文有效期：自____年__月__日至____年__月__日止。							
申请人	经办人（签名） ____年__月__日			车属企业（签章） 法人代表或企业负责人（签名） ____年__月__日				
海关审核意见	经办关员：			海关（签章） 审核日期：____年__月__日				

（请将车辆照片贴在此表背面）

　　②《来往香港/澳门货运车辆海关验车记录表》（如表 9-16 所示）或者海关认可的公安交通车检部门出具的验车报告。

表 9-16 来往香港／澳门货运车辆海关验车记录表

企业备案号：   车辆备案号：

内地车牌		香港／澳门车牌			车辆类型	
厂牌型号		吨位／座位	吨／座		车身颜色	
发动机号		车架号／车身号			自重	

一、按照《海关对来往香港／澳门车辆监管技术条件检测标准》对车辆进行检测。

二、检测并填写下列内容：

车厢厢体内部长（   ）米、宽（   ）米、高（   ）米；

车厢厢体外部长（   ）米、宽（   ）米、高（   ）米；

车辆油缸容量（   ）升，油缸属原车出厂／经过改装（   ）；

车辆加装／未加装卸货尾板（   ）；

车辆加开／未加开侧门（   ）。

（贴车辆照片）

检测结果：合格（   ）；不合格（   ）

检测员：   检测单位（签章）

主管领导：   检测日期：____年__月__日

驾驶员（签名）：   车属单位经办人（签名）

____年__月__日   ____年__月__日

注：1. 检测单位在车辆照片上加盖骑缝章。

  2. 有下列情形之一的需验车：

新办，更换车辆，更换发动机，更换车架，更换车辆号牌，更换商号，更换监管设备，改装车厢、车体，车辆滞留境内超过 3 个月（含此数）复出境，需拖运出境的车辆，车辆年审，其他。

③《粤港澳机动车辆往来及驾驶人驾车批准通知书》（政府主管部门）。

④《机动车辆行驶证》。

⑤符合海关要求的车辆彩色照片 4 张。

⑥其他文件：

a. 在香港／澳门地区办理车辆登记证明文件的进出境车辆，应当同时提交境外有关政府管理机构签发的车辆登记文件；

b. 在内地办理车辆登记证明文件的进出境车辆，应当同时提交《机动车辆登记证书》；

c. 运载危险品的车辆，应当同时提交主管部门的批准文件；

d. 港／澳籍车辆，应当同时提交《来往香港／澳门车辆备案临时进境验车申报表》（如表 9-17 所示）；

e. 生产型企业的自用车辆，应当同时提交《自理报关企业注册登记证书》。

提交第④项和第⑥项 b、c、d 项文件复印件时，还应当同时出示原件正本供海关核对。

表 9-17　来往香港／澳门车辆备案临时进境验车申报表

临时进境车辆海关编号：（贴条形码）

车属单位				车辆进出境批文号	
香港／澳门车牌			内地车牌		
厂牌型号		车辆吨位／座位：（　　）吨／座		车身颜色：	
车辆类型		发动机号			
车架号					
驾驶员姓名		身份证号码			
车辆临时进境有效期：自＿＿年＿月＿日至＿＿年＿月＿日止。					
车辆临时进境原因	请在选项括号内打"√"： 车辆新办（　）；更换车辆（　）；更换发动机（　）；更换车牌号码（　）；更换车架（　）； 补办《签证簿》（　）；补办车辆识别卡（　）；车辆复位（　）；其他（写明具体原因）				
海关备案管理部门： 　　　　　　　　　　　　　　　　　　　经办关员：　　　　（海关签章） 　　　　　　　　　　　　　　　　　　　＿＿＿年＿月＿日					
进境口岸： 经办关员（签章）　　＿＿＿年＿月＿日			出境口岸： 经办关员（签章）　　＿＿＿年＿月＿日		

（续表）

海关备案管理部门单证核销情况：
经办关员 ＿＿＿年__月__日

注：1. 此申报表限三个工作日内进出各一次有效，节假日顺延。

2. 此申报表一式四联，第一联海关备案管理部门留存；第二联由进境口岸海关留存；第三联由出境口岸海关留存；第四联是在出境口岸海关作业完毕后制作关封由司机交回海关备案管理部门核销。

3. 车辆进出境时，请口岸海关在申报表的"进境""出境"栏作业。

4. 临时进境车辆必须从原进境口岸出境。

车属企业经办人

（盖章）：＿＿＿＿＿＿＿＿＿＿＿＿　　（签名）：＿＿＿＿＿＿＿＿＿＿＿＿

（3）驾驶员备案

①《来往香港／澳门货运车辆及驾驶员备案登记表》。

②《粤港澳机动车辆往来及驾驶人驾车批准通知书》（政府主管部门）。

③《机动车辆驾驶员驾驶证》。

④驾驶员《居民身份证》、回乡证或者《护照》。

⑤驾驶员彩色近照2张（规格：大一寸、免冠、红底）。

提交③、④项文件复印件时，还应当同时出示原件正本供海关核对。

8. 办理流程

来往香港、澳门公路货运车辆和驾驶员备案办理流程如图9-36所示。

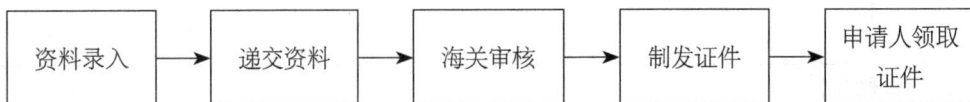

資料录入　→　递交資料　→　海关审核　→　制发证件　→　申请人领取证件

图9-36　来往香港、澳门公路货运车辆和驾驶员备案办理流程

9. 审查标准

（1）申请人是否与权利人一致。

（2）申请材料是否齐全。

（3）申请材料内容是否一致。

3

第三部分

国际货运代理业务

国际货运代理业务服务范围广泛，主要是接受客户的委托，完成货物运输的某一个环节或与此有关的各个环节的任务，除非客户（发货人或收货人）想亲自参与各种运输过程和办理单证手续，否则，国际货运代理可以直接或通过其分支机构及其雇用的某个机构为客户提供各种服务，也可以利用其在海外的代理提供服务。本部分从实际操作的层面来介绍国际货运业务的代理程序、方法、细节。

第十章

国际货运代理

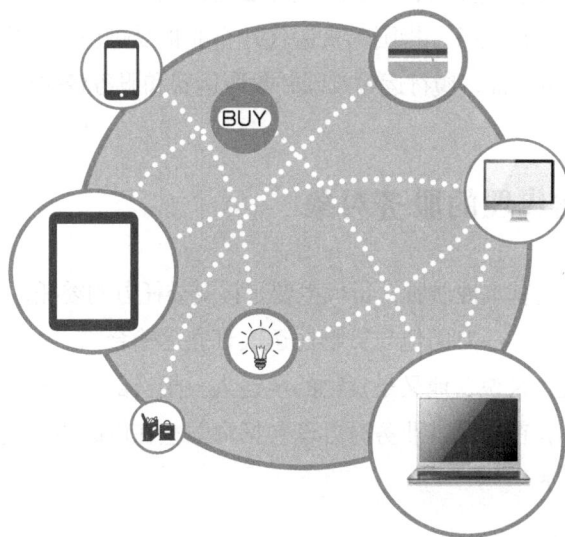

第一节　国际货运代理的服务对象与作用

国际货运代理协会联合会对"货运代理"的定义是：货运代理是根据客户的指示，并为客户的利益而揽取货物的人，其本人并不是承运人。货运代理也可以依这些条件，从事与运送合同有关的活动，如储货、报关、验收、收款。《中华人民共和国国际货运代理业管理规定实施细则》中对货运代理的定义是：国际货物运输代理企业可以作为进出口货物收货人、发货人的代理人，也可作为独立经营人从事国际货代业务。国际货代企业作为代理人从事国际货运代理业务，是指国际货运代理企业接受进出货物收货人、发货人或其代理人的委托，以委托人或自己的名义办理有关业务，来收取代理费或佣金的行为。国际货运代理企业作为独立经营人从事国际货运代理业务，指国际货运代理企业接受进出口货物收货人、发货人或其代理人的委托，签发运输单证，履行运输合同并收取运费和服务费的行为。

一、国际货运代理的服务对象

从国际货运代理人的基本性质看，货代主要是接受委托方的委托，对有关货物进行运输、转运、仓储、装卸等事宜。一方面他与货物托运人订立运输合同，另一方面他又与运输部门签订合同，对货物托运人来说，他又是货物的承运人。相当部分的货物代理人熟悉各种运输工具和储存货物的库场，在经营其业务时办理包括海陆空在内的货物运输。国际货代的服务对象及具体业务如下所示。

（一）为发货人服务

货代代替发货人承担在不同货物运输中的任何一项工作：

（1）以最快最省的运输方式，安排合适的货物包装，选择货物的运输路线；

（2）向客户建议仓储与分拨；

（3）选择可靠、效率高的承运人，并负责缔结运输合同；

（4）安排货物的计重和计量；

（5）办理货物保险；

（6）进行货物的拼装；

（7）装运前或在目的地分拨货物之前把货物存仓；

（8）安排货物到港口的运输，办理海关和有关单证的手续，并把货物交给承运人；

（9）代表托运人／进口商承付运费、关税税收；

（10）办理有关货物运输的任何外汇交易；

（11）从承运人那里取得各种签署的提单，并把它们交给发货人；

（12）通过与国外的代理联系，监督货物运输进程，并使托运人知道货物去向。

（二）为承运人服务

货运代理向承运人及时定舱，议定对发货人、承运人都公平合理的费用，安排适当时间交货，以及以发货人的名义解决和承运人的运费账目等问题。

（三）为航空公司服务

货运代理在空运业中充当航空公司的代理，而在制定规则方面，它被指定为国际航空协会的代理。在这种关系上，它利用航空公司的货运手段为货主服务，并由航空公司给付佣金。同时，作为货运代理，其通过提供空运服务方式，继续为发货人或收货人服务。

（四）为班轮公司服务

货运代理与班轮公司的关系，随业务的不同而不同，由货代提供的拼箱服务，即拼箱货的集运服务已建立了其与班轮公司及其他承运人（如铁路）之间的较为密切的联系。

二、国际货运代理的作用

国际货运代理是根据客户的指示，为客户的利益而揽取货物的人，其本人并非承运人。对于委托人来说，它的作用有如下几点。

（一）组织协调

国际货运代理可以帮助委托人进行运输活动的组织，具体内容有：设计运输路线，选择运输方式和承运人（或者货主），协调货主、承运人以及其与仓储保管人、保险人、银行、港口、机场、车站、堆场经营人和海关、商检、卫检、动植检、进出口管制等相关部门的关系。

（二）专业服务

国际货运代理能够提供货物的承揽、交运、拼装、集运、接卸和交付等服务；办理保险、海关、商检、卫检、动植检、进出口管制等手续；代理委托人支付和收取运费，垫付税金和政府规费。

（三）沟通控制

国际货运代理可以保持货物运输关系人之间、货物运输关系人与其他有关企业和部门之间的有效沟通。

（四）咨询顾问

国际货运代理向委托人提出明确的咨询意见，协助委托人设计、选择适当的处理方案，减少不必要的风险周折和浪费。

（五）降低成本

国际货运代理可以选择货物的最佳运输路线、方式，合适的仓储保管人、装卸作业人和保险人，拿到尽量公平合理的运费。国际货运代理还可以通过集运效应使所有相关的各方受益，从而降低货物运输人的业务成本。

（六）资金融通

国际货运代理代替收货人、发货人支付相关的费用税金等，提前和承运人、仓储保管人、装卸作业人结算有关的费用，凭着信誉和实力向他们提供费用担保等。

第二节　国际货运代理企业

一、国际货运代理企业的类型

国际货运代理企业可以从不同的角度进行分类。以企业的成立背景和经营特点为标准，国际货运代理企业可以分为如表 10-1 所示的几种类型。

表 10-1　国际货运代理企业的类型

序号	类型	说明	特点
1	对外贸易运输类型的国际货运代理企业	这类国际货运代理企业主要是指中国对外贸易运输（集团）总公司及其分公司、子公司、控股公司、合资公司。它以海、陆、空国际货运代理业务为主，集海上运输、航空运输、航空快递、铁路运输、国际多式联运、汽车运输、仓储、船舶经营和管理、船舶租赁、船务代理和综合物流为一体	其特点是以一业为主，多种经营，经营范围较宽，业务网络发达，实力雄厚，人力资源丰富，综合市场竞争能力较强
2	实际承运人类型的国际货运代理企业	这类国际货运代理企业主要是指由公路、铁路、海上、航空运输部门投资或控股的国际货运代理企业，如中国铁路对外服务总公司、中国外轮代理总公司、中远国际货运代理有限公司、中国民航客货运输销售代理公司等	其特点是专业化经营，与实际承运人关系密切，运价优势明显，运输信息灵通，方便货主，在特定的运输方式下市场竞争力较强
3	外工贸类型的国际货运代理企业	这类国际货运代理企业主要是指由各专业外贸公司或大型工贸公司投资或控股的国际货运代理企业，如五矿国际货运公司、中化国际仓储运输公司、中粮国际仓储运输公司、中机国际仓储运输公司、中成国际运输公司、长城国际运输代理有限公司等	其特点是货源相对稳定，处理货物、单据的经验丰富，对某些货物的运输代理竞争优势较强，但多数规模不大，服务功能不够全面，服务网络不够发达
4	仓储、包装类型的国际货运代理企业	这类国际货运代理企业主要是指由仓储、包装企业增加经营范围后的国际货运代理企业，如北京市友谊包装运输公司、天津宏达国际货运代理有限公司、中储国际货运代理公司等	其特点是凭借仓储优势揽取货源，深得货主信任，对于特种物品的运输代理经验丰富，但多数规模较小，服务网点较少，综合服务能力不强
5	港口、航道、机场类型的国际货运代理企业	这类国际货运代理企业主要是指由港口、航道、机场企业投资或控股的国际货运代理企业，如上海集装箱码头有限公司、天津振华国际货运有限公司等	其特点是与港口、机场关系密切，港口、场站作业经验丰富，对集装箱货物运输代理具有竞争优势，人员素质、管理水平较高，但是服务内容较为单一，缺乏服务网络

（续表）

序号	类型	说明	特点
6	境外国际运输、运输代理类型的国际货运代理企业	这类国际货运代理企业主要是指境外国际运输企业、运输代理企业以合资或合作的方式在中国境内设立的外商投资国际货运代理企业	其特点是国际业务网络较为发达，信息化程度、人员素质、管理水平高，服务质量好
7	其他类型的国际货运代理企业	这类国际货运代理企业主要是指由其他投资者投资或控股的国际货运代理企业，如天津大田航空服务代理公司、北京市外国企业服务总公司等	其特点是投资主体多样，经营规模、经营范围不一，人员素质、管理水平和服务质量参差不齐。有的实力雄厚，业务范围广泛，服务网络较为发达，信息化程度、人员素质、管理水平较高，服务质量较好；有的规模较小，服务内容单一，人员素质、管理水平不高，服务质量一般

二、国际货运代理企业的经营范围

根据《中华人民共和国国际货物运输代理业管理规定》及其实施细则，不难看出，我国国际货运代理人的业务范围是相当广泛的。具体到某个国际货运代理人的经营范围，应以其经营许可证上核准的业务范围为准。

根据《中华人民共和国国际货物运输代理业管理规定实施细则》第 22 条规定，国际货运代理企业的经营范围包括：

（1）揽货、订舱（含租船、包机、包舱）、托运、仓储、包装；

（2）货物的监装、监卸、集装箱装拆箱、分拨、中转及相关的短途运输服务；

（3）报关、报检、报验、保险；

（4）缮制签发有关单证，交付运费，结算及交付杂费；

（5）国际展品、私人物品及过境货物运输代理；

（6）国际多式联运、集运（含集装箱拼箱）；

（7）国际快递（不含私人信函）；

（8）咨询及其他国际货运代理业务。

以上业务并不是每个国际货运代理企业都具有的经营范围。由于各个国际货运代理企业的具体情况不同,商务主管部门批准的国际货运代理业务经营范围也有所不同。

三、国际货运代理企业的责任分类

(一)以纯粹代理人的身份出现时的责任划分

货代公司作为代理人,为货主和承运人牵线搭桥,由货主和承运人直接签订运输合同。货代公司收取的是佣金,责任小。当货物发生灭失或损坏的时候,货主可以直接向承运人索赔。

(二)以当事人的身份出现时的责任划分

(1)货代公司以自己的名义与第三人(承运人)签订合同。

(2)在安排储运时使用自己的仓库或者运输工具。

(3)安排运输、拼箱集运时收取差价。

以上这三种情况,对于托运人来说货运代理企业是承运人,应当承担承运人的责任。

(三)以无船承运人的身份出现时的责任划分

当货运代理从事无船承运业务并签发自己的无船承运人提单时,便成了无船承运经营人,其被看作法律上的承运人,此时兼有承运人和托运人的性质。

(四)以多式联运经营人的身份出现时的责任划分

当货运代理负责多式联运并签发提单时便成了多式联运经营人(MTO),被看作法律上的承运人。

1. 联合国《多式联运公约》规定 MTO 对货物灭失或延迟交付的赔偿责任

(1)对于货物灭失或损坏的赔偿限额最多不超过每件或每运输单位 920SDR[①],或每千克不得超过 2.75SDR,以较高者为准。但是国际多式联运如果根据合同不包括海上或内河运输,则 MTO 的赔偿责任按灭失或损坏货物毛重每千克不得超过 8.33SDR 计算单位。

(2)对于货物的迟延交付,规定了 90 天的交货期限,MTO 对迟延交货的赔偿限额为迟延交付货物运费的 2.5 倍,并不能超过合同的全程运费。

---

① SDR即特别提款权(Special Drawing Right),最早发行于1969年,是国际货币基金组织根据会员方认缴的份额分配的,可用于偿还国际货币基金组织债务、弥补会员方之间国际收支逆差的一种账面资产。

2. 我国《海商法》规定 MTO 对货物灭失或迟延交付的赔偿责任

（1）对于货物灭失或损坏：每件或者每个其他运输单位 666.67SDR，或按照灭失或损坏的货物毛重，每千克 2SDR，以两者中较高的为准。

（2）对于迟延交付，我国《海商法》规定货物交付期限为 60 天，MTO 迟延交付的赔偿限额为迟延交付货物的运费数额，但因承运人的故意或者不作为而造成的迟延交付则不享受此限制。

（五）以"混合"身份出现时的责任划分

货运代理从事的业务范围较为广泛，除了作为货运代理代委托人报关、报检、安排运输外，还用自己的雇员，以自己的车辆、船舶、飞机、仓库及装卸工具等来提供服务，或在陆运阶段为承运人，在海运阶段为代理人。对于货运代理的法律地位的确认，不能简单化，而应具体情况具体分析。

（六）以合同条款为准的责任划分

在不同国家的标准交易条件中，都详细订明了货运代理的责任。通常，这些标准交易条件被引用在收货证明或由货运代理签发给托运人的类似单证里。

第三节　国际货运代理的业务内容

国际货运代理在进出口业务中依据服务对象、服务类别、服务方式的不同，其业务活动的具体内容也不同。以服务对象不同为例，国际货运代理企业的业务可分为作为出口货物发货代理人的业务内容，作为进口货物收货代理人的业务内容，作为实际承运代理人的业务内容，作为仓储经营代理人的业务内容和提供专业信息服务中间人的业务内容等。

一、代理承运时的业务内容

（一）作为进口承运人代理人时的业务内容

国际货物运输代理企业作为进口承运人的代理人，其主要业务内容如下：

（1）取得、整理并审核进口货物运输单据；

（2）向收货人或通知人传达货物到站、到港、运抵信息，通知其提货；

（3）填写、缮制进口货物运输单据，办理集装箱、集装器、货物进口申报手续；

（4）通知、协助车站、港口、机场安排卸货作业；

（5）安排集装箱的拆箱，货物的转运、查验、交接；

（6）收取运费、杂费及其他相关费用，办理放货手续；

（7）汇总进口货物运输单据，审核有关费用、费用收取，办理支付、结算手续；

（8）承运人委托的其他事项。

（二）作为出口承运人代理人时的业务内容

国际货物运输代理企业作为出口承运人的代理人，其主要业务内容如下：

（1）办理查询事宜，回复托运人关于陆运车辆班次、海运船舶船期、空运飞机航班、运价、运输条件等相关事宜的查询；

（2）承揽货物，组织货载，接受托运人的包车、租船、包机、订车、订舱要求，与之洽谈，预订车辆、船舶、飞机、舱位，签订运输合同；

（3）安排货物进港事宜，填写、缮制货物入仓、进站、进港、进场单据或集装箱、集装器放行单，安排货物入仓、进站、进港、进场或装箱；

（4）协助承运人或车站、码头、机场进行车辆、船舶、飞机配载，装车、装船、装机；

（5）审核车站、码头、场站汇总的货物清单，缮制货物出口运单、提单等单证，并向海关申报集装箱、集装器、货物情况；

（6）向航次租船的船舶承租人签发滞期或速遣通知；

（7）向托运人签发运单、提单，收取运费、杂费；

（8）办理货物、集装箱的中转手续；

（9）汇总出口货物运输单据，审核有关费用，办理支付、结算手续；

（10）向委托人转交货物运输文件、资料，报告出口货载、用箱、费用情况；

（11）向货物的目的地车站、港口、机场承运人代理传送货物运输文件、资料，传递运输信息；

（12）完成承运人委托的其他事项。

二、代理收货、发货时的业务内容

（一）作为进口货物收货人代理人时的业务内容

国际货物运输代理企业作为进口货物收货人的代理人，其主要业务内容如下。

（1）通信联系。与承运人方面联系，随时查询，及时掌握货物动态和运抵目的地的信息，及时通知收货人；与收货人联系，接收、审核其提供的运输单据，协助准备提货文件，办妥相关手续，做好提货、接货准备。

（2）支付有关费用。根据收货人的指示，向承运人、承运人的代理人及其他有关各方支付运费、杂费；代为支付有关税金和费用。

（3）办理报关报检等手续。根据收货人的指示，办理货物的报关、纳税、结关、报检、报验等手续。

（4）货物接收。办理运输途中货物的接收、查验、仓储和短途运输，以及在目的港（地）货物的提取、接收、拆箱、监卸、查验等手续。

（5）善后处理。向收货人或其指定的其他人交付货物及有关单据；协助收货人处理货运事故等。

（6）收货人委托的其他事项。

（二）作为出口货物发货人代理人时的业务内容

国际货物运输代理企业作为出口货物发货人的代理人，其主要业务内容如下。

（1）安排运输，办理运输手续。根据发货人对货物运输的要求，选择最优运输线路和运输方式以及适当的承运人，安排货物运输、转运；代为填写、缮制货物运输单据，签订运输合同。

（2）办理货物进港、进场。安排货物从发货人处到发货车站、港口或机场的短途运输，办理出运货物的包装、仓储、称重、计量、检尺、标记、刷唛、进站、进港、进场手续；办理出运货物的装箱、拼箱、理货、监装事宜。

（3）办理报关报检等手续。根据发货人的指示，办理货物的报关、报检、报验等手续。

（4）办理货物的运输保险手续。

（5）支付有关费用。根据托运人的指示，向承运人、承运人的代理人、其他有关各方交付结算费、杂费、税金、政府规费等款项。

（6）善后事务处理。记录货物的残损、短缺、灭失情况，搜集有关证据，协助发货人向有关责任方、保险公司索赔。

（7）办理发货人委托办理的其他事项。

三、代理仓储经营时的业务内容

国际货物运输代理企业作为仓储经营人的代理人，其主要业务内容如下。

（1）清点货物数量，检查货物包装和标志，与货主或运输人员办理货物交接手续。

（2）根据货主要求，代为检验货物品质。

（3）根据验收结果，办理货物入库手续。

（4）合理保管货物。第一，根据货物的性质、特点、保管要求，分区、分类按货位编号合理存放、堆码、苦垫。第二，编制保管账卡，定期或根据临时需要进行盘点，做好盘点记录。第三，妥善保管货物，及时保养、维护。第四，根据货主要求，整理货物原件包装，进行零星货物的组配、分装。

（5）办理出库。首先，审核货主填制的提货单或调拨单等出库凭证，登记保管账卡。其次，配货、包装、刷唛，集中到理货场所等待运输。

（6）交付货物。复核货物出货凭证，向货主或承运人交付货物，核销储存货量。

四、代理独立经营时的业务内容

国际货物运输代理企业以缔约承运人、无船承运人、多式联运经营人身份提供货物运输服务，其主要业务内容如下。

（1）交接货物。在货物的起运地或其他地点与托运人或其代理人办理货物的交接手续，签发收货凭证、提单、运单。

（2）联系承运人。确定运输方式、运输路线，与实际承运人、分包承运人签订货物运输合同。

（3）安排货物运输，跟踪监管货物运输过程。必要时，对装载货物的集装箱办理保险，对货物的运输投保承运人责任险。

（4）办理货物转运。通知在货物转运地的代理人，与分包承运人进行联系，申办货物的过境、换装、转运手续，办理相关事宜。如有需要，在货主提出要求时，安排货物的中途停运。

（5）告知信息。定期向发货人、收货人或其代理人发布货物位置、状况信息。

（6）通知收货人或其代理人货物运抵目的地的时间，安排在货物目的地的代理人办理通知提货、交货手续。

（7）费用结算。向货主或其代理人收取、结算运费、杂费。

（8）办理索赔。提供一切必要的单证，协助承运人办理货物的索赔、理赔手续。

五、代理专业信息服务时的业务内容

国际货物运输代理企业以专业顾问身份提供货物运输咨询服务，其主要业务内容如下。

（1）信息提供。向客户提供有关法律、法规、规章、惯例和运输信息。

（2）运输方案咨询。就货物的运输路线、运输方式、运输方案提出意见和建议。

（3）货物包装咨询。就货物的包装、装载形式、方式、方法提出意见和建议。

（4）报关报检咨询。就货物的进出口通关、清关、领事、商品检验、动植物检疫、卫生检验要求提出咨询意见。

（5）运输单证咨询。就货物的运输单证和银行要求提出意见和建议。

（6）保险咨询。就货物的运输保险险种、保险范围提出咨询意见。

（7）索赔咨询。就货物的索赔、理赔提出意见和建议。

（8）客户提出咨询的其他事项。

第四节 国际货运代理的责任

由于各国的法律规定不同，国际货运代理所承担的责任相应地也有很大差异。国际货运代理的责任主要是指国际货运代理作为纯粹代理人和当事人两种情况时的责任。

一、作为纯粹代理人的责任

国际货运代理作为纯粹的代理人，经被代理人授权后，在该授权范围内，以被代理人的名义从事代理行为，所产生的法律后果由被代理人承担，被代理人可直接向负有责任的承运人或其他第三方索赔。但货运代理人对其本人及其雇员的过错需要承担责任，其常见的错误和疏忽主要包括以下几点。

（1）未按指示交付货物。尽管得到指示，办理过程中仍然出现疏忽。

（2）报关有误，运往错误的目的地。

（3）未能按必要的程序取得再出口（进口）货物退税。

（4）未取得收货人的货款而交付货物。

（5）对其经营过程中由于国际货运代理的责任，造成第三人的财产灭失、损坏或人身伤亡承担责任。

二、作为当事人的责任

国际货运代理作为当事人，是指在和客户开展业务的过程中，以自己的名义与实际承运人签订合同，或者出具自己的货运单据给托运人，或者在安排储运时使用自己的仓库或运输工具，并且在运输过程中以收取差价的形式赚取利润。在这种情况下，对托运人来说，国际货运代理通常被视为承运人，应承担承运人的法律责任。货运代理不仅要对其自身和雇员的过失负责，而且对在履行与客户所签合同过程中提供的其他服务的过失负责，包括对客户的责任、对海关的责任和对第三人的责任。

第十一章

国际海运货运代理业务

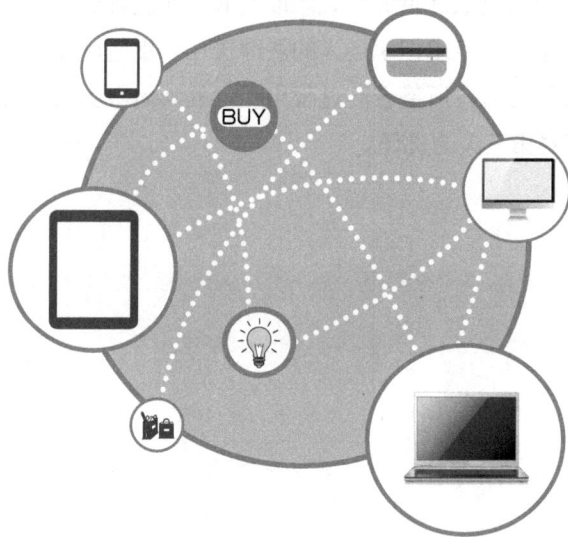

国际海运货运代理是指在合法的授权范围内接受货主的委托并代表货主办理有关海运货物的报关、交接、仓储、调拨、检验、包装、装箱、转运、订舱等业务的人。海运货运代理属于国际货运代理中的一类。

第一节　国际海运货运代理进口业务

国际海运货运代理进口业务是指从承揽和接收货物，安排船舶到国外港口装货，运至国内安排卸货并将货物尽快送交收货人的过程。

一、国际海运货运代理进口业务环节

国际海运货运代理进口业务环节如图 11-1 所示。

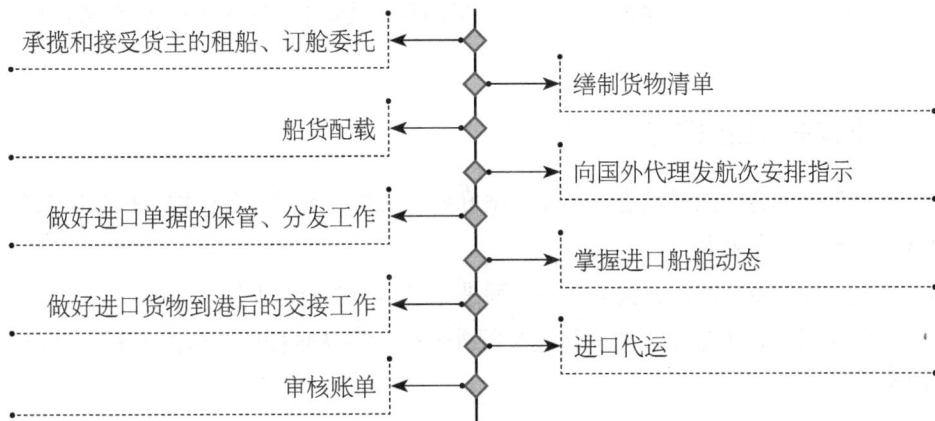

承揽和接受货主的租船、订舱委托

缮制货物清单

船货配载

向国外代理发航次安排指示

做好进口单据的保管、分发工作

掌握进口船舶动态

做好进口货物到港后的交接工作

进口代运

审核账单

图 11-1　国际海运货运代理进口业务环节

国际海运货运代理进口业务环节的工作内容如下。

（一）承揽和接受货主的租船、订舱委托

货运代理必须树立为货主服务的思想，密切联系货主，为货主排忧解难，及时掌握进口货源动向，积极主动承揽和接受有关进口企业成交的进口商品的租船、订舱委托。

（二）缮制货物清单

一般情况下，货主的进口订舱联系单应于交货期前 35 天递交到货运代理手中，货运代理根据订舱委托缮制货物清单并及时寄送有关装港代理，落实货源。

（三）船货配载

货运代理应按照承运商品的性质、规格及其他货主要求向事先谈妥运价、装运、付款和代理佣金等条件的班轮公司订舱，做到合理配船。

（四）向国外代理发航次安排指示

货物配船后，国内货运代理应及时向国外代理发出航次安排指示，督促国外代理压缩船舶在装货港口的时间和合理利用舱容、载重能力，同时通知国内进口公司船名与受载期。

（五）做好进口单据的保管、分发工作

进口货物单据一般分为商务单据和船务单据两种。货运代理有责任做好船务单据的保管和分发工作，有关单据要及时寄送卸港。

（六）掌握进口船舶动态

货运代理应掌握进口船舶动态、船期，做好港口工作，及时、合理地安排进口船舶卸货，尽快把货物交到收货人手中。

（1）货运代理应做好填写运输卡片和填写进口船舶动态表的工作。

（2）安排船货时，不论是国内班轮还是国外班轮均需认真按船、航次填写，以作为船货安排的根据。

（3）运输卡片内容包括船名，船期，各港所配货物的主要货类、数量、实装量，抵离港的时间。

（4）如果有特殊货物（如甲板货、重大件货的危险品货物）均需列明，以便卸港事先做好接货安排。

（七）做好进口货物到港后的交接工作

进口货物到港后，货运代理要负责港口的交接工作。

（1）应履行现场监卸任务，把好进口货物的质量关、数量关，同时必须配合港口的理货人员按票卸货、理货，严禁混卸，已卸货物也应按提单和唛头分别堆垛。

（2）对船边提货和危险品，应根据卸货速度及时与有关方面取得联系，做好衔接工作。

（3）对超大件货，应在货物到港前提供尺码及重量、起吊点、图纸，以便准备接货车辆和驳船，及时疏运。

（4）重点货物，如钢材、机械零件、橡胶，要专人掌握，避免错乱。

（5）货物卸毕后，应下舱检查，防止漏卸，并且应负责港口的报关、报验等工作。

（6）报关后，将海关放行单交收货人提货。

（八）进行进口代运

进口货物卸船报关后，由收货人自行到码头提货的称为自提。

由货运代理办理接交货物，并安排货物转运至收货人指定地点的称为进口代运。

各委托单位可直接向货运代理提出长期或临时委托，签订《海运进口国内接交、代运协议书》。

（九）审核账单

货运代理要替货主把好运费关，认真审核账单（包括装卸费、加班费、垫料费、捆扎费、杂费等）和班轮运费清单，并及时向船东支付运费。

货运代理应注意以下两点：

（1）如果买卖合同订有滞期/速遣条款，应及时向买方提供装卸货事实记录或按协议代表货主与船东结算；

（2）货运代理自己也应编制船舶航次盈亏估算表，填写清楚船舶的滞期/速遣与运费支付情况。

二、海运货运代理进口货物单据

海运货运代理进口货物单据一般分为商务单据和船务单据两种。

（一）商务单据

商务单据是指买卖双方办理货物交接和货款结算时所需的单据，如表 11-1 所示。

表 11-1 商务单据

序号	单据名	说明
1	合同	合同是港口货运代理办理货物进口报关、接交、代运和掌握进口货物索赔的主要依据，发货时要以签订的合同为依据
2	发票	发票是卖方向买方开具的结算货款金额的单据，是港口货运代理制作进口货物明细单和办理报关，以及向船方或保险人索赔时计算货价的依据。对于免费赠送的商品，应出具形式发票（Formal Invoice）
3	提单	提单是由船方签发的，证明已收到或已将所列货物装上船的单据。它既是物权的凭证，又是运输契约的证明
4	装箱单	装箱单是指集装箱货物的明细单，上面详细列明货物的名称、包装形式和件数
5	重量单	重量单详细列明每单货物的重量和总重量，为国内港卸货提供数字依据
6	品质保证书	品质保证书是承诺产品质量的文书
7	保险单	保险单是指国际货物运输的保险凭证

（二）船务单据

船务单据是指承运人在装卸港装卸进口货物时所需的一套单据，包括舱单、提单、货物积载图和租船合同，如图 11-2 所示。

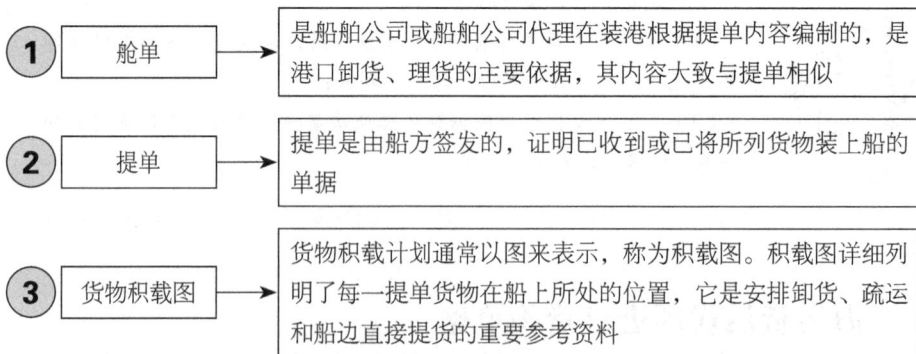

1	舱单	是船舶公司或船舶公司代理在装港根据提单内容编制的，是港口卸货、理货的主要依据，其内容大致与提单相似
2	提单	提单是由船方签发的，证明已收到或已将所列货物装上船的单据
3	货物积载图	货物积载计划通常以图来表示，称为积载图。积载图详细列明了每一提单货物在船上所处的位置，它是安排卸货、疏运和船边直接提货的重要参考资料

图 11-2 船务单据

（4）租船合同 → 租船合同是真正的运输协议，是船舶所有人和承租人之间签订的租船货运协议。它将双方之间就租船问题的权利和义务做出了明确规定，是各方承担责任和行使权利的依据

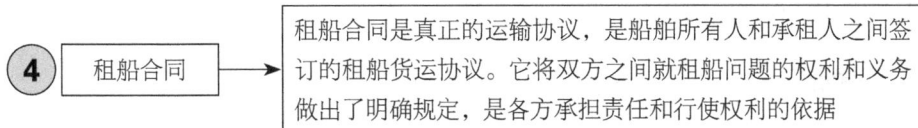

图 11-2 船务单据（续图）

进口货物到卸港之前，货运代理必须取得必要的全部单据。单据来源有银行、国外发货人、装港代理、卸港船舶代理，也有的是进口船舶随船带来的。

第二节 国际海运货运代理出口业务

国际海运货运代理出口业务是指从承揽和接受货物开始，安排货物装船，运至国外目的地，并将货物送交收货人的过程。

一、国际海运货运代理出口业务环节

国际海运货运代理出口业务环节如图 11-3 所示。

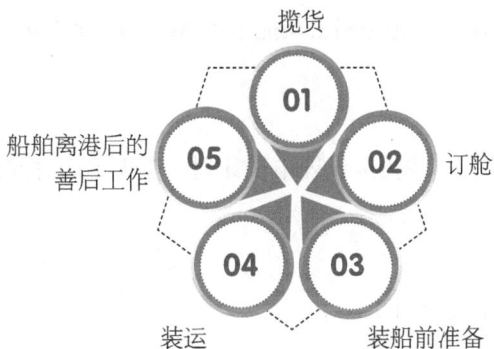

揽货
01

订舱
02

装船前准备
03

装运
04

船舶离港后的善后工作
05

图 11-3 国际海运货运代理出口业务环节

国际海运货运代理出口业务环节业务内容如下。

（一）揽货

在竞争激烈的货代业务中，大多数货代以广告、优质服务等来争取更多的货源，也有的用降低运费或以不同名目的回扣、暗扣等手段来争取货源。大的货运代理与班轮公司和发货人之间都有临时的或长期的代理协议，这样既可以保证班轮公司的利益，又可以保证货物能及时运出。

业务员揽货期间应向询价货主问明一些基本信息，例如，

（1）发货人；

（2）收货人；

（3）通知人；

（4）品名（中英文）；

（5）目的港、中转港；

（6）柜型柜量，超重柜特殊说明（如为特种柜，则需详细的货物尺寸、毛重、体积等，有时还需要更为详细的货物装柜次序及摆放示意图）；

（7）危险品、冷冻货特殊说明；

（8）装运期限（是否有信用证要求）；

（9）配载要求（出船证等）；

（10）货物交运日期以及交运方式；

（11）运费结算方式（预付、到付金额），是否第三地付款；

（12）是否指定船东；

（13）是否要求申请目的港 N 天免柜期；

（14）是签订货代提单（HB/L）还是船公司提单（MB/L），是否第三地签单。

（二）订舱

一般是发货人预先向船舶公司或货运代理申报计划，在规定的时间内向船舶公司或货运代理递交具体的订舱单。

1. 直接与船东订舱

若直接与船东订舱，则应注意以下几点：

（1）船东是否能到货主所述之目的港；

（2）是否可以接超重柜；

（3）是直航船还是中转船，在哪里中转；

（4）几天可到达目的港；

（5）该航次挂靠什么码头；

（6）该航次舱位是否紧张，是否可以保证舱位。

2. 未指定船东

若未指定船东，在必要时（如运价更低廉）可以通过第二家货代进行订舱，但是除注意的几点与船东相同外，还应在订舱前确认以下几个方面：

（1）在出提单时，是否要改托运人（Shipper）或其他资料；

（2）在货主有要求的情况下，是否可以申请 N 天目的港免柜期；

（3）是签订货代提单还是船公司提单；

（4）是否可以保证舱位。

以上仅适用于海运费预付（Freight Prepaid）。

当谈妥运价且货主接受报价后，货代公司应与货主签署出口货物代理委托书即订舱单，业务员此时便可订舱，至文件部门打印一份无格式的托运单，并在上面标注船期、运费、柜型柜量、货主的特殊要求，以及订舱人电话、传真等。

托运单传毕后，便可向船东催传订舱确认。

同时，业务员填写完整的公司业务封皮，并标注清楚各项费用的成本及收费数额、拖车公司、报关行及其电话传真。

（三）装船前准备

在通常情况下，根据订舱委托，船舶公司在指定的时间内将指定船舶开抵指定港口受载。在船舶到港之前，货运代理必须做好如图 11-4 所示的装船准备工作。

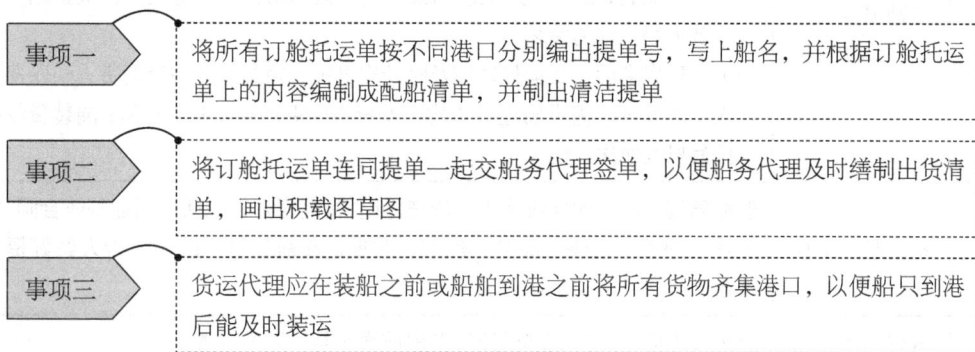

图 11-4　装船前准备工作事项

事项四	货运代理应在装船前凭全套报关单据（包括报关单、出库单或装箱单及所需官方证明，如许可证、商检证、免疫证等），向海关申报，海关审核无误后方可装船
事项五	到港船舶必须适合货物装运，特殊情况下应申请商检部门对船舶进行检查，并出具适合装运的证明

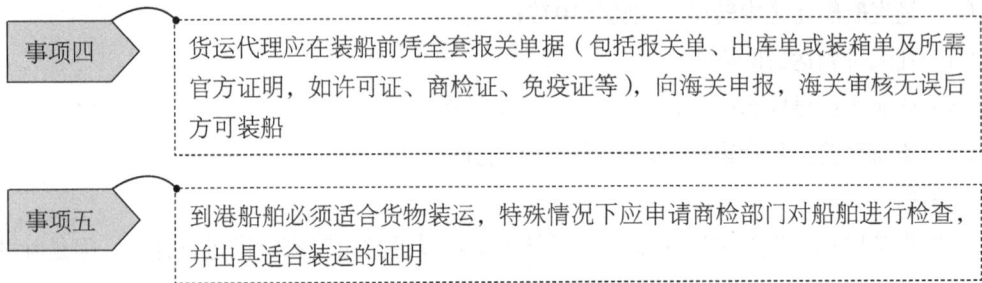

图 11-4　装船前准备工作事项（续图）

（四）装运

货运代理在装船时应派人做好装船现场监装工作，做好现场记录，掌握进度，及时处理意外事故，以便维护货主方利益，保证装船质量。

（五）船舶离港后的善后工作

船舶离港后，货运代理应做好如表 11-2 所示的善后工作。

表 11-2　船舶离港后的善后工作事项

序号	事项	说明
1	发送提单	货运代理凭大副收据到船代理处换取清洁提单，并及时将提单送交发货人，以保证及时结汇
2	处理退关、短装、漏装货物	（1）如果货物没有及时发送或因单证不齐不能报关，则需办理退关。在可以分批的情况下，部分货物已装船，部分货物因缺货或因破损等原因没能装上船，称为短装；在不可分批或用集装箱运输的情况下，整批货物或整箱货物未能装上船，称为漏装 （2）船舶离港后，货运代理应及时开出退关、短装通知书给发货人，以便发货人及时处理。需再出运的货物，发货人应重新补办托单订舱；漏装货物应安排最早的航次补出
3	拍发起运电报	船舶离港后应立即向收货人发出离港电报。电报内容包括信用证号或合同号、毛重、净重、金额、品名、船名、装期、起航日等，以便收货人做好提货准备
4	做好航次小结	货运代理应在船舶离港后及时做出航次小结，以备存查

二、国际海运货运代理出口货物单证

国际海运货运代理出口货物单证主要包括商业单证和官方证明。商业单证主要是指国内运输单据和结汇单据；官方证明主要指出口许可证、商检书、出境危险货物运输包装使用鉴定结果单。

（一）商业单证

商业单证主要指托运单、出口货物明细单、出口货物报关单、提单等。如果是集装箱运输，在完成出口运输业务过程中还要使用装货单、设备交接单、收货单等。

1. 托运单

托运单又称订舱单、订舱申请书，托运人以书面形式做出正式的订舱申请，船舶公司审核无误后，便在托运单上编号，填写承运船名和航次，并加盖印章，以示订舱确认。而后船舶公司或船代将托运单留下，副本退还托运人留底备查。托运单一经船舶公司或船代签章确认，即视为船方已接受这一托运，承托之间的运输合同关系即告建立。

2. 出口货物明细单

出口货物明细单也叫"分析单"，是发货人根据信用证或合同制作的一种单据，有固定格式。

3. 出口货物报关单

出口货物报关单是出口企业向海关申请出口，海关凭证放行的一种重要单据。出口货物报关单由海关统一印制。

> 出口公司或货运代理对报关单上所有项目都要认真、正确无误地填写，各项内容必须与实际货物及交验的单证一致，即单（报关单）、货（实际货物）、证（证明文件）三者相符。

4. 装货单

装货单是托运人办妥货物托运手续的证明，是托运人办妥货物出口手续的证明（又称为"关单"），是船舶公司下达给船长接受货物装船承运的命令（又称为"下货纸"）。

（1）装货单的内容

装货单上除应记载托运人名称、编号、船名、目的港及货物的详细情况等与托运单相同的内容外，还应包括在货物装船后由理货人员填写的货物装船的具体情况。

（2）装货单的流转过程

①托运人将填写完毕的装货联单交回船代。船代审核无误后签章留下留底联，用于缮制其他货运单证；将装货单（第二联）和收货单（第三联）交给托运人。作为托运人已办妥货物托运手续的证明。

签发装货单时，船舶公司或其代理人会按不同港口分别编制装货单号（有可能成为最终的提单号），装货单号不会重复，也不会混港编号。

②托运人凭这两联及其他报关所需资料前往海关办理出口货物报关手续，经海关查验后，在装货单上加盖海关放行章，表示该票货物已允许装船出口。

③托运人凭加盖了海关放行章的装货单要求船长将货物装船。

5. 收货单

收货单是指某一票货物装上船后，由船上大副签署给托运人的，作为证明船方已收到该票货物并已装上船的凭证。所以，收货单又称为"大副收据"。托运人取得了经大副签署的收货单后，即可凭以向船舶公司或其代理人换取已装船提单。

（1）内容

收货单是装货联单的第三联，其格式内容除增加大副签字一栏外，其余与装货单完全一样。

（2）流转程序

货代从报关行拿回装货单、发货单后，在货物装船前将其交给理货组长；当货物全部装上船后，现场理货人员即核对理货计数单的数字，在装货单上签注实装数量、装舱位置、装船日期并签名，再由理货长审查和签名，证明该票货物如数装船无误；然后连同收货单一起送交船上大副，大副审核属实后在收货单上签字，留下装货单；将经大副签字的收货单退给理货长转交给托运人或其代理人。收货单是划分承运人、托运人双方责任的重要依据，也是据以换取已装船提单的凭证。

（3）作用

①是船方已收到该票货物并已装上船的证明。

②是划分承运人、托运人双方责任的重要依据。

③是据以换取已装船提单的凭证。

6. 设备交接单

当集装箱或机械设备在集装箱码头堆场（或货运站）借出或回收时，由码头堆场（或货运站）签发设备交接单，作为设备交接的凭证。

设备交接单的作用如下：

（1）交接单由承运人或其代理人签发给货方，据以向区、站领取或送还重箱或轻箱；

（2）进入码头堆场后，码头堆场的工作人员与用箱人、运箱人就设备交接单上的内容共同进行审核。

（二）官方证明

1. 出口许可证

出口许可证是国家批准某些商品出口的证明文件。各出口单位在出口前必须分商品品种向商务部、商务部驻口岸特派员办事处和各省、市、自治区、计划单列市的经贸厅（委、局）申领出口许可证。凡属于实施许可证管理范围的出口商品，在出口报关时必须附有出口许可证，否则海关不会接受其报关。

2. 商检书

商品检验书（商检书）是商检机构签发的证明商品检验结果的书面文件。在国际贸易中，商检书的作用是作为议付货款的一种单据，如果检验证明中所列项目或检验结果与信用证中的规定不符，有关银行可以拒绝议付货款。作为证明交货的品质、数量、包装及卫生条件等是否符合合同规定的凭证，合同双方可以凭此作为索赔或理赔的依据。我国商品检验部门对进出口商品出具的检验一律称为"检验证书"。

3. 出境危险货物运输包装使用鉴定结果单

出境危险货物运输包装使用鉴定结果单是指对已盛装了危险货物的包装，检验检疫局对其使用方法和适用性做出的鉴定。相关要求为：化工厂根据出口化工品的特性，正确选择包装类型，且选购的空包装必须经包装生产当地的检验检疫部门检验合格（即具有《出境货物运输包装检验结果单》）；化工厂将危险货物灌装或盛装到性能检验合格的空包装后，申请检验检疫部门对整批出运货物包装的使用方法和适用性进行鉴定（简称危包使用鉴定），合格后检验检疫部门出具《出境危险货物运输包装使用鉴定结果单》。

第三节 集装箱货物运输代理业务

一、集装箱货物运输代理业务基本流程

（一）集装箱货物运输出口代理业务流程

集装箱货物运输由于增加了集装箱这一环节，出现了发放和接受空箱和重箱、装箱作业等环节，改变了传统的货物交接方式，制定和采用了适应集装箱作业和交接的单证。

1. 揽货与委托

集装箱货物运输属于班轮运输，对于货运代理人来说，班轮运输是从揽货开始的。揽货又称揽载，是指货运代理人从货主那里争取更多的货源，以期获得最好的经营效益的行为。

发货人根据贸易合同或信用证条款的规定，在货物托运前一定时间内填制出口货运代理委托书委托货运代理人订舱。这就是委托方提出的"要约"，被委托方一经书面确认，意味着"承诺"，双方之间的契约行为成立。因此委托书应有委托单位签字盖章，使之成为有效的法律文件。

2. 订舱配载

货运代理人填制集装箱货物订舱单，向船舶公司或其代理人在其所营运的船舶截单期前办理托运订舱，以得到船舶公司或其代理人的确认。

船舶公司或其代理人审核订舱单，确认无误可以接受订舱后，在装货单（场站收据副本）上签章，表明承运货物的"承诺"，填写船名、航次、提单号，然后留下船代留底和运费通知（一）、（二）共三联，将其余各联退还给货运代理人作为对该批货物订舱的确认，以便其向海关办理货物出口报关手续；而船舶公司或其代理人则在承诺承运货物后，根据集装箱货物订舱单的船代留底联缮制集装箱货物清单，分送集装箱堆场和集装箱港务公司（或集装箱装卸作业区），据以准备空箱的发放和重箱的交接、保管以及装船。

为了利用集装箱运输货物，货运代理需要进行正确的配载。货运代理配载时需要正确掌握货物的有关知识，不仅要选择适合于集装箱的货物，而且也要选择适合于货物的集装箱。因此，货运代理在提取空箱之前应全面考虑，编制好集装箱预配清单，按预配清单的需要提取空箱。

3. 提取空箱

船舶公司或其代理人在接受订舱、承运货物后，即签发集装箱空箱提交单，连同集装箱

设备交接单一并交给托运人或其货运代理人，据以到集装箱堆场或内陆集装箱站提取空箱。而在承运人的集装箱货运站装箱时，则由货运站提取空箱。不论由哪一方提取空箱，都必须事先缮制出场设备交接单。提取空箱时，提取人必须向箱站提交空箱提交单，并在箱站的检查桥或门卫，由双方在集装箱设备交接单上签字交接，并各执一份。

> 提取人在交接时或交接前应对集装箱外部、内部、箱门、附件和清洁状态进行检查。

4. 报验、报关

发货人或其货运代理人依照国家有关法规并根据商品特性，在规定的期限之内填好申报单，向口岸监管检验部门申报检验。经监管检验部门审核或查验，视不同情况分别予以免检放行或经查验、处理后出具有关证书放行。如果托运危险品，还需凭危险品清单、危险品性能说明书、危险品包装证书、危险品装箱说明书、危险品准装申报单等文件向港务监督办理申报手续。

发货人或货运代理人依照国家有关法规，于规定期限内持报关单、场站收据五至七联，商业发票、装箱单、产地证明书等相关单证向海关办理申报手续。根据贸易性质、商品特性和海关有关规定，必要时还需提供出口许可证、核销手册等文件。经海关审核后，根据不同情况分别予以直接放行或查验后出具证书放行，并在场站收据第五联（装货单）上加盖放行章。

5. 货物装箱

货物装箱应根据货运代理的集装箱出口业务员编制的集装箱预配清单，在集装箱货运站或发货人的仓库进行。

（1）整箱货

整箱货由发货人或其货运代理人办理货物出口报关手续后，在海关派员监装下自行负责装箱，施加船舶公司或货运代理集装箱货运站铅封和海关关封。在内陆装箱运输至集装箱码头的整箱货，应由当地海关关封，并应向出境地海关办理转关手续。

（2）拼箱货

拼箱货由货主或其代理人将不足整箱的货物连同事先缮制的场站收据，送交集装箱货运站，集装箱货运站核对由货主或其代理人缮制的场站收据和送交的货物，接收货物后，在场站收据上签收。如果接收货物时，货运站发现货物外表状况有异，则应在场站收据上按实际情况做出批注。集装箱货运站将拼箱货物装箱前，须由货主或其代理人办理货物出口报关手续，并在海关的监督下装箱，同时还应从里到外地按货物装箱的顺序编制装箱单。

6. 交接和签收

港口根据出口集装箱船舶班期，按集装箱货物的装船先后顺序向海上承运人或其代理人发出装船通知，海上承运人应及时通知托运人。托运人或其代理人在收到装船通知后，应于船舶开装前 5 天，将出口集装箱和货物按船舶受载先后顺序运进码头堆场或指定货运站，并于装船前 24 小时截止进港。

无论是由货主自行装箱的整箱货物，还是由货运代理人安排装箱的整箱货物，或者是由承运人以外的集装箱货运站装运的整箱货物，经海关监装并施加海关关封后的重箱，随同装箱单、设备交接单（进场），以及场站收据，通过内陆的公路、铁路或水运送交港口的集装箱堆场，集装箱堆场的检查桥或门卫同送箱人对进场的重箱进行检验后，双方签署设备交接单；集装箱堆场业务人员则在校对集装箱清单、场站收据和装箱单后，接收货物并在场站收据上签字，然后将经过签署的场站收据的装货单、收货单两联留下，场站收据正本退还送箱人，最后将集装箱送入港站堆场等待装船。

7. 换取提单

港站集装箱堆场签发场站收据以后，将装货单联留下作结算费用和今后查询之用，而将大副收据联交理货人员送船上大副留存。货运代理人收到签署后的场站收据正本，到船舶公司或其代理人处，交付预付运费，要求换取提单。船舶公司还要确认场站收据上是否有批注，然后在已编制好的提单上签字。

8. 集装箱装船

集装箱进入港区集装箱堆场后，港务公司根据待装集装箱的流向和装船顺序编制集装箱装船计划，在船舶到港前将待装船的集装箱移至集装箱前方堆场，按顺序堆码于指定的箱位。

集装箱船舶配载应由海上承运人或其代理人负责编制预配图，港口据此编制船舶配载图，并经海上承运人确认。

船舶到港后，港口按集装箱装船计划和船舶配载图，组织按顺序装船，装船完毕后，由外轮理货公司编制船舶积载图。

船舶代理人应于船舶开航前 2 小时向船方提供提单副本、舱单、集装箱装箱单、集装箱清单、集装箱积载图、特殊货物集装箱清单、危险货物说明书等完整的随船单证，并于开航后采用传真、电传、邮寄等方式向卸货港或中转港发出必要的有关资料。

集装箱装船后，货运代理人应及时向买方或其代理人发出装船通知，以便对方准备付款、赎单，办理进口报关和接货手续。

（二）集装箱货物运输进口代理业务流程

1. 接到业务

货运代理接到客户的全套单据[①]后，要查清该进口货物属于哪家船舶公司承运、哪家作为船舶代理、在哪儿可以换到供通关用的提货单。货运代理承接业务时应注意以下事项：

（1）提前与船舶公司或船舶代理部门联系，确定船到港时间、地点，如需转船应确认二程船名；

（2）提前与船舶公司或船舶代理部门确认换单费、押箱费、换单的时间；

（3）提前联系好场站，确认好提箱费、掏箱费、装车费、回空费。

2. 换取提货单和设备交接单

货运代理凭带背书的正本提单（如是电报放货，可带电报放货的传真件与保函）去船舶公司或船舶代理部门换取提货单和设备交接单。货运代理在办理此项业务时应注意以下事项。

（1）背书有两种形式，如果提单上收货人栏显示"To Order"（凭某人指示）则由托运人背书；如果收货人栏显示其真正的收货人，则需收货人背书。

（2）保函是由进口方出具给船舶代理的一份请求放货的书面证明。保函内容包括进口港、目的港、船名、航次、提单号、件重尺及进口方签章。

（3）换单时应仔细核对提单或电放副本与提货单上的集装箱箱号及封号是否一致。

（4）提货单共分五联，白色提货联、蓝色费用账单、红色费用账单、绿色交货记录、浅绿色交货记录。

（5）设备交接单：集装箱设备交接单分进场和出场两种，交接手续均在码头堆场大门口办理。出码头堆场时，码头堆场工作人员与用箱人、运箱人就设备交接单上的以下主要内容共同进行审核：用箱人名称和地址，出堆场时间与目的，集装箱箱号、规格、封志号以及是空箱还是重箱，有关机械设备的情况，正常还是异常等。进码头堆场时，码头堆场的工作人员与用箱人、运箱人就设备交接单上的下列内容共同进行审核：集装箱、机械设备归还日期、具体时间及归还时的外表状况，集装箱、机械设备归还人的名称与地址，进堆场的目的，整箱货交箱货主的名称和地址，拟装船的船次、航线、卸箱港等。

3. 报关

货运代理用换来的提货单一、三联附上报关单据前去报关。

海关放行后，在提货单白联上加盖放行章，发还给进口方作为提货的凭证。除此之外，报关单据还包括正本箱单、正本发票、合同、进口报关单一式两份、正本报关委托协议书、

[①] 全套单据包括带背书的正本提单或电放副本、装箱单、发票、合同。

海关监管条件所涉及的各类证件。

货运代理在办理报关业务时，应注意以下事项。

（1）货运代理接到客户全套单据后，应确认货物的商品编码，然后查阅海关税则，确认进口税率、确认货物的监管条件，如需做各种检验，则应在报关前向有关机构报验。报验所需单据为：报验申请单、正本箱单发票、合同、进口报关单两份。

（2）换单时应催促船舶代理部门及时向海关传送舱单，如有问题货运代理应与海关舱单室取得联系，确认舱单是否转到海关。

（3）当海关要求开箱查验货物时，货运代理应提前与场站取得联系，调配部门将所查货箱调至海关指定的场站（事先应与场站确认好调箱费、掏箱费）。

4. 若是法检商品应办理验货手续

（1）如需商检，货运代理要在报关前，拿进口商检申请单（带公章）和两份报关单办理登记手续，并在报关单上盖商检登记在案章以便通关。验货手续在最终目的地办理。

（2）如需动植检，货运代理也要在报关前拿箱单、发票、合同、报关单去代报验机构申请报验，在报关单上盖章以便通关，验货手续可在通关后堆场进行办理。

5. 办理三检

海关通关放行后，货运代理应去三检大厅办理三检。向大厅内的代理报验机构提供箱单、发票、合同、报关单，由其代理报验。报验后，可在大厅内统一窗口交费，并在白色提货单上盖三检放行章。

6. 交港杂费

三检手续办理后，货运代理要去港池大厅交纳港杂费。

港杂费用结清后，港方将提货联退给提货人供提货用。

7. 通知堆场提货

所有提货手续办妥后，货运代理可通知事先联系好的堆场提货，通知时应注意以下事项：

（1）应向港池调度室取得安排计划；

（2）根据提箱的多少向堆场联系足够的车辆，尽量在港方要求时间内提清，以免产生转栈堆存费用；

（3）提箱过程中应与堆场有关人员共同检查箱体是否有重大残破，如有，要求港方在设备交接单上签残。

8. 掏箱

重箱由堆场提到场地后，货运代理应在免费期内及时掏箱以免产生滞箱。

9. 设备交接并取回押箱费

货物提清后，从场站取回设备交接单证明箱体无残损后，货运代理应去船舶公司或船舶代理部门取回押箱费。

二、整箱货货物运输代理业务基本流程

整箱货物运输（Full Container Load，FCL）是指货方自行将货物装满集装箱以后，以集装箱为单位进行托运。在货主有足够货源装载一个或数个整箱时通常采用这种方式，除有些大的货主自己置备集装箱外，一般都是向承运人或集装箱租赁公司租用一定数量的集装箱。空箱运到工厂或仓库后，在海关人员的监管下，货主把货物装入箱内、加锁、铝封后交承运人并取得场站收据，最后凭收据换取提单或运单。

（一）整箱货出口货运流程

1. 集装箱整箱流转程序

集装箱整箱流转程序如图 11-5 所示。

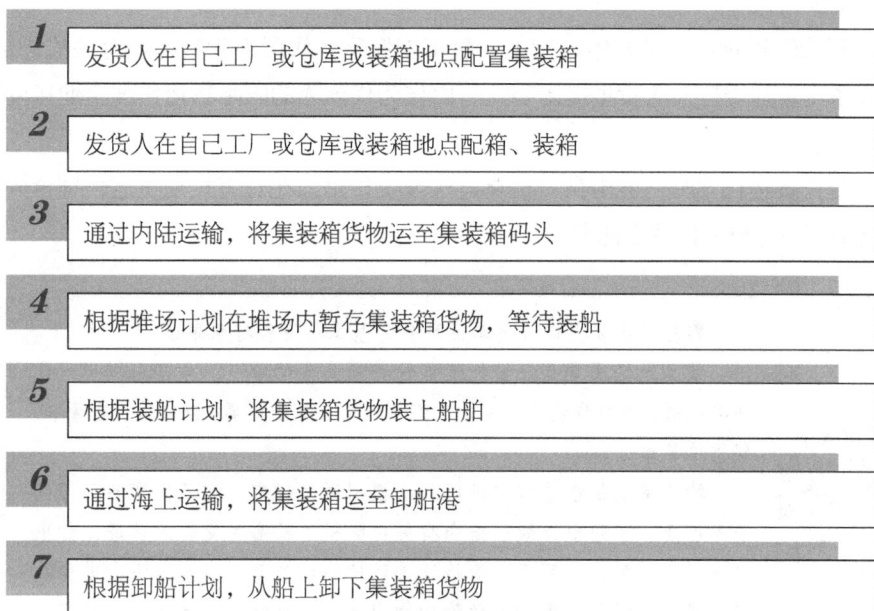

1 发货人在自己工厂或仓库或装箱地点配置集装箱

2 发货人在自己工厂或仓库或装箱地点配箱、装箱

3 通过内陆运输，将集装箱货物运至集装箱码头

4 根据堆场计划在堆场内暂存集装箱货物，等待装船

5 根据装船计划，将集装箱货物装上船舶

6 通过海上运输，将集装箱运至卸船港

7 根据卸船计划，从船上卸下集装箱货物

图 11-5　集装箱整箱流转程序

8	根据堆场计划在堆场内暂存集装箱货物，等待收货人前来提货
9	通过内陆运输，将集装箱货物运至收货人工厂和仓库
10	收货人在自己工厂和仓库等掏箱地点掏箱
11	集装箱空箱回运

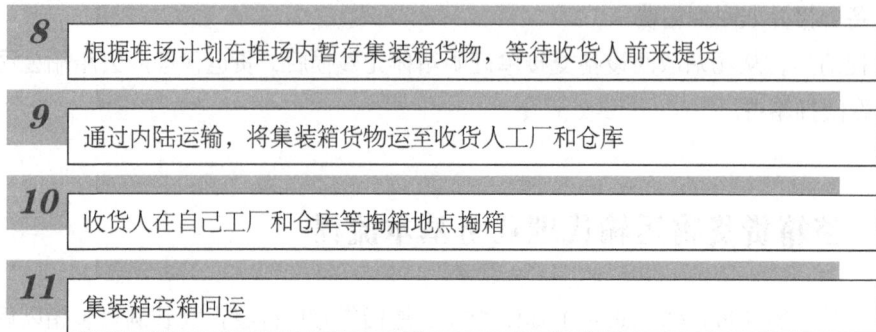

图11-5 集装箱整箱流转程序（续图）

2. 整箱货出口货运代理流程

整箱货出口货运代理流程如图11-6所示。

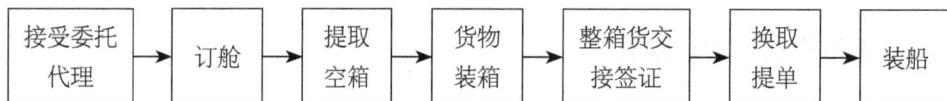

接受委托代理 → 订舱 → 提取空箱 → 货物装箱 → 整箱货交接签证 → 换取提单 → 装船

图11-6 整箱货出口货运代理流程

（1）接受委托代理

在集装箱班轮货物运输过程中，货主一般都委托货运代理人为其办理有关的货运业务。货运代理关系由作为委托人的货主提出委托、由作为代理人的国际货运代理企业接受委托后建立。

在货主委托货运代理时，会出具一份货运代理委托书。在订有长期货运代理合同时，可能会用货物明细表等单证代替委托书。

整箱货主要出口货运单证可分为基本单证和特殊单证。

基本单证通常是每批托运货物都须具备的单证，包括出口货运代理委托书、出口货物报关单、外汇核销单、商业发票、装箱单、重量单、规格单等单证。

特殊单证是在基本单证以外，根据国家规定，按不同商品、不同业务性质、不同出口地区需向有关主管机关及海关交验的单证，如出口许可证、配额许可证、商检证、动植物检疫证、卫生证明、进料加工手册、来料加工手册、危险货物申请书、包装证、品质证、原产地证书等单证。

（2）订舱

货运代理人接受委托后，应根据货主提供的有关贸易合同或信用证条款的规定，在货物出运之前的一定时间内填制订舱单，向船舶公司或其代理人申请订舱。船舶公司或其代理人在决定是否接受发货人的托运申请时，会考虑其航线、船舶、运输要求、港口条件、运输时间等方面能否满足运输的要求。船方一旦接受订舱，就会着手编制定舱清单，然后分送至集装箱码头堆场、集装箱空箱堆场等有关部门，并将据此安排办理空箱及货运交接工等工作。

在订舱时，货运代理人会填制"场站收据"联单、预配清单等单据。

（3）提取空箱

在订舱后，货运代理人应提出使用集装箱的申请，船方会给予安排并发放集装箱设备交接单。凭设备交接单，货运代理人就可以安排提取所需的集装箱。

在整箱货运输时，通常是由货运代理人安排集装箱卡车运输公司到集装箱空箱堆场领取空箱，但也可以由货主自己安排提箱。无论由谁安排提箱，在领取空箱时，提箱人都应于集装箱堆场办理空箱交接手续，并填制设备交接单。

（4）货物装箱

整箱货的装箱工作大多由货运代理人安排进行，并可以在货主的工厂、仓库装箱或是由货主将货物交由货运代理人的集装箱货运站装箱。当然，也可以由货主自己安排货物的装箱工作。

装箱人应根据订舱清单的资料，核对场站收据和货物装箱的情况，填制集装箱货物装箱单。

（5）整箱货交接签证

由货运代理人或发货人自行负责装箱并加封志的整箱货，通过内陆运输到承运人的集装箱堆场，并由码头堆场根据订舱清单，核对场站收据和装箱单接收货物。整箱货出运前也应办妥有关出口手续。

集装箱码头堆场在验收货箱后，即在场站收据上签字，并将签署的场站收据交还给货运代理人或发货人。货运代理人或发货人可以凭已签署的场站收据要求承运人签发提单。

（6）换取提单

货运代理人或发货人凭已签署的场站收据，向负责集装箱运输的人或其代理人换取提单。发货人取得提单后，就可以去银行结汇。

由于集装箱运输方式下承运人的责任早于非集装箱运输方式下承运人的责任，所以理论上在装船前就应签发提单。这种提单是收货待运提单，而收货待运提单在使用传统贸易术语的贸易合同中是不符合要求的。因此，为了满足贸易上的要求，也为了减少操作员程序上的麻烦，实践中的做法是在装船后才签发提单，只有已装船提单才符合使用传统贸易术语的贸易合同的需要。

（7）装船

集装箱码头堆场或集装箱装卸区根据接受待装的货箱情况，制定装船计划，等船靠泊后即可装船。

（二）整箱货进口货运流程

海运进口的货运代理业务是我国货代业务中涉及面最广、线最长、量最大、货种最复杂的货代业务。完整的海运进口业务，从国外接货开始，包括安排装船、安排运输、代办保险，以及货物运到我国港口后的卸货、接运、报检报关、转运等业务。

1. 货运代理人接受委托

货运代理人与货主双方建立的委托关系可以是长期的，也可以是就某一批货物而建立的。在建立了长期代理关系的情况下，委托人往往会把代理人写在合同的一些条款中，这样，国外发货人在履行合约有关运输部分时会直接与代理人联系，从而有助于提高工作效率，避免联系脱节的现象发生。

在货代与货主双方之间订立的协议中，通常应明确以下项目。

（1）委托人和代理人的全称及其注册地址。

（2）代办事项的范围，如是否包括海洋运输，是否包括装运前的拆卸工作、集港运输等，到港后是提单交货还是送货上门等。明确了代办事项范围后，一旦发生意外，就能判明双方责任，也可以避免因双方职责不明而造成的损失。

（3）委托方应该提供的单证及提供的时间。提供的时间应根据该单证需用的时间而定。

（4）服务收费标准及支付时间、支付方法。

（5）委托方和代理人的特别约定。

（6）违约责任条款。

（7）有关费用如海洋运费、杂费及关税等的支付时间。

（8）发生纠纷后，协商不成的解决途径及地点。通常解决纠纷的途径有仲裁或诉讼等，地点可以在双方同意的地点，仲裁一般在契约地，诉讼则可以在契约地，也可以在被告所在地。

（9）协议必须加盖双方公章并经法定代表人签字，这是协议成立的要件。

货主委托货代办理进口货运业务单证包括进口货运代理委托书、进口订舱联系单、提单、发票、装箱单、保险单、进口许可证、机电产品进口登记表，以及包括木箱包装熏蒸证明等在内的其他单证。

2. 卸货地订舱

如果货物以离岸价价格条件成交，货代接受收货人委托后，就负有订舱或租船的责任，并有将船名、装船期通知发货人的义务。特别是在采用特殊集装箱运输时，更应尽早预订舱位。

3. 接运工作

接运工作要及时、迅速，其内容主要包括：

（1）加强内部管理，做好接货准备，及时地告知收货人，汇集单证并与港方联系；

（2）谨慎接卸。

4. 报检报关

根据国家有关法律法规的规定，必须在办理进口货物的验放手续后，收货人才能提取货物。因此，收货人必须及时办理有关报检报关等手续。

5. 监管转运

进口货物入境后，一般在港口报关放行后再进行内陆运输，但经收货人要求，经海关核准也可运往另一设关地点办理海关手续。这类货物称为转关运输货物，属于海关监管货物。

办理转关运输的进境地申报人必须持有海关颁发的《转关登记手册》；承运转关运输货物的承运单位必须是经海关核准的运输企业，持有《转关运输准载证》；监管货物在到达地申报时，必须递交进境地海关转关关封、《转关登记手册》和《转关运输准载证》；申报必须及时，并由海关签发回执，交进境地海关。

6. 提取货物

货运代理人向货主交货有两种情况：一是象征性交货，即以单证交接，货物到港经海关验收，并在提货单上加盖海关放行章，将该提货单交给货主，即为交货完毕；二是实际性交货，即除完成报关放行外，货运代理人还应将货物运输给货主，对于集装箱运输中的整箱货，货运代理人通常还需要负责空箱的还箱工作。在这两种情况下，货运代理人都应做好交货工作的记录。

三、拼箱货货物运输代理业务基本流程

拼箱指货主托运零散或小额数量的货物，由承运人负责装箱的一种方式。承运人接到这种货物后，按性质和目的地进行分类，把性质相同、同一目的地的货物拼装进同一个集装箱进行运输。拼箱货的分类、整理、集中、装箱（拆箱）、交货等工作均在承运人码头集装箱货运站或内陆集装箱转运站进行。

（一）承办集拼业务的货代企业条件与特征

1. 承办集拼业务的货代企业条件

承办集拼业务的货代企业必须具备如下条件：

（1）具有集装箱货运站装箱设施和装箱能力；

（2）与国外卸货港有拆箱分运能力的航运或货运企业建立了代理关系；

（3）政府部门批准其有权从事集拼业务并有权签发自己的提单。

2. 承办集拼业务的货代企业的特征

从事集拼业务的国际货运代理企业由于签发了自己的提单，故通常被货方视为承运人。如果其只是经营海运区段的拼箱业务，则是无船承运人。因此其特征主要有：

（1）不是国际贸易合同的当事人；

（2）在法律上有权订立运输合同；

（3）不拥有、不经营海上运输工具；

（4）因与货主订立运输合同而对货物运输负有责任；

（5）有权签发提单，并受该提单条款约束；

（6）具有双重身份，对货主而言，其是承运人，但对真正运输货物的集装箱班轮公司而言，其又是货物托运人。

（二）拼箱货的基本分类

拼箱可以分为直拼或转拼。

1. 直拼

直拼是指拼箱集装箱内的货物在同一个港口装卸，在货物到达目的港前不拆箱。此类拼箱服务运期短，方便快捷，一般有实力的拼箱公司会提供此类服务。

2. 转拼

转拼是指集装箱内不是同一目的港的货物，需要在中途拆箱卸货或转船。此类货物因目

的港不一、待船时间长，导致运期较长，甚至运费偏高。

（三）拼箱特点

从实际操作看，拼箱货的承运百分之八十以上采取站到站方式，其次是门到门、门到站和站到门方式。这主要是由拼箱货的性质决定的。

（1）拼箱货是不同发货人和收货人货物的集成。

（2）贸易条款和进出口国对各类商品的限制和要求的政策法规不同，有些商品和货物在出口时没有限制规定，但进口国有，一旦发生此类事情，不但会影响该票货物的通关，还会直接影响到同箱运输的其他货物。

（3）同箱运输的数票货物，如果有一票在通关、检验方面发生问题，包括漏检、漏验项目，就会影响拼成的整箱运输，造成时间的延误。

（4）对于拼箱货来说，各种单证、发收货人及目的港、货物的品名、规格、包装、数量、重量、尺码等都不能产生任何误差。如重量，要是每一票都有微量超重，就有可能造成整箱的大幅超重，轻则给集装箱运输造成困难，重则会发生运输事故；再如尺码，如果每一票都有微量超出，那集成的体积可能就会大于集装箱内容积而造成货物装不下甚至甩载，进而影响整个集装箱货物的出运。

（5）从生产地到最后装船启航，贸易商及发货人会不断地检查和核实货物的真实状况，如发现误差，包括主观和客观造成的，都应提出修改单证或调整货物。因此，专业性的拼箱公司的职责，就是在货物装箱前，把货物所有情况都核实清楚，并且还要准确地判断货物到达目的港后可能发生的各种事宜，如有问题要及时和相关方面进行联系，以保证货物的顺利运送。因拼箱涉及货物票数较多，所以像这样的更改会较整箱货物频繁。

（四）集装箱拼箱流转程序

集装箱拼箱流转程序如图 11-7 所示。

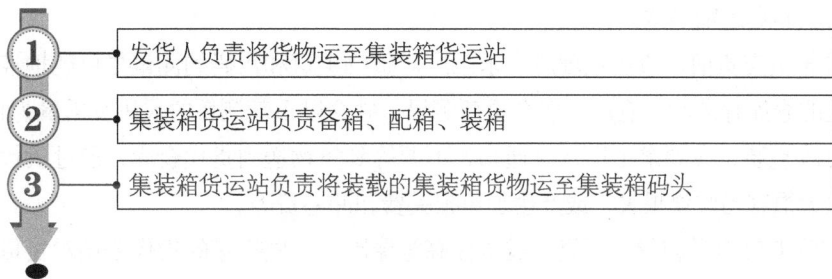

图 11-7　集装箱拼箱流转程序

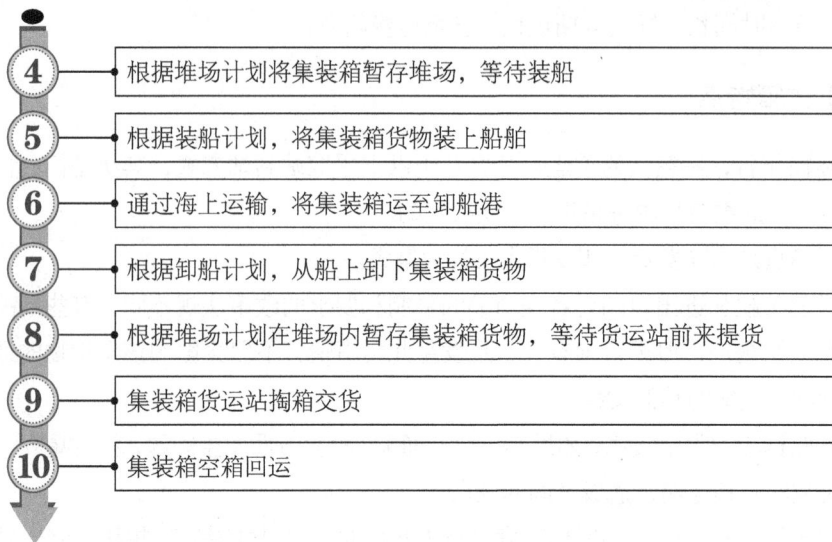

4	根据堆场计划将集装箱暂存堆场，等待装船
5	根据装船计划，将集装箱货物装上船舶
6	通过海上运输，将集装箱运至卸船港
7	根据卸船计划，从船上卸下集装箱货物
8	根据堆场计划在堆场内暂存集装箱货物，等待货运站前来提货
9	集装箱货运站掏箱交货
10	集装箱空箱回运

图 11-7　集装箱拼箱流转程序（续图）

（五）拼箱技巧

集拼业务票数越多，处理难度越大，有时其中一票货的数量发生变更往往牵涉整箱货的出运，所以货运代理人在处理中要加倍审慎。

（1）拼箱货一般不能指定具体船舶公司，船舶公司只接受整箱货物的订舱，而不直接接受拼箱货的订舱，只有通过货运代理（个别实力雄厚的船舶公司通过其物流公司）将拼箱货拼整后才能向船舶公司订舱，几乎所有的拼箱货都是通过货代公司"集中办托，集中分拨"来实现运输的，华东地区的拼箱集散港基本为上海港。一般的货运代理由于货源的局限性，只能集中向几家船舶公司订舱，很少能满足指定船舶公司的需求，因此在成交拼箱货时，尽量不要接受指定船舶公司的条件，以免在办理托运时无法满足要求。

（2）货运代理业务员在与客户洽谈成交时，应特别注意相关运输条款，以免在办理托运时才发现无法满足运输条款。

（3）拼箱货交货前，货运代理应要求工厂对货物重量和尺码的测量尽可能地准确，送货到货代指定的仓库存放时，仓库一般会重新测量，并会以重新测量的尺码及重量为收费标准。如遇工厂更改包装，应要求工厂及时通知，不要等到货物送到货代仓库，通过货代将信息反馈回来，这会很容易耽误报关，或产生加急报关费和冲港费等。

（4）有些港口因拼箱货源不足、成本偏高等原因，专做拼箱的货代公司对货量较少的货物采取最低收费标准，如最低起算为 2 个运费吨[①]，即不足 2 个运费吨，一律按 2 个运费吨计价收费。因此，对货量较小、港口较偏的货物在成交时要考虑到这些因素，以免日后被动。

（5）对于一些航线及港口较偏僻，并且客户提出要交货到内陆点的拼箱货物，成交签约前货运代理业务员最好先咨询，确认有船舶公司及货代公司可以承接办理这些偏僻港口、内陆点交货及相关费用后再签约。

（6）对于涉及知识产权的货物，出口企业应提前填妥"知识产权申报表"，无论有无品牌，也无论是本公司或工厂注册的商标，还是客户定牌，都应事前准备注册商标的资料或客户的授权书；对于货物品种繁多，一票托单中有多种不同类型的商品，制单时应详尽罗列各种货名及货号，不要笼统用一个大类商品编码代替，导致海关不予放行的麻烦。

（六）拼箱货物出口操作流程

（1）托运人与货代业务员洽谈并订舱，货代业务员收到托运人的订单后，注明客户联系资料、运价、出货时间、欲配船期等详细资料及客户其他特别要求等，转交给操作员跟进。

（2）货代操作员收到订单后，先发放托运单安排送货入其指定仓库，托运单上需注明托运单号码、拼箱货结关日期、货物最迟入仓时间及船期资料等基本信息，供托运人参考。

（3）货代操作员根据手上的拼箱货量情况于结关日前向船舶公司 / 船代订舱，注明箱型及所需之船期。

（4）船舶公司 / 船代按货代操作员的订单要求及大船舱位状况相应地发放订舱单。

（5）托运人按货代订舱单要求在规定时间送货入仓，并提供全套报关单证给货代的报关组或指定报关行（如托运人可以自报关则无须此动作）。

（6）货代操作员通知仓库凭订舱单提箱，并制作拼箱作业单指示仓库将相关货物拼装在指定的集装箱拼箱里，然后统一向海关报关出口。一类港口或保税物流中心由仓库拼箱装箱后统一报关装船出运；二类港口有些海关监管仓制度稍有不同，可以由客户自行报关，海关放行后再由仓库统一拼箱装船出运。

（7）拼箱出运后，操作员或单证人员须立即着手和拼箱内所有托运人进行对单、收款等。因为拼箱货一般货物票数较多，相对来说留给操作员或单证人员制单的时间较为有限，特别是近洋线的拼箱，操作员或单证人员往往需要在结关当天就开始核对提单。另外针对到美国、加拿大、墨西哥或欧盟的货载，还需特别注意 24 小时舱单系统 / 美国反恐舱单系统（Automated Manifest System，AMS）、进口安全申报（Importer Security Filing，ISF）、舱单报关单（Entry

---

[①] 运费吨是重量吨和尺码吨的统称。重量吨是按毛重计算，以每公吨、每长吨或每短吨为计算运费的单位；尺码吨是按体积计算，以每立方米为1尺码吨。

Notification of Summary，ENS）等申报时间限制。

（8）货代操作员或单证人员与拼箱内所有托运人确认好所有货代提单后，即可开始与船舶公司核对船公司提单，并按协议运价及时支付船舶公司/船代运杂费。拼箱货虽然票数多、内容杂，但补料过程并不复杂。因为大多数专业提供拼箱服务的货代公司，其操作员系统都有直接汇总船公司提单文件补料的功能。

（9）托运人领取正本货代提单后，备齐其他所需单证如装箱单、发票、产地证等，一起递交银行议付或寄予收货人办理清关提货手续。

（10）拼箱货装船出运后，货代操作员须及时将所有单证资料（所有船公司提单、货代提单、舱单、账单等）等一起以邮件方式传送给国外代理，货代提单或船公司提单需注明是正本还是电放，如运费到付，需注明到付费用及明细。这些单证资料，在近洋线运输中一般是开船当天发送，在远洋线运输中一般是开船三天内发送。

（11）船舶公司/船代与货代操作员确认好船公司提单后，也需及时将货物装船资料发送给目的港船舶公司或代理，指示其办理相关放货事宜。

（12）目的港船舶公司或代理于到货前通知目的港货代分公司或代理提交进口舱单、正本船公司提单（如船公司提单已做电放则无须此动作），结清进口运杂费等。

（13）目的港货代分公司或代理向目的港船舶公司缴费并领取提货单。如货代目的港代理有权自发提货单，船舶公司则于收费后直接放货给货代目的港代理即可。目的港货代分公司或代理自行提箱回自用仓库，并进行拆箱、分货、计数等理货作业。

（14）货代目的港分公司或代理应通知所有收货人或其清关行提交全套正本货代提单（如货代提单已做电放则无须此动作）、缴付进口杂费并发放提货单予其清关提货。

（15）收货人或其清关行向货代目的港分公司或代理提交货代提单、缴费并领取提货单，向海关申报进口。海关放行后收货人自行到货代仓库提货。

第四节　海上货运单证操作业务

一、托运业务单证操作业务

（一）托运单

托运单在有的地方也被称为下货纸，是托运人根据贸易合同和信用证条款内容填制的，向承运人或其代理办理货物托运的单据。承运人根据托运单内容，结合船舶的航线、挂靠港、船期和舱位等条件考虑，认为合适后，即接受托运。

托运单制作应注意如下方面。

（1）目的港。其名称须明确具体，并与信用证描述一致，如有同名港时，须在港口名称后注明国家、地区或州、城市。如信用证规定目的港为选择港，则应是同一航线上的，同一航次挂靠的基本港。

（2）运输编号，即委托书的编号。每个具有进出口权的托运人都有一个托运代号（通常也是商业发票号），以便查核和财务结算。

（3）货物名称。应根据货物的实际名称，用中英文两种文字填写，更重要的是要与信用证所列货名相符。

（4）标记及号码，又称唛头，是为了便于识别货物，防止错发货而标记，通常由型号、收货单位简称、目的港、件数或批号等组成。

（5）重量、尺码。重量的单位为千克，尺码的单位为立方米。

（6）托盘货要分别注明盘的重量、尺码和货物本身的重量、尺码。对超长、超重、超高货物，应提供每一件货物的详细的体积（长、宽、高）以及每一件的重量，以便货运公司计算货物积载因素，安排特殊的装货设备。

（7）运费付款方式。一般有运费预付和运费到付。有的转运货物，一程运输费预付，二程运费到付，要分别注明。

（8）可否转船、分批，以及装期、有效期等均应按信用证或合同要求一一注明。

（9）通知人、收货人等信息按需要决定是否填写。

（10）有关的运输条款、订舱、配载信用证，客户有特殊要求的也要一一列明。

（二）场站收据

场站收据（Dock Receipt，D/R）又称港站收据或码头收据，是国际集装箱运输专用出口货运单证，它是由承运人委托码头堆场、集装箱货运站在收到货物后，签发给托运人的证明已收到托运货物并对货物开始负有责任的凭证。场站收据一般是在托运人口头或书面订舱，与船舶公司或船代达成货物运输的协议，船代确认订舱后由船代交托运人或货代填制，在承运人委托的码头堆场、集装箱货运站收到货物后签发生效，托运人或其代理人可凭场站收据向船代换取已装船或待装船提单。

1.场站收据的作用

场站收据是一份综合性单证，它把货物托运单（订舱单）、装货单（关单）、大副收据、理货单、配舱回单、运费通知等单证汇成一份,这对于提高集装箱货物托运效率和流转速度有很大意义。

一般认为,场站收据的作用有如下几方面:

(1)船舶公司或船代确认订舱并在场站收据上加盖有报关资格的单证章后,将场站收据交给托运人或其代理人,意味着运输合同开始执行;

(2)是出口货运报关的凭证之一;

(3)是承运人已收到托运货物并对货物开始负有责任的证明;

(4)是换取海运提单或联运提单的凭证;

(5)是船舶公司、港口组织装卸、理货、配载的资料;

(6)是运费结算的依据;

(7)如信用证中有规定,可作为向银行结汇的单证。

2. 场站收据的组成

场站收据是集装箱运输中重要的出口单证,其组成格式有多种形式。不同的港、站使用的联数也有所不同,其中有七、十、十二不等。这里以十联单格式为例说明场站收据的组成情况,如表11-3所示。

表11-3　十联场站收据的构成、用途与流转

顺序	名称	颜色	主要用途
1	集装箱货物托运单——货方留底	白色	系托运合同,托运人留存备查,也称为订舱单、订舱申请书
2	集装箱货物托运单——船代留底	白色	系托运合同,据此编制装船清单等
3	运费通知(1)	白色	计算运费
4	运费通知(2)	白色	运费收取通知
5	装货单——场站收据副本(1)	白色	报关单证之一,并作为海关放行的证明,也称为关单、下货纸
5	缴纳出口货物港杂费申请书	白色	港方计算港杂费
6	场站收据副本(2)——大副联	粉红色	报关单证之一,证明货已装船等
7	场站收据	淡黄色	报关单证之一,船代凭此签发提单
8	货代留底	白色	缮制货物流向单
9	配舱回单(1)	白色	货代缮制提单等
10	配舱回单(2)	白色	根据回单批注修改提单

3. 流转程序

在集装箱货物出口托运过程中，场站收据要在多个机构和部门之间流转。在流转过程中会涉及托运人、货代、船代、海关、堆场、理货公司、船长或大副等。现以十联单为例说明场站收据的流转过程及程序，如图 11-8 所示。

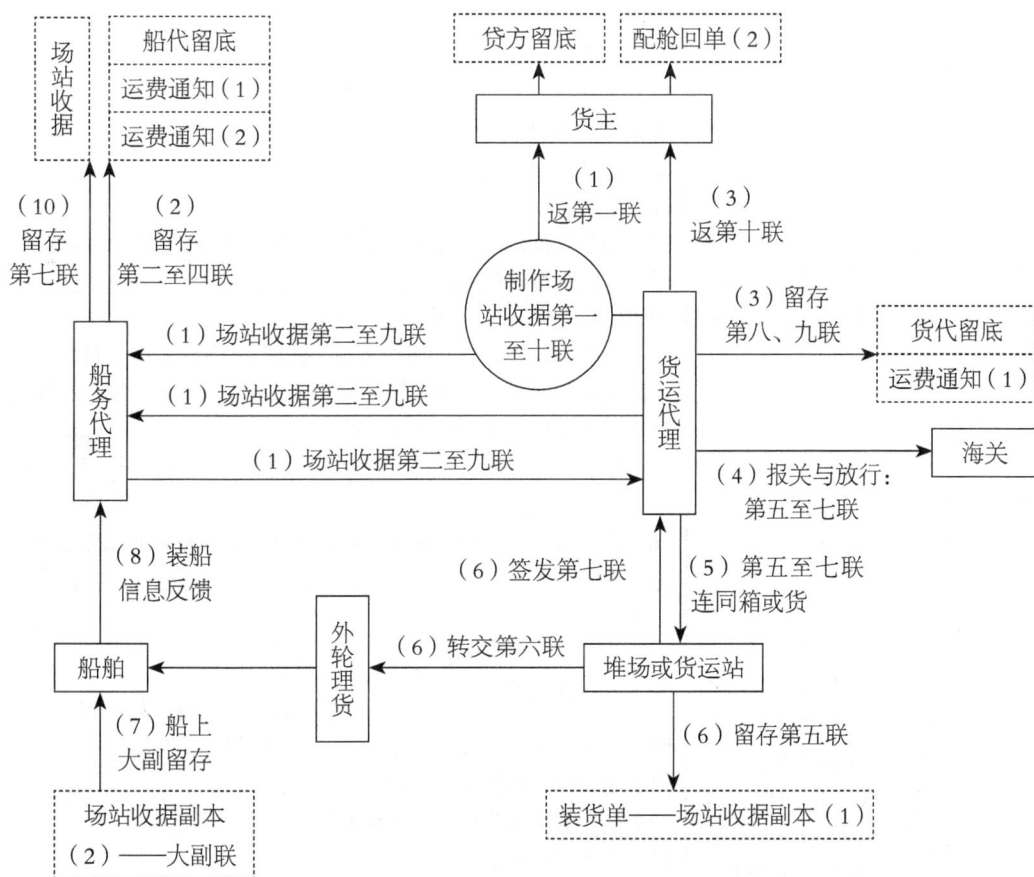

图 11-8　场站收据流转示意图

场站收据流转说明如表 11-4 所示。

表 11-4　场站收据流转说明

步骤	说明	备注
第一步	发货人或代理填制场站收据一式十联，留下第一联（货方留底联），将其余九联送船代订舱	发货人或代理填制场站收据时应注意： （1）"场站收据"各栏目由托运人用电脑或打字机填制以求清晰。托运人应正确完整地填写场站收据的各项目，尤其是下列栏目的内容： ① 货物装卸港、交接地 ② 运输条款、运输方式、运输要求 ③ 货物详细情况，如种类、唛头、性质、包装、标志等 ④ 装船期，能否分批出运 ⑤ 所需箱子、规格、种类、数量等 （2）场站收据的收货方式和交货方式应根据运输条款如实填写，同一单内不得出现两种收货方式或交货方式 （3）冷藏货出运应正确填写冷藏温度 （4）危险品出运应正确填报类别、性能、《国际危规》页数和联合国编号。如《国际危规》规定主标以外还有副标，则在性能项目栏用"主标 / 副标"方式填报 （5）第二、三、四联和第八、九、十联右下角空白栏供托运人备注用 （6）托运人对场站收据进行内容变更时，必须及时通知变更时已办好手续的有关各方，并在 24 小时内出具书面通知，办理变更手续
第二步	船代接受场站收据第二至十联，经编号后自留第二联（船代留底联）、第三联、第四联，并在第五联上盖章确认订舱，然后退回发货人或代理第五至十联	船代订舱签单时，应将场站收据编号用打字机打上，在第五联上盖章签单时应仔细核对托运人所填项目是否完整，如有问题应及时联系托运人或其货运代理。应注意的栏目主要有： （1）是否指定船舶公司、船名 （2）是否规定货物运抵日期或期限 （3）有无特殊运输要求 （4）对发货人提出的运输要求能否做到 （5）是否应收订舱押金
第三步	发货人或货代将第五至十联送海关报关，海关核对无误后在第五联上盖章放行	（1）托运人或代理的出口货物一般要求在装箱前 24 小时向海关申报，海关在场站收据上加盖放行章后方可装箱，必须经海关同意并在装船前 24 小时将海关盖章的场站收据送交收货的场站业务员 （2）发货人或承运人应切记，未经海关放行的货物不能装箱出运，一旦发现以走私论处

（续表）

步骤	说明	备注
第四步	海关在第五联盖章放行后，自留第九联，将其余联（第五至八联及第十联）退回发货人或代理	无
第五步	发货人或代理负责将箱号、封志号、件数等填入第五至七联，并将货物连同第五至八联、第十联在规定时间一并送交堆场或集装箱货运站	场站收据中出口重箱的箱号允许装箱后由货代或装箱单位正确填写，海关验放时允许无箱号，但进场完毕时必须正确填写所有箱号、封志号和箱数
第六步	堆场或集装箱货运站在接收货物时进行单、货核对。如果无误，则在第七联（场站收据正本）上填入实收箱数、进场完毕日期并加盖场站公章签收，然后退回发货人。堆场或集装箱货运站自留第五联	各承运人委托场站签发场站收据必须有书面协议，各场站与承运人签订委托协议后签发的场站收据可以向船代换取提单，已签出场站收据的集装箱货物在装船前的风险和责任由船舶公司承担。如采用集装箱堆场交接条款，货主对箱内货物的准确性负责；采用集装箱货运站交接条款，装箱单位对货物负责。注意事项有： （1）第五联上是否有海关放行章。没有海关放行，不得签发场站收据，并不得安排集装箱装船 （2）进堆场或集装箱货运站的货物与单证记载内容是否相符 （3）进堆场的箱号、关封号是否与单证记载相符 （4）一起送交的单证，其内容是否单单相符 （5）货箱未进堆场或集装箱货运站则不能签收 （6）船舶公司是否已给舱位 （7）堆场内一旦发生倒箱，新箱号是否报海关 （8）一批货分批进堆场，最后一批进场完毕后签发场站收据 （9）拼箱货物以箱为单位，一票一单签发场站收据
第七步	发货人凭签收的第七联去船代处换取待装船提单，或在装船后换取已装船提单	（1）注意事项 ① 货物是否已经实际装上船舶 ② 货物是否在装运期内装船出运场 ③ 如货物是预付运费，该运费是否已经支付 ④ 提单记载内容是否与装箱单、商检证、发票、信用证一致 ⑤ 场站收据上运输条款与提单记载内容是否一致 ⑥ 场站收据上对货物有无批注 ⑦ 货运代理人是否已经签发货代提单 ⑧ 签发几份正本提单

（续表）

步骤	说明	备注
第七步	发货人凭签收的第七联去船代处换取待装船提单，或在装船后换取已装船提单	（2）船代在货箱装船后，应核对单据与集装箱装船的情况是否一致。如不一致，应迅速与港方和理货方联系，避免出现差错。船代应凭场站收据正本立即签发待装船提单。在船舶开航后24小时内，船代应核对并签发已装船提单
第八步	货物装船时，堆场将第六、八、十联送货代，货代于货物实际装船后在第八联上签收并自留	无
第九步	等货箱全部装上船舶，货代将第六联和第十联交船方留存。第十联也可供有关方使用	（1）堆场业务员必须在装船前24小时内将场站收据第六联分批送理货人员，最后一批不得迟于开装前4小时。在港区的理货人员收齐港区场站业务员送来的场站收据（大副联）后，在装船时将装船集装箱与单据核对无误后交大副 （2）理货人员根据交接条款在承运人指定的场站和船边理箱，并在有关单证上加批注，提供理货报告和理箱单。如有变更应及时更正场站收据，并在船舶开航后24小时内通知船代。船舶开航后24小时内，理货人员应将装船集装理箱单交给船代 （3）港区堆场业务员在船舶开航后立即将已签场站收据而未装上船舶的出口箱信息通知船代，并在24小时内开出工作联系单。港区场站受船舶公司委托签发场站收据，应对由于其工作中的过失而造成的后果负责

（三）大副收据

大副收据又称收货单，是船舶收到货物的收据及货物已经装船的凭证。

大副收据的内容和格式与装货单相同，只是在最后有"大副签字"一栏。

根据《海牙规则》，承运人对货物所负的责任是从货物装上船后才开始的。所以，为了明确船货双方责任，在货物装船时，大副应将货物的实际情况与装货单上的记载内容进行仔细核对、校正，然后签发大副收据。

大副签署收货单有以下四个作用。

（1）证明货物已经装上船。

（2）承运人已经收到货物，并开始负责。

（3）托运人凭收货单换取提单。

（4）大副在签署收货单时，会认真检查装船货物的外表状况、货物标志、货物数量等情况。如果货物外表状况不良，标志不清，货物有水渍、油渍或污渍等状况，数量短缺，货物损坏时，大副就会将这些情况记载在收货单上。这种在收货单上记载有关货物外表状况不良或有缺陷的情况称为"批注"（Remark），习惯上称为"大副批注"。有大副批注的收货单称为"不清洁收货单"（Foul Receipt）；无大副批注的收货单则为"清洁收货单"（Clean Receipt）。凭清洁收货单换取清洁提单，不清洁收货单换取的是不清洁提单。因此，收货单是记载货物交接状况最早的证明。

（四）装货单

装货单是接受了托运人提出装运申请的船舶公司，签发给托运人，凭以命令船长将承运的货物装船的单据。装货单既可作为装船依据，又是货主凭以向海关办理出口申报手续的主要单据之一。

> 由于上述三份单据的主要项目基本一致，故我国一些主要港口的做法是将它们制成联单，一次制单，这样既可减少工作量，又可减少差错。

（五）其他托运单证

1. 装货清单

装货清单是承运人根据装货单留底，将全船待装货物按目的港和货物性质归类，依航次、靠港顺序排列编制的装货单汇总清单，是船上大副编制配载计划的主要依据，又是供现场理货人员进行理货，港方安排驳运、进出库场以及承运人掌握情况的业务单据。

2. 舱单

舱单是指进出境船舶、航空器、铁路列车、公路车辆等运输工具负责人或其代理人向海关递交或传输的真实、准确反映运输工具所载货物、物品情况的纸质载货清单或电子数据。

在对外贸易中它是向海关报关时必须交验的单据之一。

3. 运费舱单

运费舱单又称载货／运费清单，是船舶所装货物及收取运费的汇总单据。该单可分三步制作：在货物进栈前，船务代理根据托运单或装货单留底填制此清单的第一部分，内容同舱单。

若是危险品，则还需制作危险品清单。这时该清单的第二部分需要在开船前准备完毕，即根据托运人送来的提单填上收货人名称、地址。此种舱单由船长随船代交卸货港代理人，作为进口舱单，向海关申报进口，并联系安排泊位及卸货。开船以后，船务代理即可计算运费，填制最后的运费部分。这时该清单成为向托运单位计收（预收）运费和向承运人结算运费的依据，起到了运费清单的作用。

4. 货物积载图

货物积载图又称"船舶积载图"，是指按规定格式详细地表示船舶航次积载意图或实际积载状况的一种简化船图。如对于杂货船，货物积载图中应将装货清单所列的每一票货物的装货单号码、货物名称、件数、重量、堆放位置、装卸港名称以及装卸中的注意事项等完整地表示出来。

5. 理货单证

理货单证是指理货公司在理货业务中使用和出具的凭证。理货单证是船舶载运货物在港口交接时的数量和状态的实际情况的原始记录，因此具有凭证和证据的性质。理货单证的内容如表11-5所示。

表11-5　理货单证

序号	单证名称	说明
1	理货委托书	理货委托书是委托人委托理货机构办理理货业务的书面凭证
2	计数单	计数单是理货人员理货计数的原始记录。它是判断卸船货物数字是否溢短装，装船货物数字是否正确的唯一依据。船方对计数单非常重视，在理货过程中，要经常检查理货人员的计数单是否准确
3	现场记录	现场记录是理货人员记载货物异常情况和现场情况的原始凭证。发现进口货物在船上有原残、混装、隔票不清等情况时，均应编制现场记录
4	日报单	日报单是理货组长向船方报告各舱货物装卸进度的单证。进出口货物不能合制一张日报单。日报单上的货物吨数为参考数，货物件数是准确数，它根据当班的计数单填写
5	货物溢短单	货物溢短单是记载进口货物件数溢出或短少的证明。它由理货组长累计计数单，对照进口舱单编制。货物溢短单的编制关系到船方的经济利益，必须经大副或船长签字
6	货物残损单	货物残损单是记载进口货物原残情况的证明。它由理货组长根据现场记录汇总编制。货物溢短单经大副或船长签字

（续表）

序号	单证名称	说明
7	分港卸货单	分港卸货单是记载两港分卸的同一票货物在第一卸货港卸货件数的证明，由理货人员编制，作为第二卸货港理货的依据
8	货物分舱单	货物分舱单是分港分舱记载每票货物装舱部位的清单，一个卸货港编制一份，由理货组长根据装货单编制
9	货物积载图	货物积载图是出口货物实际装舱部位的示意图，由理货组长根据装船过程中的变化，随时修改货物配载图绘制而成

二、箱管业务单证操作业务

箱管业务中的单证主要是设备交接单。

（一）集装箱设备交接单的类别

集装箱设备交接单分出场和进场两种，交接手续均在码头堆场大门口办理。

1.出场

出码头堆场时，码头堆场工作人员与用箱人、运箱人对设备交接单上的以下主要内容共同进行审核：

（1）用箱人名称和地址；

（2）出堆场时间与目的；

（3）集装箱箱号、规格、封志号；

（4）是空箱还是重箱；

（5）有关机械设备的情况，是正常还是异常等。

2.进场

进码头堆场时，码头堆场的工作人员与用箱人、运箱人对设备交接单上的下列内容共同进行审核：

（1）集装箱、机械设备归还日期、具体时间；

（2）归还时的外表状况；

（3）集装箱、机械设备归还人的名称与地址；

（4）进堆场的目的；

（5）整箱货交箱货主的名称和地址；

（6）拟装船的船次、航线、卸箱港等。

（二）设备交接单流转过程

设备交接单流转过程如图11-9所示。

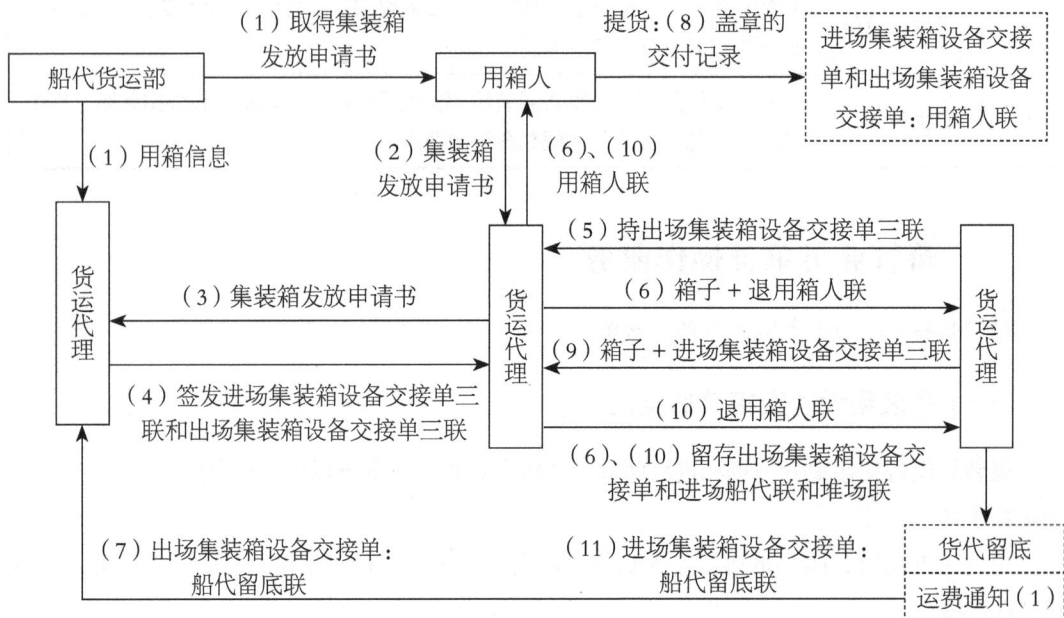

图 11-9　进场和出场设备交接单流转过程

货运代理在代表货主办理集装箱空重箱的交接时，应遵循船代有关集装箱管理的流程（参见图11-10、图11-11）。

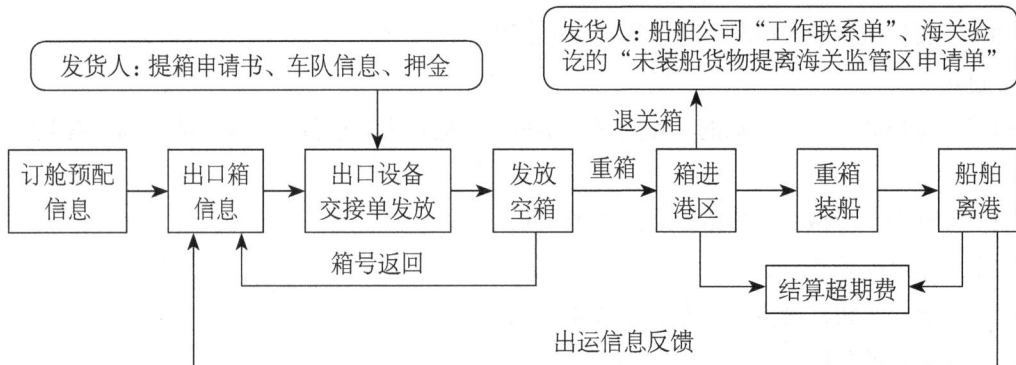

图 11-10　船代箱管出口管理流程

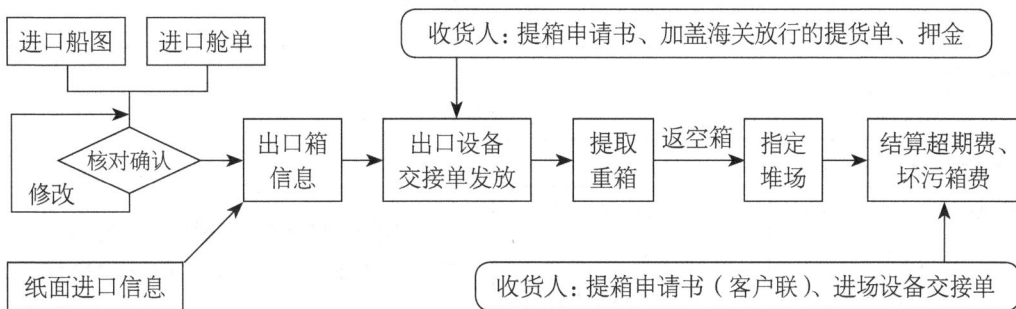

图 11-11　船代箱管进口管理流程

三、班轮提单与海运单操作实务

（一）提单

1. 提单的含义与功能

提单通常是由托运人或其代理填写而由承运人或其代理签发的，证明海上运输合同存在的主要凭证。

基于定义，提单具有合同证明、货物收据和物权凭证三大功能。

（1）提单是海上货物运输合同的证明。

（2）提单是证明承运人已接管货物和货物已装船的货物收据。

（3）提单是承运人保证凭此交付货物的物权凭证。

2. 提单的分类

常见的提单有两大类：一类是租船运输下使用的提单，称为租船提单；另一类是班轮运输下使用的提单，一般称为班轮提单。

3. 提单的内容

提单（如表 11-6 所示）的内容分为固定部分和可变部分。固定部分包括海运提单背面的运输契约以及提单正面承运人或代理人印就的文字说明，这部分一般不做更改。可变部分主要包括船名、装运港、件数、重量、体积等内容。这些内容根据运输的货物、运输时间、托运人及收货人的不同而变化。

表 11-6　单证示例：提单

SHIPPER（1）		B/L NO.（10）
CONSIGNEE（2）		CARRIER:
NOTIFY PARTY（3）		C O S C O
PLACE OF RECEIPT （4）	OCEAN VESSEL （5）	中国远洋运输（集团）总公司 CHINA OCEAN SHIPPING（GROUP）CO.
VOYAGE NO. （6）	PORT OF LOADING （7）	ORIGINAL Combined Transport BILL OF LADING
PORT OF DISCHARGE （8）	PLACE OF DELIVERY （9）	
MARKS （11）	NOS.& KINDS OF PKGS. （12）	DESCRIPTION OF GOODS （13）	G.W.（kg） （14）	MEAS（m³） （15）
TOTAL NUMBER OF CONTAINERS OR PACKAGES（IN WORDS）（16）				

FREIGHT & CHARGES （17）	REVENUE TONS	RATE	PER	PREPAID	COLLECT
PREPAID AT	PAYABLE AT		PLACE AND DATE OF ISSUE （18）		
TOTAL PREPAID	NUMBER OF ORIGINAL B（S）L （19）		SIGNED FOR AND ON BEHALF OF THE CARRIER （21）		
LOADING ON BOARD THE VESSEL					
DATE （20）	BY				

海运提单的缮制方法表述如下。

（1）SHIPPER（托运人）：本栏通常填写信用证的受益人，即买卖合同中的卖方。只要信用证无相反规定，银行也接受以信用证受益人以外的第三方为发货人。

（2）CONSIGNEE（收货人）：这是提单中比较重要的一栏，应严格按照信用证规定填制。提单收货人按信用证的规定一般有三种填法，即记名抬头、不记名抬头和指示性抬头。

（3）NOTIFY PARTY（通知人）：本栏填写要与信用证的规定一致。

（4）PLACE OF RECEIPT（收货地）：本栏填写船舶公司或承运人的实际收货地点，如工厂、仓库等。在一般海运提单中没有此栏，但在多式联运提单中有此栏。

（5）OCEAN VESSEL（船名）：本栏按配单回单上的船名填写。若货物需转运，则填写第二程船名。

（6）VOYAGE NO.（航次）：本栏按配单回单上的航次填写。若货物需转运，则填写第二程航次号。

（7）PORT OF LOADING（装货港）：本栏要填写实际的装货港口。如有转运，填中转港名称；如无转运，填装运港名称。

（8）PORT OF DISCHARGE（卸货港）：本栏填写货物实际卸下的港口名称。如果货物转运，可在目的港之后加注"With Transshipment at…"。

（9）PLACE OF DELIVERY（交货地）：本栏填写最终目的地名称。如果货物的目的地就是目的港，则此栏空白。

（10）B/LNO.（提单号码）：本栏按配舱回单上的场站收据号码填写。

（11）MARKS（唛头）：本栏须同商业发票上的一致。如果信用证没有规定唛头，则此栏可填"N/M"。

（12）NOS. & KINDS OF PKGS（货物包装及件数）：本栏按货物装船的实际情况填写总外包装件数。

（13）DESCRIPTION OF GOODS（货物名称）：本栏填写货物的名称即可。按照"UCP 600"[①]的规定，除商业发票外，在其他一切单据中，货物的描述可使用统称即主要的商品名称，不需要详细列出商品规格，但不能与信用证中货物的描述抵触。

（14）GROSS WEIGHT（货物的毛重）：本栏填写货物的毛重，须同装箱单上货物的总毛重一致。如果货物是裸装，没有毛重，只有净重，则在净重前加注"N.W"。本栏一般以千克为计量单位，保留两位小数。

（15）MEASUREMENT（尺码）：本栏填写货物的体积，须同装箱单上货物的总尺码一致。本栏一般以立方米为计量单位，保留三位小数。

（16）TOTAL NUMBER OF CONTAINER AND /OR PACKAGES（IN WORDS）（货物总包装件数的大写）：本栏目填写货物总包装件数的英文大写，应与12栏一致。

（17）FREIGHT AND CHARGES（运费条款）：除非信用证有特别要求，一般的海运提单都不填写运费的数额，只是表明"Freight Prepaid"（运费预付）或"Freight to Collect"（运费到付），并且要与所用的贸易术语相一致。

（18）PLACE AND DATE OF ISSUE（提单的签发地点和签发日期）：一般为承运人实际装运的地点和时间。

---

① "UCP 600"即《跟单信用证统一惯例》（Uniform Customs and Practice for Documentary Credits），国际商会第600号出版物，适用于所有在正文中标明按本惯例办理的跟单信用证。

（19）NUMBER OF ORIGINAl B（S）/L（正本提单份数）：本栏显示的是船舶公司为承运此批货物所开具的正本提单的份数，一般是 1～3 份，并用 One、Two、Three 等表示。如信用证对提单正本份数有规定，则应与信用证规定一致。比如，信用证规定"3/3 Marine bills of lading…"，即表明船舶公司为信用证项下的货物开立的正本提单必须是三份，且三份正本提单都要提交银行作为单据。

（20）LOADING ON BOARD THE VESSEL DATE，BY（已装船批注、装船日期、装运日期）：根据"UCP 600"规定，如果提单上没有预先印就"Shipped on board"（已装船）字样，则必须在提单上加注装船批注。在实际业务中，提单上一般都预先印就"Shipped on board"字样，这种提单称为"已装船提单"，不必另行加注"已装船"批注。提单的日期就是装船完毕的日期或装运完毕的日期。

（21）SIGNED FOR AND ON BEHALF OF THE CARRIER（承运人或其代理人签字、盖章）：根据"UCP 600"规定，提单必须由四类人员签署证实，即承运人或承运人的具名代理人或船长或船长的具名代理人。

承运人或船长的任何签字或证实必须表明"承运人"或"船长"的身份。代理人代表承运人或船长签字或证实时，也必须表明代表的委托人的名称或身份，即注明代理人是代表承运人或船长签字或证实的。

提单必须由承运人、船长或代表他们的具名代理人签发或证实，其表示方式见表 11-7。

表 11-7　海运提单签发方式

提单的签发人	表示方式
承运人签发	（船舶公司名称）as carrier
承运人的代理人签发	ABC Shipping Company as agent for（船舶公司名称），Carrier
	ABC Shipping Company as agent on Behalf of（船舶公司名称）
船长签发	××（船长姓名）as master
船长的代理人签发	ABC Shipping Company as agent for ××（船长姓名），master

（22）提单背书

提单应按照信用证的具体要求进行背书。一般信用证要求提单进行空白背书的比较多见。对于空白背书：只需要背书人签章并注明背书的日期即可。

例如，ABC Co.（签章）

December 11，2019

有时信用证也要求提单作记名背书，此时则应先写上被背书人的名称，然后再由背书人签署并加盖公章，同时注明背书的日期。

例如，Endorsed to：DEF Co. 或 Delivered to DEF Co.

ABC Co.（签章）

December 11，2019

4. 提单的签发

签发提单指的是托运人将货物交予承运人、船长或承运人的代理人后，承运人或其代理人按托运人要求，签发提单给托运人的行为。签发的内容包括：

（1）签发人；

（2）签发日期；

（3）签发地点；

（4）签发正本提单份数。

相关链接

非正常签单

一、凭保函倒签提单

1. 倒签提单的概念

倒签提单是指签发日期早于货物的实际装船日期的提单。

由于货物的实际装船日期晚于信用证或贸易合同所要求的最后装船日期，因此托运人往往会要求承运人签发倒签提单以满足结汇的需要，同时托运人往往会向承运人出具保函声明将对承运人因签发倒签提单所遭受的一切损失负责。

倒签提单是承运人与托运人之间通谋欺骗收货人的严重的商业单证欺诈行为，托运人、承运人应当对于其欺诈行为产生的后果负责，该份欺诈性保函也不能得到法律的承认。

2. 倒签提单的条件

在现代国际贸易中，采用跟单信用证方式付款是最常见、最主要的支付方式。在采用这种付款方式的情形下，开证银行应买方的请求开出的信用证对货物的装运期限、信用证的有效期和交单日期都做了十分明确的规定。

卖方只有在完全按照信用证的规定向议付银行提交所需单证后，方能顺利结汇。其中，卖方所提交的提单必须是已装船提单，否则不能结汇。但在实践中，由于种种主客观方面的原因，经常会遇到下述两种情况：

（1）眼看信用证的有效期即将届满，而货物尚未装船或尚未装船完毕，如果卖方等到货物装船完毕，再凭承运人开出的已装船提单去议付银行结汇，则肯定会超过信用证所规定的结汇期，议付银行会以此为由拒绝结汇；

（2）货物实际装船完毕的日期迟于信用证规定的装船期限，如果承运人以该日期作为提单签发的日期，议付银行也肯定会以单证不符（提单在签发日期上与信用证的规定不相符）为由拒绝卖方的结汇请求。

二、异地签单

异地签单是指发货人要求不在起运港签发正本提单，而是到另外的地方签单，一般只要向船东申请异地签单（必须是该船东有代理的地方），他们同意了就可以异地签单。

异地签单一般是相对于起运港签单的方式，在第三地或者目的港签单都属于异地签单，多用于三方贸易，也有一些情况是目的港为南美国家的货物，有些船舶公司不接受电放提单而客人又希望尽快并且以最经济的方式拿到提单，就可以采用异地签单这种方式。

三、转换提单

转换提单是指在直达运输条件下，根据托运人的要求，承运人承诺，在某一约定的中途港凭在起运港签发的提单换发以该中途港为起运港，但仍以原来的托运人为托运人的"提单"。

其中注明"在中途港收回本提单，另换发以中途港为起运港的提单"或"Switch B/L"字样的提单，多用于存在贸易或运输限制的国际贸易领域，但由于更换了实际的货物起运港，容易发生贸易欺诈并带来其他诸如有关国家行政处罚等风险。

---

5. 提单核对与放单

（1）提单核对

提单签发前后，承托双方均需要仔细核对。对于托运人而言，应检查提单是否符合"UCP 600"对海运提单的有关规定。"UCP 600"对班轮提单的基本规定如表11-8所示。

表11-8 "UCP 600"对班轮提单的基本规定

应具备的基本条件	（1）注明承运人的名称并由承运人、船长或其具名的代理签署
	（2）注明确定的船名（即已装船提单）
	（3）注明确定的装港和卸港
	（4）开立全套（可以是一份或多份）的正本提单
	（5）其他方面符合信用证规定

（续表）

在符合以上基本条件的前提下，银行不拒受的单据	（1）注明将发生转船者，除非信用证规定禁止转运 （2）注明不同于装货港的接受监管地及／或不同于卸货港的最终目的地或者注明"预期船"或"预期装港或卸港"等。只要提单上加注了确切的船名、装港、卸港即可 （3）提单抬头为"联合运输提单""多式联运提单""联运提单""转船提单"者 （4）使用简式提单或以托盘或集装箱等方式运输所签发的提单 （5）加注"重量、数量等不知条款"的提单，除非信用证另有规定 （6）货物可能装于舱面，但未特别注明已装或将装舱面的提单，除非信用证另有规定 （7）表明以信用证受益人以外的一方为发货人或收货人的提单 （8）注明诸如装卸费等运费以外附加费用的提单，除非信用证禁止接受
银行拒受的单据	（1）注明"租约并入条款"的租船提单 （2）以运输代理身份签发的货代提单 （3）舱面提单，除非信用证明确规定接受 （4）不清洁提单，除非信用证明确规定接受 （5）未背书或漏签章的提单 （6）迟（过）期提单，除非信用证另有规定 （7）在预付运费提单下，注明"运费可预付"或"运费应预付"提单 （8）信用证禁止转运时提单注明将发生转运者，但对于提单证实货物已由集装箱、拖车及／或子母船运输，并且同一提单包括海运全程运输，及／或含有承运人声明保留转运权利条款者，银行仍予以接受

（2）放单

放单有几种形式，如表11-9所示。

表11-9 放单的形式

序号	形式	说明
1	倒签提单	倒签提单是指签发日期早于实际装船日期的提单
2	预借提单	预借提单是指由于信用证规定的装运期和交单结汇期已到，货主因故未能及时备妥货物或尚未装船完毕的，或由于船舶公司的原因船舶未能在装运期内到港装船，应托运人要求而由承运人或其代理人提前签发的已装船提单。简而言之，就是指提单在货物尚未全部装船时，或者货物虽然已经由承运人接管但尚未开始装船的情况下签发。预借提单所产生的一切责任均由提单签发人承担

（续表）

序号	形式	说明
3	电放	电放是电报放货的简称。国外的承运人保留全套正本提单，并通知目的港的代理，收货人可凭加盖正本公章的提单复印件和保函换单提货
4	并提单、拼装提单	不同批数的货物合并在一份提单上，或不同批数的相同的液体货装在一个油舱内，签发几份提单时，前者叫并提单，后者叫拼装提单。其是根据托运人要求，将同一船舶装运的同一装运港、同一卸货港、同一收货人的两批或两批以上相同或不同的货物合并签发的一套提单
5	分提单	分提单或称子提单、代理行提单、货代提单、无船承运人提单、仓至仓提单，是指承运人依照托运人的要求，将本来属于同一装货单上的标志、货种、等级均相同的同一批货物，分开签多份提单，这种提单称为分提单。只有标志、货种、等级均相同的同一批货物才能签发分提单，否则会增加承运人理货的负担。分提单一般除了散装油类最多不超过5套外，其他货物并无限制
6	异地放单	异地放单，一般指由承运人或代理公司在起运港之外的地方签发提单给发货人，这个提单当然也是正本提单

异地放单可以方便发货人在当地或指定接收所在地领取，节省邮寄费用。其一般用于近洋运输。

采用异地放单或异地换单在运输公司或代理公司的两地分支机构之间的沟通过程中易产生错误，其原因主要是操作流程在各地方的差异，以及对传递的信息理解有误。所以，相关人员在操作过程中应谨慎。

相关链接

电放提单的办理步骤

电放是由托运人向船舶公司发出委托申请并提交保函后，由船舶公司或船代以电报（传）通知目的港代理，某票货物无须凭正本提单提货，收货人可凭盖收货人公司章的电放提单换取提货单以清关提货的海运操作方式。

电放提单是指船舶公司或其代理人签发的注有"Surrendered"或"Telex Release"的提单副本、复印件或传真件。

其基本作用有三：一是承运人收到其照管的货物的收据，二是运输合同的证明，三是用来换取提货单的依据。其运行程序如下所述。

（1）由托运人向货代提交一份电放保函，表明电放操作产生的一切责任及后果由托运人承担。

（2）货代向船舶公司提出电放申请并提交作用相同的电放保函一份。

（3）船舶公司接受申请及保函后给目的港船舶公司代理发一份电放通知，允许该票货物用盖章后的电放提单换取提货单。

（4）装船后，船舶公司向货代签发船公司电放提单（船公司电放提单是指在船公司提单的正本复印件或副本上注有"Surrendered"或"Telex Release"字样的单据）。

（5）货代向托运人签发货代电放提单（货代电放提单是指在货代提单的正本复印件或副本上注有"Surrendered"或"Telex Release"字样的单据）。

（6）装运港货代向目的港货代传真船公司电放提单。

（7）托运人向收货人传真货代电放提单。

（8）目的港船代理凭此船公司电放提单签发提货单。

（9）收货人将盖其公司章的货代电放提单交给目的港货代处。

（10）目的港货代凭此货代电放提单交予收货人提货单。船抵港后，收货人凭此提货单提货。

6.提单的更正与补发

（1）提单的更改

提单的更正要尽可能赶在载货船舶开航之前办理，以减少因此而产生的费用和手续。

（2）提单的补发

提单遗失，无论是在结汇后还是在结汇前，托运人要求补发时，船舶公司通常会要求发货人提供银行保函；如要求电放，船舶公司通常要求收货人提交银行保函（当然，发货人也应提交保函）；如无法提供银行保函，船舶公司往往要求以遗失提单货物价值倍数的现金作为担保（担保期限为3～6年），否则不会重出提单或者无单放货。

（二）海运单操作实务

1. 海运单的概念

海运单（Sea Waybill），又称海上运送单或海上货运单，它是"承运人向托运人或其代理人表明货物已收妥待装的单据，是一种不可转让的单据，即不需以在目的港解释该单据作为收货条件，不需等单据寄到，船主或其代理人可凭收货人收到的货到通知或其身份证明而向其交货。

2. 海运单的作用

（1）海运单是承运人接收货物或装船并由其照管货物的收据。

（2）海运单是海上货物运输合同或其证明。

3. 海运单的形式与内容

（1）海运单是由承运人签发，分正面内容和背面条款的一种书面单证。

（2）通常海运单只签发一份。

（3）海运单的所有条款均属承托双方共同的意思表示，其正面通常标有"Non-Negotiable"（不可流转）字样。

（4）海运单的正面内容一般包括以下事项：托运人与收货人的名称以及通知方的名址、船名、装卸港、货物标志、品名或种类、数量或重量等由托运人提供的事项以及运费和其他费用的承担、海运单的签发时间、地点和签发人等。

（5）海运单的背面条款与提单的背面条款类似。

4. 海运单的流转程序

（1）当承运人应托运人的要求使用海运单时，应在订舱记录中加以确认，并注明"签发海运单"，以提示单证操作业务及目的港交接货物的做法与提单不同。

（2）承运人或其装运港代理预先将托运人在订舱时所提供的收货人详细资料列成清单传给卸货港代理。

（3）承运人与其装运港代理在接收货物后，凭场站收据签发海运单。正本交给托运人，其余副本交由装运港代理及卸货港代理留存。

（4）签发海运单后，承运人或其装运港代理将该航次使用海运单的情况通过E-mail、电传或传真通知卸货港代理。

（5）舱单上应注明哪些货物使用海运单。

（6）卸货港代理凭舱单、装货港代理提供的信息，在船舶到港前，向海运单所记载的收货人发出到货通知。

（7）收货人凭已签收的到货通知及本人有效身份证件要求提货。

（8）卸货港代理验明收货人的身份后在结清运费及其他费用的情况下签发提货单放货。

5. 海运单的使用范围

（1）集装箱班轮运输。

（2）大宗、稳定货物的租船包运。

（3）各种转包运输。

（4）全程运输中的分段运输。

（5）跨国的总分公司或相互关联的公司之间本来就不使用信用证付款方式的业务。

（6）货运公司拼箱业务中的"主运单"。

（7）买卖双方有长期的业务交往，双方充分信任、关系密切的贸易伙伴间的业务。

6. 海运单与提单的区别和联系

（1）提单是货物收据、运输合同，也是物权凭证；海运单只具有货物收据和运输合同这两种性质，它不是物权凭证。

（2）提单可以是指示抬头形式，通过背书流通转让；海运单是一种非流通性单据，海运单上标明了确定的收货人，不能转让流通。

（3）海运单和提单都可以做成"已装船"形式，也可以是"收妥备运"形式。海运单的正面各栏目格式和缮制方法与海运单提单基本相同，只是海运单收货人栏不能做成指示性抬头，应缮制确定的收货人。

（4）提单的合法持有人和承运人凭提单提货和交货，海运单上的收货人并不出示海运单，仅凭提货通知或其身份证明提货，承运人凭收货人出示的适当身份证明交付货物。

（5）提单有全式和简式之分，而海运单是简式单证，背面不列详细货运条款但载有一条可援用海运提单背面内容的条款。

（6）海运单和记名提单虽然都具名收货人，不作背书转让，但它们有着本质的不同，记名提单属于提单的一种，是物权凭证，收货人可以持记名提单提货却不能凭海运单提货。

四、无船承运人提单

（一）无船承运人提单的基本概念与内容

无船承运人提单是指无船承运人或其代理人以承运人身份签发的用以证明海上货物运输合同和货物已经由无船承运人接收或者装船，以及无船承运人保证据此交付货物的单证。

（二）无船承运人提单与货运代理提单的区别

"UCP 600"取消了货运代理这一用语，以承运人、船东、船长或租船人以外人士取代。表 11-10 显示了无船承运人提单与实际承运人提单在若干项目上的差别。

表 11-10　无船承运人提单与实际承运人提单在若干项目上的差别

项目	无船承运人提单（子提单）	实际承运人提单（母提单）
发货人	信用证规定的发货人	无船承运人
收货人	信用证规定的收货人，通常为指示提单	无船承运人在目的港的代理，通常采取记名提单
通知人	信用证规定的通知人	无船承运人在目的港的代理
适用运价本	无船承运人运价本	实际承运人运价本
货物名称、数量、体积等	按各个发货人交付的情况记载	按无船承运人交付的情况记载
货物交接方式	按与各发/收货人约定的方式，如拼箱—拼箱	按无船承运人与实际承运人间的约定方式，如整箱—整箱
签发数量	按发货人数量（每位发货人一式三份）	仅签发一式三份
签发人	无船承运人或其代理	实际承运人或其代理或船长
主要用途	结汇	提货

（三）无船承运人提单的流转程序

1. 整箱货下无船承运人提单的流转程序

当无船承运人分别以场到场方式接受发货人的订舱与船舶公司办理订舱时，提单的流转程序如图 11-12 所示。

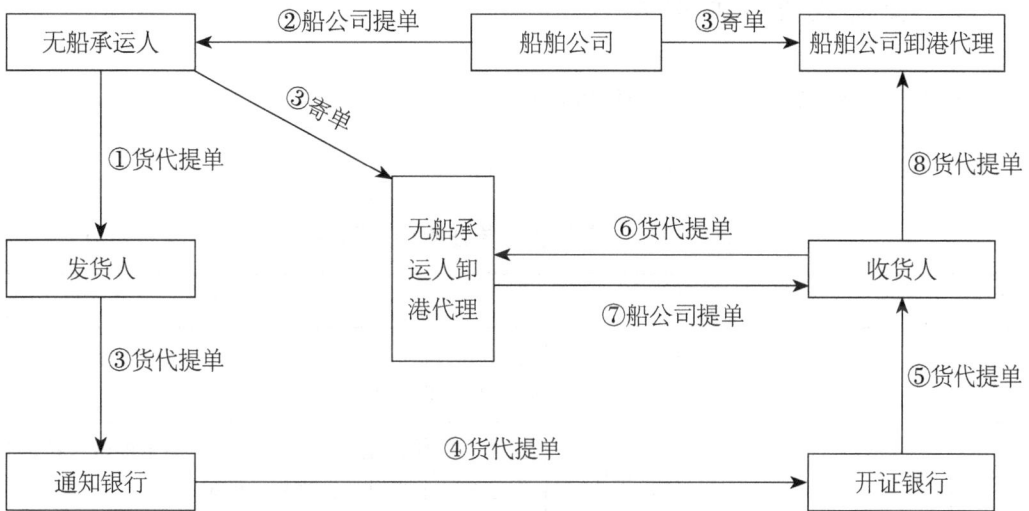

图 11-12　整箱货下提单流转程序

2. 拼箱货下无船承运人提单的流转程序

拼箱货下无船承运人提单的流转程序如图 11-13 所示。

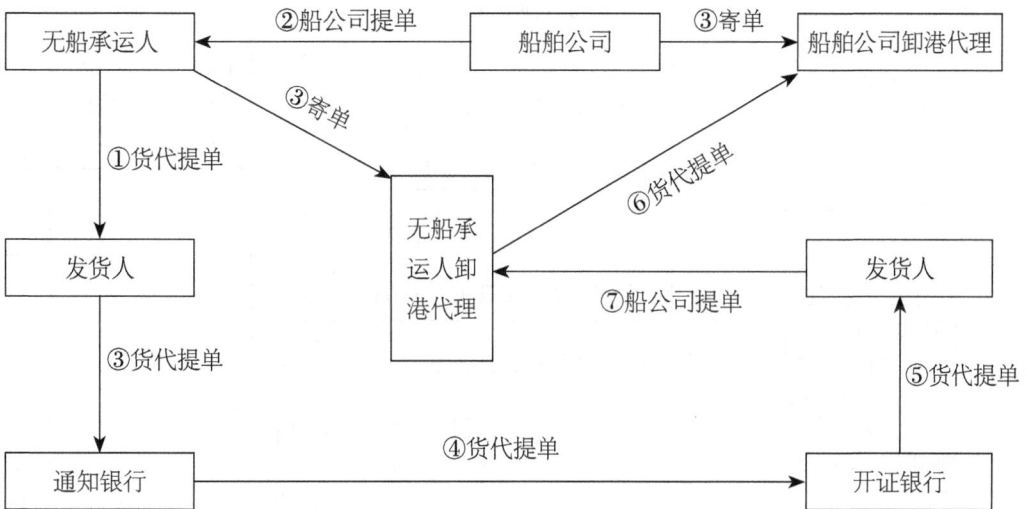

图 11-13　拼箱货下提单流转程序

五、交付业务单证实务

（一）交付业务单证构成与流转程序

交付业务单证构成与流转程序如表 11-11、图 11-14 所示。

表 11-11　交付业务单证的构成和用途

顺序	名称	颜色	主要用途
1	到货通知联	白色	通知提货、确认提货日期及日后结算箱子或货物堆存费的依据
2	提货单联	白色	也称小提单，是报关单证之一，便于提取货物，和货方进行某些贸易、交易（拆单）
3	费用账单（1）联	红色	用于场站向收货人结算港杂费
4	费用账单（2）联	蓝色	用于场站向收货人结算港杂费
5	交货记录	白色	证明货物已经交付，承运人对货物运输的责任已告终止的单证

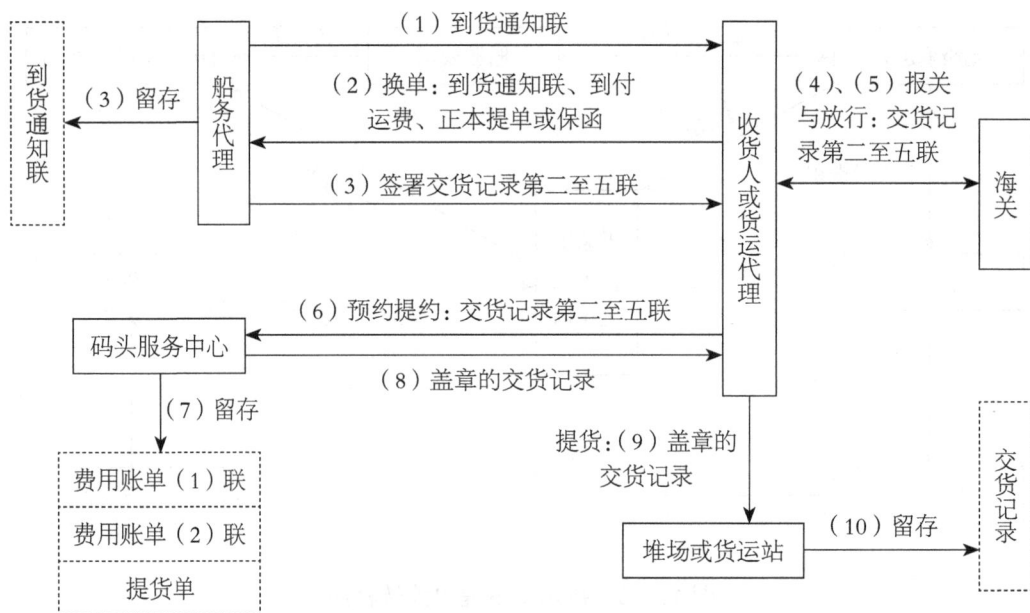

图 11-14　交付业务单证流转示意图

（二）进口换单

1.换单前获得进口单据

（1）收货人向货代提供进口全套单据；货代查清此货物由哪家船舶公司承运、哪家船代操作、在哪里可以换取提货单（小提单）。

进口单据包括带背书的正本提单或电放副本、装箱单、合同（一般贸易）。

（2）货代提前联系场站并确认好提箱费、掏箱费、装车费、回空费。

2.换单

（1）货代在指定船代或船舶公司确认该船到港时间、地点，如需转船，必须确认二程船名。

（2）凭带背书的正本提单（如果电报放货，可带电报放货的传真件与保函）去船舶公司或船代处换取提货单（小提单）。

注："带背书的正本提单"有两种形式：第一种是提单上收货人栏显示"订舱人"，需由发货人背书；第二种是提单上收货人栏显示真正的收货人，需由收货人背书。

相关链接

非正常换单

1.电放

"电放"是指正本提单未到收货人手中，或根据托运人要求在装船港收回正本提单，或不签发正本提单，以电传、传真的形式通知卸货港代理将货交给提单收货人或托运人指定的收货人。电放应由托运人提供书面申请或保函，在已签发正本提单的情况下，则应收回全套正本提单后方能做电放。

电放的操作员流程如右图所示。

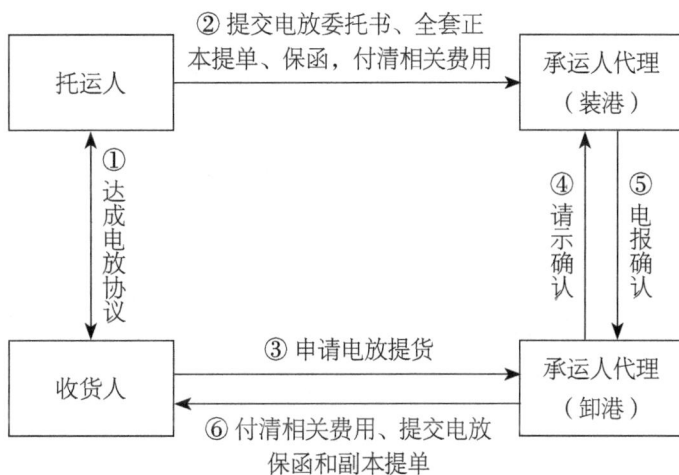

电放的操作流程

2. 异地放单

异地放单，一般指由承运人或代理公司在起运港之外的地方签发提单给发货人，这个提单当然也是正本提单。异地放单可以方便发货人在当地或指定接收所在地领取，节省邮寄费用。其一般用于近洋运输。

异地换单：在装运港出了提单后，再在别处更换成另一份提单，主要是更改提单的收/发货人或通知方。

采用异地放单或异地换单在运输公司或代理公司的两地分支机构之间的沟通过程中易产生错误，其原因主要是操作流程在各地的差异，以及对传递的信息理解有误。所以，相关人员在操作过程中应谨慎。

3. 无单放货

无单放货，又叫无正本提单放货，是指承运人或其代理人（货代）或港务当局或仓库管理人在未收回正本提单的情况下，依提单上记载的收货人或通知人凭副本提单或提单复印件加保函放行货物的行为。

这种交易方式的正常操作是：进口商先付 30% 定金，出口商做货，做好货后安排货物装运，然后拿到正本提单；接着把提单复印件给进口商，进口商确认提单信息后付余款，出口商收到款后寄正本提单给进口商，或者让船舶公司电放，然后再将电放号发给进口商，进口商凭此提货。

第十二章

国际航空货运代理业务

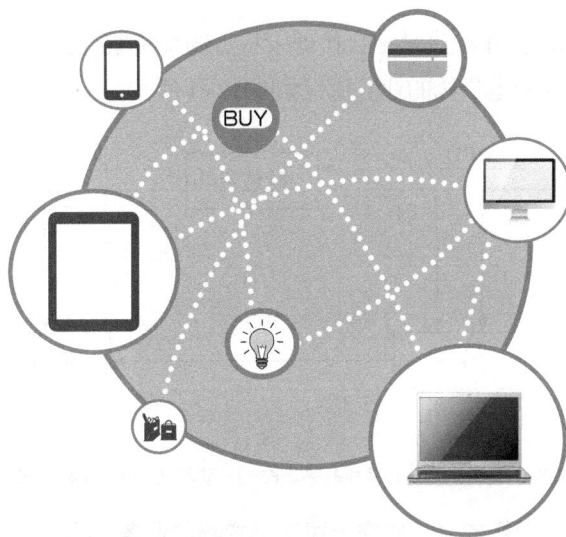

为了更好地为客户服务，航空货运代理人必须非常熟悉国际航空货物运输的业务流程，能够及时地掌握航空运输的全过程，将货物及时地运送到收货人的手中。

第一节　航空公司进出港货物的作业程序

一、航空公司出港货物的操作程序

航空公司出港货物的操作程序是指自代理人将货物交给航空公司，直到货物装上飞机的整个操作流程。航空公司出港货物的业务流程如图12-1所示。

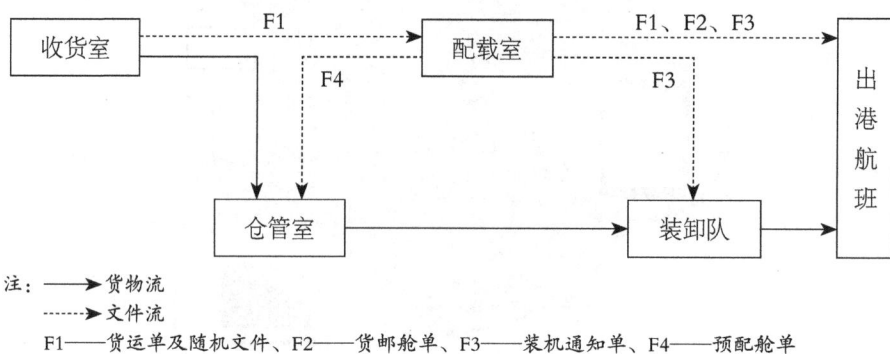

注：——▶货物流
　　·······▶文件流
F1——货运单及随机文件、F2——货邮舱单、F3——装机通知单、F4——预配舱单

图12-1　航空公司出港货物的业务流程

（一）货物接收

货物接收时收货室的工作主要有：

（1）检查板箱组装情况、高度、收口等是否符合规定；

（2）过磅，记录重量，悬挂吊牌；

（3）对轻泡货物，查看运单，做好体积记录；

（4）在电脑中输入板箱号码、航班日期等，将货物码放在货架上。

（二）预审国际航空货物订舱单

国际航空货物订舱单（Cargo Booking Advance，CBA）由航空公司市场部吨控室开具，是配载人员进行配载工作的依据。

（1）配载室根据 CBA，了解旅客人数、货邮订舱情况、有无特殊货物；对经停的国际航班，需了解前后站的旅客人数、舱位利用情况。

（2）估算最大货邮可利用载量和舱位。

货邮可利用载量 = 最大许可业载 − 旅客重量 − 行李重量（航班的最大业载受到油量、气候等因素的影响，其配载在航班操作时只做初步估算。旅客重量按每人 75kg 计算；行李按头等舱 35kg，经济舱 20kg，手提行李每人 5kg ~ 6kg）

货邮可利用舱位 = 总货舱位 − 行李舱位（行李舱位：一般欧美线每 20 ~ 25 人行李装一集装箱，日本航线每 35 ~ 40 人装一集装箱，中国香港航线每 45 人装一箱，其他航线每 40 人装一集装箱）

（3）配载人员应根据订舱情况、旅客人数及前后舱分布预配货物，并及时调整。

（4）配载人员应了解相关航线上待运货物情况，结合 CBA，及时发现有无超定情况。

（三）仓管室核查货邮实际到达情况，整理单据

根据 CBA 显示的货物订舱状况，仓管室应核查货邮实际送达情况，同时整理相关单据，包括已入库的大货的单据、现场收运的货物的单据、中转的散货的单据。

1. 已入库的大货的单据

（1）检查入库通知单、交接清单是否完整清楚，运单是否与交接单一致。

（2）核对 CBA，做好货物实际到达情况记录，如果出现未订舱货物，应将运单放回原处。

2. 现场收运的货物的单据

根据代理人提供的报关单、货物清单对运单进行审核，主要查看货物品名、件数、重量、运价及海关放行章。特种货物须有相关证明文件。

3. 中转的散货的单据

（1）整理运单，询问货物到达情况及所在仓库区位。

（2）寻找并清点货物，并决定组装方式。若 CBA 上订有散装小件货物、特殊物品及中转货物，应根据货物体积、装载要求，结合飞机可利用舱位，开具小货组装单，进行小货组装。鲜活货物开具鲜货组装单。

（3）货邮到达情况核查完毕，配载员应向内场搬运队开具出仓单。

（四）制作平衡交接单

出发货物现场核对无误，配载工作完成后，配载室应制作平衡交接单。其注意事项如下所述：

（1）应注明航班号、日期、机型、起飞时间、板箱号、重量、总板箱号、总重量；

（2）鲜活件、快件、邮件及特殊物品应做上标记；

（3）标明高、中、低板；

（4）交接单一式四份，一份交平衡室，一份交外场，一份交内场出仓，一份交接后留底。其应在航班起飞前（客机二小时，货机三小时）送交平衡室。

（五）货物出仓

（1）航班起飞前12小时，配载人员根据吨位控制人员的安排，制作当日及次日预配舱单，通知仓库管理部门进行货物出仓、配装工作。

（2）工作人员根据货物配载部门出具的预配舱单，指挥装卸人员做好货物出仓工作，将载运装置配装情况清晰地填入预配舱单。

（3）出仓开始时间一般不应晚于航班起飞前3小时，航班起飞前2小时，应完成货物的出仓以及配装工作，并将预配舱单送交配载部门。

（六）电脑数据输入和单证制作

（1）工作人员应整理核对航班所配货物的运单，将运单和货物组装情况输入电脑，制作货邮舱单。

（2）工作人员应根据机型情况、旅客人数、货物、邮件以及行李运量，确定货物、邮件、行李货舱配装方案，制作装机通知单，货舱配装方案必须符合飞机重心要求。

（3）单证制作还包括特殊物品交接单制作、货机机组申报单制作。

（七）货物装机

航班起飞前1小时，配载人员指挥装卸人员将货物送至机坪，并根据装机通知单监督货物的装机操作，保证在飞机起飞前10分钟关闭舱门。货物监装人员须完成如下工作：货物运输流向以及飞机号码与货物装机通知单一致性检查；货物实际装载位置与货物装机通知单一致性检查；货舱内货物系留系统到位状态的检查；货物实际装机情况与计划不符时，通知配载部门对装机通知单、货邮舱单、货运单做相应的变更，并告知平衡部门货物实际装机情况；妥善处理货物破损等不正常情况。

（八）业务袋制作及与机组交接

（1）配载室按照航班操作要求，于航班起飞前 1 小时，携舱单两份至海关货管科申报航班货物放行，将已盖放行章之舱单拿回留底。若操作航班为货机，还需制作机组申报单并携至海关旅检科申报放行。

（2）配载室将含货邮舱单、货运单以及有关运输文件的业务袋连同装机通知单交平衡部门。

（3）平衡部门制作飞机平衡图，连同业务袋和机组申报单在航班起飞前 15 分钟送上飞机，与机组人员交接。

（九）航班的关闭和航班报告的制作

飞机起飞后工作人员应立即在电脑系统中关闭航班，此时国际航空电讯集团系统将自行拍发 FFM 电报。工作人员应根据航班货物情况，拍发特殊物品电报，填写航班报告各栏。

工作人员应将航班报告、CBA 和所有出发航班相关的交接单证、舱单、电报一并装订留查。

二、航空公司进港货物的操作程序

国际航空货物运输的进口业务流程是指从飞机到达目的地机场，承运人把货物卸下飞机直到交给收件人的物流、信息流的实现和控制管理全过程。

航空公司进港货物的操作程序指的是从飞机到达目的地机场，承运人把货物卸下飞机直到交给代理人的整个操作过程。航空公司进港货物的操作流程如图 12-2 所示。

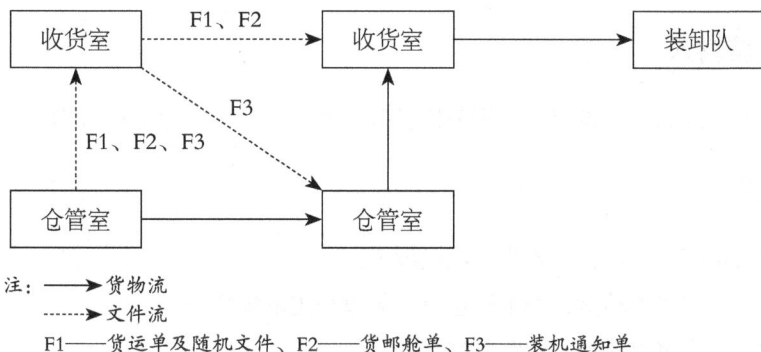

注：—→　货物流
　　······→　文件流
　　F1——货运单及随机文件、F2——货邮舱单、F3——装机通知单

图 12-2　航空公司进港货物的操作流程

241

（一）进港航班预报

配载室填写航班预报记录本，以进港航班预报为依据，在航班预报册中逐项填写航班号、机号、预计到达时间。

航班到达前，配载室从查询部门获取航班 FFM、CPM、LDM、SPC 等电报，了解货物情况、货物装机情况及特殊货物的处理情况。

（二）办理货物海关监管

发货室接收业务袋，检查业务袋中的文件是否完备。检查完后，将货运单送到海关办公室，由海关人员在货运单上加盖海关监管章。

（三）分单业务

（1）发货室在每份货运单的正本上加盖或书写到达航班的航班号和日期。

（2）工作人员应审核货运单，注意目的港、代理公司、品名和运输保管注意事项。

（3）工作人员应将联程货运单交中转部门。

（四）核对运单和舱单

（1）若舱单上有分批货，工作人员应把分批货的总件数标在运单号之后，并注明分批标志。

（2）工作人员应把舱单上列出的特种货物、联程货物圈出。

（3）工作人员应根据分单情况，在整理出的舱单上标明每票运单的去向。

（4）工作人员应核对运单份数与舱单分数是否一致，做好多单、少单处理。

（五）电脑输入

载配室根据标好的一套舱单，将相关信息输入电脑，打印国际进口货物航班交接单。

（六）交接

（1）工作人员应将货物交付收货人或代理人。

（2）工作人员应将中转货物和中转运单、舱单交出港操作部门。

（3）工作人员应将邮件和邮件路单交邮局。

第二节　航空货物运输代理业务办理

一、航空货物出口运输代理业务程序

航空货物出口运输代理业务程序主要包括如图 12-3 所示的几个环节。

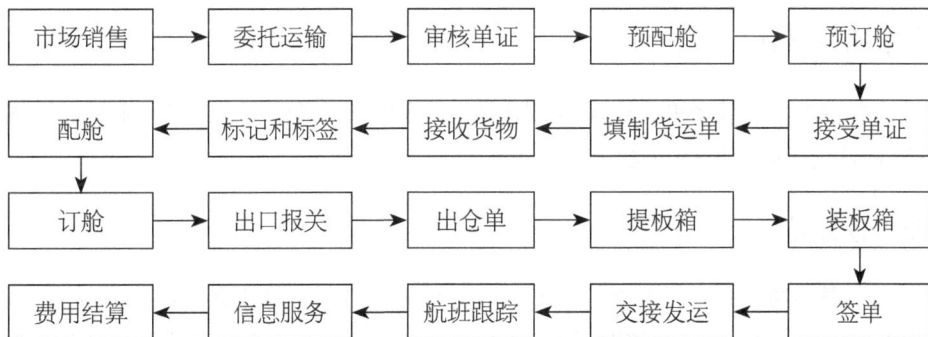

```
市场销售 → 委托运输 → 审核单证 → 预配舱 → 预订舱
                                                    ↓
配舱 ← 标记和标签 ← 接收货物 ← 填制货运单 ← 接受单证
  ↓
订舱 → 出口报关 → 出仓单 → 提板箱 → 装板箱
                                          ↓
费用结算 ← 信息服务 ← 航班跟踪 ← 交接发运 ← 签单
```

图 12-3　航空货物出口运输代理业务程序

（一）市场销售

承揽货物处于整个航空货物出口运输代理业务程序的核心地位。

航空公司销售的是其舱位。航空货运代理公司与出口单位（发货人）就出口货物运输事宜达成意向后，可以向发货人提供所代理的有关航空公司的"国际货物托运书"。

对于长期出口或出口货量大的单位，航空货运代理公司一般都与之签订长期的代理协议。发货人发货时，首先需填写委托书，并加盖公章，航空货运代理公司根据委托书要求办理出口手续，并据以结算费用。

销售人员在具体操作时，需及时向出口单位介绍本公司的业务范围、服务项目、各项收费标准，特别是向出口单位介绍本公司的优惠运价及服务优势等。

（二）委托运输

航空货运代理公司与出口单位（发货人）就出口货物运输事宜达成意向后，可以向发货人提供所代理的有关航空公司的"国际货物托运书"（以下简称托运书）。

目前货运单均由承运人或其代理人代为填制。为此，作为填开货运单的依据——托运书，应由托运人自己填写，而且托运人必须在上面签字或盖章。托运书是托运人用于委托承运人或其代理人填开航空货运单的一种表单，表单上列有填制货运单所需的各项内容，并印有授权承运人或其代理人代其在货运单上签字的文字说明。因此，"国际货物托运书"是一份重要的法律文件。

托运书应包括下列内容栏：托运人、收货人、始发站机场、目的地机场、要求的路线／申请订舱、供运输用的声明价值、供海关用的声明价值、保险金额、处理事项、货运单所附文件、实际毛重、运价类别、计费重量、费率、货物的品名及数量、托运人签字、日期等。

（三）审核单证

单证应包括发票、装箱单、托运书、报关单、许可证、商检证、进料／来料加工核销本、索赔／返修协议、到会保函和关封。

（四）预配舱

代理人汇总所接受的委托和客户的预报，并输入电脑，计算出各航线的件数、重量、体积，按照客户的要求和货物重泡情况，根据各航空公司不同机型对不同板箱的重量和高度要求，制定预配舱方案，并为每票货物配上运单号。

（五）预订舱

代理人根据所指定的预配舱方案，按航班、日期打印出总运单号、件数、重量、体积，向航空公司预订舱。

（六）接受单证

航空货运代理公司接受托运人或其代理人送交的已经审核确认的托运书及报关单证和收货凭证，核对收货记录与收货凭证，制作操作交接单，填上所收到的各种报关单证份数，给每份交接单配一份总运单或分运单；将制作好的交接单、配好的总运单或分运单、报关单证移交制单。

（七）填制货运单

航空货运单包括总运单和分运单，填制航空货运单的主要依据是发货人提供的国际货物委托书，委托书上的各项内容都应体现在货运单项式上，一般用英文填写。填制航空货运单是空运出口业务的重要环节，货运单填写得准确与否直接关系到货物能否及时、准确地运达目的地，货运单也是发货人结汇的有效凭证，因此必须单货一致、单单一致。

（八）接收货物

接收货物，是指航空货运代理公司把即将发运的货物从发货人手中接过来并运送到自己的仓库。

（1）接收货物一般与接单同时进行。对于通过空运或铁路出口的货物，货运代理按照发货人提供的运单号、航班号及接货地点、日期，代其提取货物。如货物已在始发地办理了出口海关手续，发货人应同时提供始发地海关的关封。接收货物的基本要求为：

① 托运人提供的货物包装应坚固、完好、轻便；

② 为了不使密封舱飞机的空调系统堵塞，不得用带有碎屑、草末等的材料进行包装；

③ 包装不能有突出的棱角，也不能有钉、钩、刺等，包装外部需清洁、干燥、没有异味和油渍；

④ 托运人应在每件货物的包装上写明收货人、另请通知人和托运人的姓名和地址；

⑤ 如果包装件有轻微破损，工作人员在填写货运单时应在"Handing Information"（储运注意事项）处标注详细情况。

（2）航空货运代理公司在接货时应对货物进行过磅和丈量，并根据发票、装箱或送货单清点货物，核对货物的数量、品名、合同号或唛头等是否与货运上所列一致。

（3）工作人员应检查包装是否符合要求。

对包装材料的具体要求如表12-1所示。

表12-1　对包装材料的具体要求

序号	货物类别	要求
1	液体类货物	（1）无论瓶装、罐装或桶装，容器内至少有5%～10%的空隙，封盖严密，容器不得渗漏 （2）用陶器、玻璃容器盛装的液体，每一容器的容量不得超过500毫升，并需外加木箱包装，箱内装有内衬物和吸湿材料，内衬物要填牢实，以防内装容器碰撞破碎 （3）用陶瓷、玻璃容器盛装的液体货物，外包装上应加贴"易碎物品"标贴

序号	货物类别	要求
2	易碎物品	每件重量不超过 25 千克，用木箱包装，用内衬物填塞牢实，包装上应贴"易碎物品"标贴
3	精密仪器和电子管	（1）多层次包装，内衬物要有一定的弹性，但不得使货物移动位置和互相碰撞摩擦 （2）悬吊式包装，用弹簧悬吊在木箱内，适于电子管运输；加大包装底盘，不使货物倾倒 （3）包装上应加贴"易碎物品"和"不可倒置"标贴
4	裸装货物	不怕碰压的货物，可以不用包装
5	木制包装	木制包装或垫板表面应清洁、光滑，不携带任何种类的植物害虫
6	混运货物	一票货物中包含不同物品称为混运货物。这些物品可一起装载，也可以分别包装，但不得包含下列物品：贵重货物、动物、尸体、骨灰、外交信袋、作为货物运送的行李

（九）标记和标签

1. 标记

标记的内容包括托运人、收货人的姓名、地址、联系电话、传真、合同号、操作（运输）注意事项、单件超过 150 千克的货物（托运人书写）。

2. 标签

（1）标签根据其作用可分为识别标签、特种货物标签、操作标签三种，具体说明如图 12-4 所示。

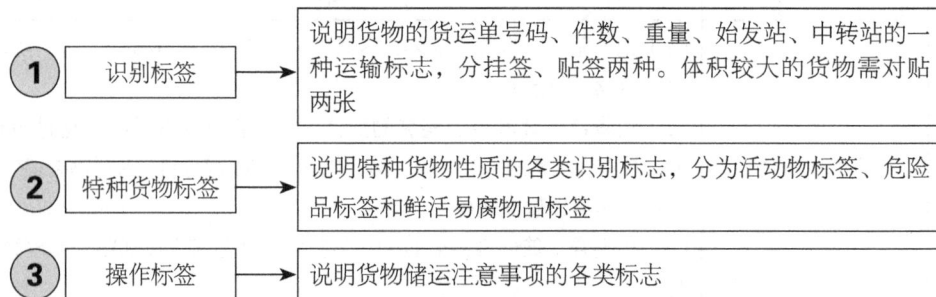

① 识别标签	→	说明货物的货运单号码、件数、重量、始发站、中转站的一种运输标志，分挂签、贴签两种。体积较大的货物需对贴两张
② 特种货物标签	→	说明特种货物性质的各类识别标志，分为活动物标签、危险品标签和鲜活易腐物品标签
③ 操作标签	→	说明货物储运注意事项的各类标志

图 12-4　标签的类别

（2）标签按类别分为航空公司标签和分标签，如图 12-5 所示。

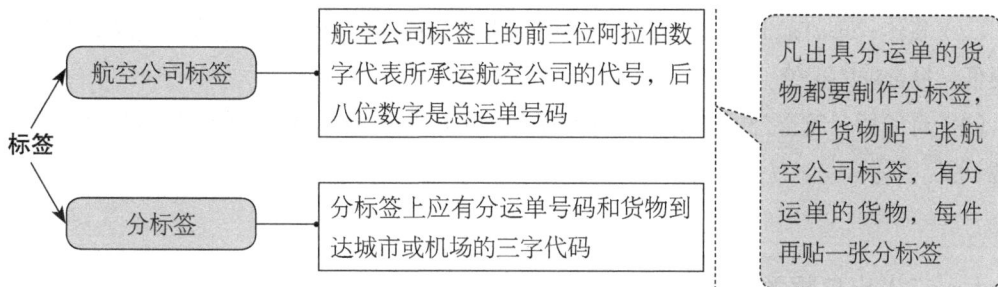

图 12-5　航空公司标签和分标签

（十）配舱

工作人员应核对货物的实际件数、重量、体积与托运书上预报数量的差别，有效利用、合理搭配舱位、板箱，按照各航班机型、板箱型号、高度、数量进行配载。

（十一）订舱

1.航空公司舱位销售的原则

航空公司舱位销售的原则是：

（1）保证有固定舱位配额的货物；

（2）保证邮件、快件舱位；

（3）优先预订运价较高的货物舱位；

（4）保留一定的零散货物舱位；

（5）未订舱的货物按交运时间的先后顺序安排舱位。

> 一般来说，大宗货物、紧急物资、鲜活易腐物品、危险品、贵重物品等必须预订舱位。非紧急的零散货物，可以不预订舱位。

2.订舱的作业步骤

（1）接到发货人的发货预报后，货运代理向航空公司吨控部门领取并填写订舱单，同时提供相应的信息：货物的名称、体积、重量、件数、目的地，要求出运的时间等。航空公司根据实际情况安排舱位和航班。

（2）货运代理订舱时，可依照发货人的要求选择最佳的航线和承运人，同时为发货人争取最低、最合理的运价。

（3）订舱后，航空公司签发舱位确认书（舱单），同时给予装货集装器领取凭证，以表示舱位订妥。

（十二）出口报关

出口报关是指发货人或其代理人在货物发运前，向出境地海关办理货物出口手续的过程。出口报关的作业步骤为：

（1）工作人员将发货人提供的出口货物报关单的各项内容输入电脑，在通过电脑填制的报关单上加盖报关单位的报关专用章；

（2）将报关单与有关的发票、装箱单和货运单综合在一起，根据需要随附有关的证明文件；

（3）以上报关单证齐全后，由持有报关证的报关员正式向海关申报；

（4）海关审核无误后，海关官员即在用于发运的运单正本上加盖放行章，同时在出口收汇核销单和出口报关单上加盖放行章，在发货人用于产品退税的单证上加盖验讫章，粘上防伪标志；

（5）完成出口报关手续。

（十三）出仓单

配舱方案制定后，相关人员就可着手编制出仓单，出仓单的内容包括：

（1）出仓单的日期；

（2）承运航班的日期；

（3）装载板箱形式及数量；

（4）货物进仓顺序编号；

（5）总运单号；

（6）件数；

（7）重量；

（8）体积；

（9）目的地三字代码和备注。

（十四）提板箱

货运代理根据订舱计划向航空公司申领板箱并办理相应的手续。

（十五）装板箱

装板、装箱时要注意以下几点：

（1）不要用错集装箱、集装板、板型、箱型；

（2）不要超装箱板尺寸；

（3）要铺好垫衬，封盖好塑料纸，防潮、防雨淋；

（4）集装箱、板内货物尽可能配装整齐、结构稳定，并接紧网索，防止运输途中倒塌；

（5）对于大宗货物、集中托运货物，尽量将整票货物装在一个或几个板箱内运输。

（十六）签单

在盖好海关放行章后，货运代理还需要到航空公司核签货运单。只有签单确认后，航空公司才会收货运输。

（十七）交接发运

交接是货运代理向航空公司交单交货，由航空公司安排航空运输。

1. 交单

交单就是货运代理将随机单据和应由承运人留存的单据交给航空公司。随机单据包括第二联航空运单正本、发票、装箱单、产地证明、品质鉴定证书。

2. 交货

交货即把与单据相符的货物交给航空公司。

（1）交货前必须粘贴或拴挂货物标签，清点和核对货物，填制货物交接清单。

（2）大宗货、集中托运货，以整板、整箱称重交接。

（3）零散小货按票称重，计年交接。

（十八）航班跟踪

在将单、货交接给航空公司后，可能会出现航空公司因种种原因，未能按预定时间运出的情况，所以货运代理公司在单、货交给航空公司后需对航班、货物进行跟踪。

（1）需要联程中转的货物，在货物运出后，要求航空公司提供二程、三程航班中转信息，确认中转情况。

（2）及时将上述信息反馈给客户，以便及时处理不正常情况。

（十九）信息服务

货运代理公司应做好以下信息服务：订舱信息、审单及报关信息、仓库收货信息、交运称重信息、一程二程航班信息、单证信息。

（二十）费用结算

费用结算主要涉及同发货人、承运人和国外代理人三方面的结算。

（1）发货人结算费用：在运费预付的情况下，收取航空运费、地面运输费、各种服务费和手续费。

（2）承运人结算费用：向承运人支付航空运费及代理费，同时收取代理佣金。

（3）国外代理结算主要涉及运费支付和利润分成。

二、航空货物进口运输代理业务程序

航空货物进口运输代理业务程序，是指代理公司对于货物从入境到提取或转运整个流程的各个环节所需办理的手续及准备相关单证的全过程。

（一）代理预报

国外代理公司在国外发货之前，将运单、航班、件数、重量、品名、实际收货人及其他地址、联系电话等内容通过传真或 E-mail 的形式发给目的地代理公司。代理预报的目的是使代理公司做好接货前的所有准备工作。

（1）注意中转航班，中转航班的延误会使实际到达时间和预报时间出现差异。

（2）注意分批货物。从国外一次性运来的货物在国内中转时，由于国内业载的限制，往往采用分批的方式运输。

（二）货贷与航空货站办理单、货交接手续

货物入境时，与货物同机到达的随机单据（运单、发票、装箱单等）一起存入航空公司或机场的监管仓库，进行进口货物舱单录入，将货物的相关信息通过终端发给海关留存，供报关用。

1. 交接的内容

航空公司地面代理向货运代理公司交接的有：

（1）国际货物交接清单；

（2）总运单、随机文件；

（3）货物。

2. 交接程序

（1）抽单。货运代理在收到取单通知后，向航空公司设在机场的进口柜台抽单，取回随机文件、总运单及空运货运代理交接单；而后便可（交货运代理操作）进行理单、拆单工作。

（2）提货。货运代理凭到货通知向货站办理提货事宜。

3. 交接要求

相关人员在交接时要做到：

（1）单、单核对，即交接清单与总运单核对；

（2）单、货核对，即交接清单与货物核对。

核对后出现问题的处理方式如表12-2所示。

表12-2　单、货交接出现问题时的处理方式

总运单	清单	货物	处理方式
有	无	有	清单上加总运单号
有	无	无	总运单退回
无	有	有	总运单后补
无	有	无	清单上划去
有	有	无	总运单退回
无	无	有	货物退回

另外，对于分批货物，相关人员应做好空运进口分批货物登记表。

总之，货运代理在航空货站办理交接手续时，应根据运单及交接清单核对实际货物，若

存在有单无货或有货无单的情况，应在交接清单上注明，以便航空公司组织查询并通知入境地海关。

在实际操作中，航空货运代理通常拥有自己的海关监管车和监管库，可在未报关的情况下先将货物从航空公司监管库转至自己的监管库。

4. 发现货物短缺应索要商务事故证明

货运代理发现货物短缺、破损或其他异常情况，应向民航索要商务事故记录，作为实际收货人交涉索赔事宜的依据。航空货运代理公司也可以接受收货人的委托，代表收货人向航空公司办理索赔。

货运代理公司可以请航空公司开具商务事故证明的情况如图12-6所示。

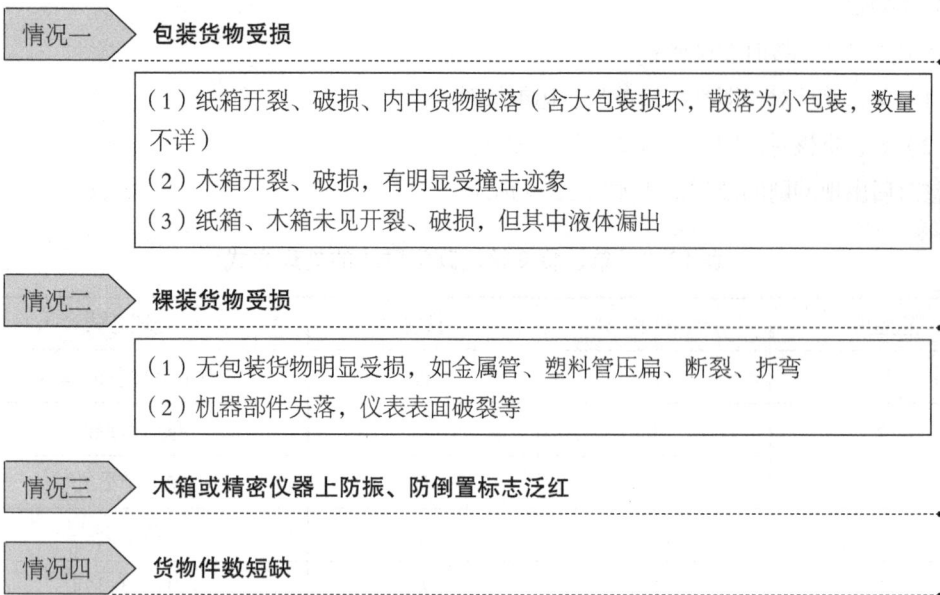

情况一 ▶ **包装货物受损**

（1）纸箱开裂、破损、内中货物散落（含大包装损坏，散落为小包装，数量不详）
（2）木箱开裂、破损，有明显受撞击迹象
（3）纸箱、木箱未见开裂、破损，但其中液体漏出

情况二 ▶ **裸装货物受损**

（1）无包装货物明显受损，如金属管、塑料管压扁、断裂、折弯
（2）机器部件失落，仪表表面破裂等

情况三 ▶ **木箱或精密仪器上防振、防倒置标志泛红**

情况四 ▶ **货物件数短缺**

图 12-6　开具商务事故证明的情况

5. 通知货主索赔

（1）部分货损不属运输责任，因为在实际操作中，部分货损是指整批货物或整件货物中

极少或极小一部分受损，是航空运输较易发生的损失，所以，航空公司不一定愿意开具证明，即使开具了"有条件、有理由"证明，货主也难以向航空公司索赔，但可据以向保险公司提出索赔。

（2）对货损责任难以确定的货物，可暂将货物留存机场，商请货主单位一并到场处理；或由收货人或受收货人委托，由航空货运代理公司向国家出入境检验检疫部门申请检验，根据检验结果，通知订货公司联系对外索赔。

（三）理货与仓储

代理公司从航空公司接货后，即短驳进自己的监管仓库仓储；对于国外代理提供的随机单证要及时与货物核对，如有异议应立即与货主联系催齐单证，使之符合报关条件。

1. 理货的主要内容

（1）逐一核对每票件数，再次检查货物破损情况，遇有异常，确属接货时未发现的问题，可向民航提出交涉。

（2）按大货、小货，重货、轻货，单票货、混载货，危险品、贵重品，冷冻品、冷藏品分别堆存、进仓。堆存时要注意货物箭头朝向，总运单、分运单标志朝向，注意重不压轻，大不压小。

（3）登记每票货物储存区号，并输入电脑。

2. 仓储注意事项

鉴于航空进口货物的贵重性、特殊性，其仓储要求较高，须注意以下几点。

（1）防雨淋、防受潮。货物不能露天，不能无垫托置于地上。

（2）防重压。纸箱、木箱均有叠高限制，纸箱受压变形会危及箱中货物安全。

（3）防升温变质。生物制剂、化学试剂、针剂药品等部分特殊物品有储存温度要求，要防止阳光暴晒。一般情况下，冷冻品置于 −20℃ ～ −15℃冷冻库（俗称低温库），冷藏品置放于 2℃ ～ 8℃冷藏库。（冷藏品、冷冻品要由专门的冷藏库、冷冻库进行保管。）

（4）防危险品危及人员及其他货品安全。空运进口仓库应设立独立的危险品库。易燃品、易爆品、毒品、腐蚀品、放射品均应分库安全置放。以上货品一旦出现异常，均需及时通知消防安全部门处理。放射品出现异常时，还应请卫生检疫部门重新检测包装及发射剂量外泄情况，以便保证人员及其他物品安全。（危险品要存入专门危险品仓库。）

（5）为防贵重品被盗，贵重品应设专库，由双人制约保管，防止出现被盗事故。

总之，货物应根据不同货种的实际需要进行保管。

（四）理单与到货通知

1. 理单

理单的程序如图 12-7 所示。

| 步骤一 | 集中托运，总运单项下拆单 |

> （1）将集中托运进口的每票总运单项下的分运单分理出来，审核与到货情况是否一致，并制成清单输入电脑
> （2）将集中托运进口总运单项下的分运单输入海关电脑，以便实施按分运单分别报关、报检、提货

| 步骤二 | 分类理单、编号 |

> 运单分类，一般有以下方法：
> （1）分航班号理单，便于区分进口方向
> （2）分进口代理理单，便于掌握、反馈信息，做好对代理的对口服务
> （3）分货主理单，指对重要的、经常有大批货物运输的货主，将其运单分理出来，便于联系客户，制单报关、送货、转运
> （4）分口岸、分区域理单，便于联系货运代理，办理集中转运
> （5）分运费到付、预付理单，便于安全收费
> （6）分寄发运单、自取运单客户理单
> 分类理单的同时，须将各票总运单、分运单编上航空货运代理公司自己设定的编号，以便内部操作及客户查询

| 步骤三 | 编配各类单证 |

> 货运代理人将总运单、分运单、随机单证、国外代理人先期寄达的单证（发票、装箱单、合同副本、装卸指示、运送指示等）、国内货主或经营到货单位预先交达的各类单证等进行编配

图 12-7　理单的程序

代理公司理单人员须逐单审核、编配。其后，凡单证齐全、符合报关条件的即转入制单、报关程序。否则，立即与货主联系，催齐单证，使之符合报关条件。

2. 到货通知

货物到达目的港后，货运代理人应从航空运输时效出发，为减少货主仓储费，避免海关滞报金，尽早、尽快、尽妥地通知货主到货情况，提请货主配齐有关单证，尽快报关。

3. 正本运单处理

海关监管进口货物入仓清单一式五份，分别提交检验检疫机构和海关，提交给海关的两份中，一份海关留存，另一份海关签字后收回存档。运单上一般需盖妥多个印章，即监管章（总运单）、代理公司分运单确认章（分运单）、检验检疫章、海关放行章等。

（五）制单与报关

1. 制单、报关、运输的形式

除部分进口货物存放于民航监管仓库外，大部分进口货物存放于各货运代理公司自有的监管仓库。由于货主的需求不一，货物进口后的制单、报关、运输一般有图 12-8 所示的几种形式。

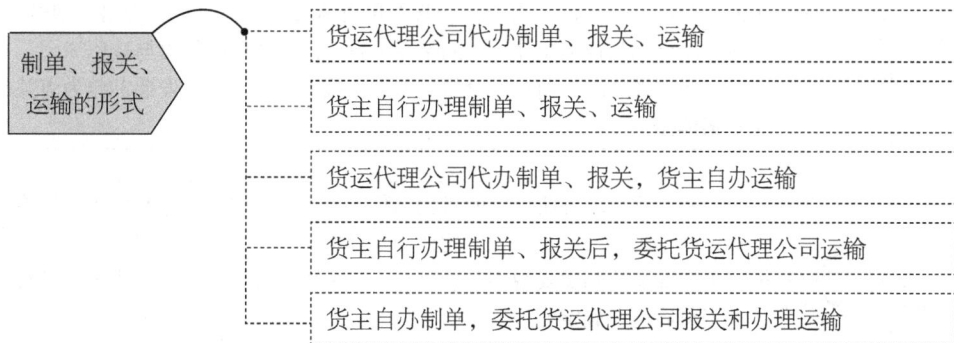

图 12-8　制单、报关、运输的形式

2. 进口制单

进口制单指按海关要求，货运代理依据运单、发票、装箱单及证明货物合法进口的有关批准文件，制作"进口货物报关单"。部分货主要求异地清关时，货运代理在符合海关规定的情况上，制作"转关运输申报单"办理转关手续。

（1）长期协作的货主单位，有进口批文、证明手册等放于货运代理处的，货物到达，发出到货通知后，即可制单、报关，通知货主运输或代办运输。

（2）部分进口货物，因货主单位缺少有关批文、证明，货运代理亦可将运单及随机寄来单证、提货单以快递形式寄送货主单位，由其备齐有关批文、证明后再决定制单、报关事宜。

（3）不需要批文和证明的，货运代理可即行制单、报关，通知货主提货或代办运输。

（4）报送单上需由报关人填报的项目有：进口口岸、收货单位、经营单位、合同号、批准机关及文号、外汇来源、进口日期、提单或运单号、运杂费、件数、毛重、海关统计商品编号、货品规格及货号、数量、成交价格、价格条件、货币名称、申报单位、申报日期等。

（5）转关运输申报单的内容少于报关单，也需按要求详细填列。

3. 进口报关

报关大致分为初审、审单、征税、验放四个主要环节，如图 12-9 所示。

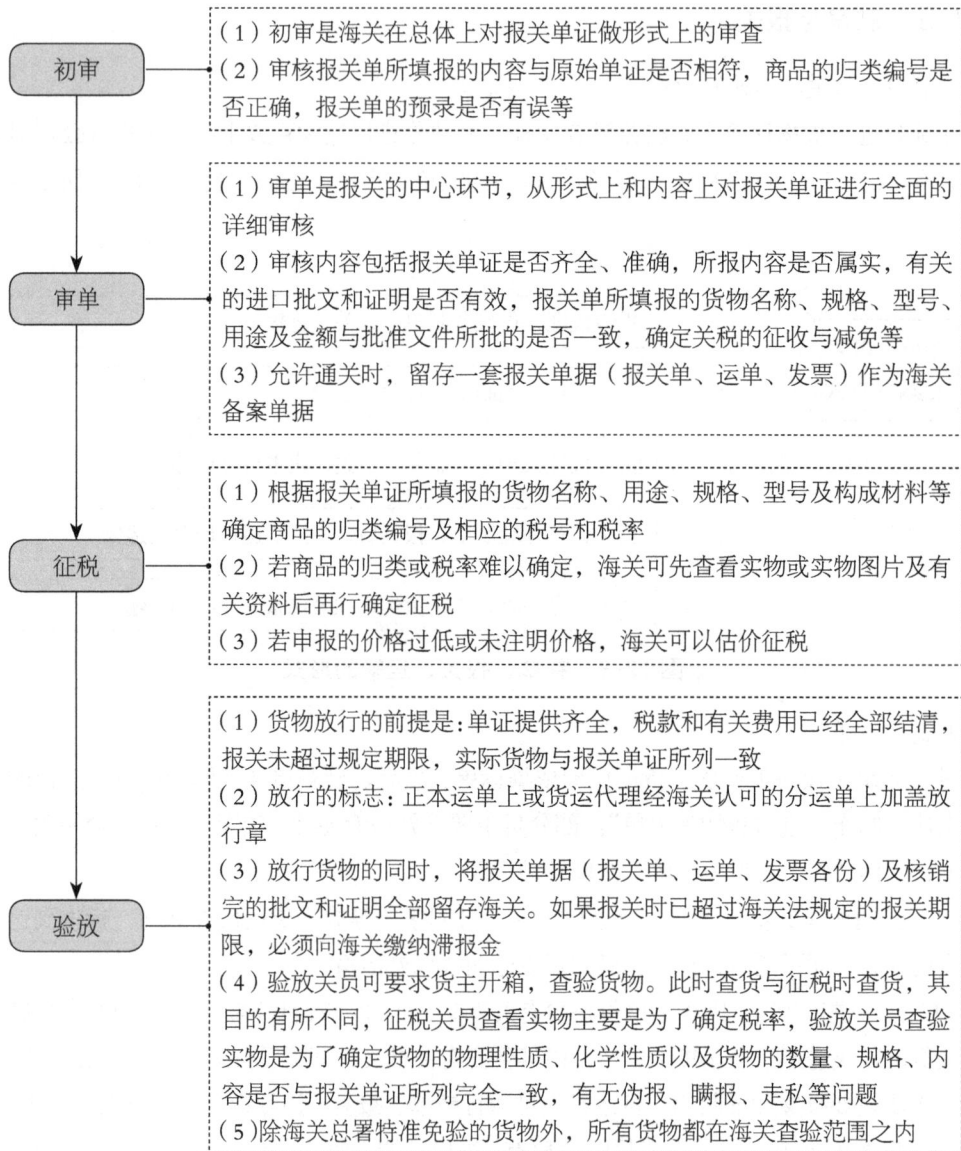

初审	（1）初审是海关在总体上对报关单证做形式上的审查 （2）审核报关单所填报的内容与原始单证是否相符，商品的归类编号是否正确，报关单的预录是否有误等
审单	（1）审单是报关的中心环节，从形式上和内容上对报关单证进行全面的详细审核 （2）审核内容包括报关单证是否齐全、准确，所报内容是否属实，有关的进口批文和证明是否有效，报关单所填报的货物名称、规格、型号、用途及金额与批准文件所批的是否一致，确定关税的征收与减免等 （3）允许通关时，留存一套报关单据（报关单、运单、发票）作为海关备案单据
征税	（1）根据报关单证所填报的货物名称、用途、规格、型号及构成材料等确定商品的归类编号及相应的税号和税率 （2）若商品的归类或税率难以确定，海关可先查看实物或实物图片及有关资料后再行确定征税 （3）若申报的价格过低或未注明价格，海关可以估价征税
验放	（1）货物放行的前提是：单证提供齐全，税款和有关费用已经全部结清，报关未超过规定期限，实际货物与报关单证所列一致 （2）放行的标志：正本运单上或货运代理经海关认可的分运单上加盖放行章 （3）放行货物的同时，将报关单据（报关单、运单、发票各份）及核销完的批文和证明全部留存海关。如果报关时已超过海关法规定的报关期限，必须向海关缴纳滞报金 （4）验放关员可要求货主开箱，查验货物。此时查货与征税时查货，其目的有所不同，征税关员查看实物主要是为了确定税率，验放关员查验实物是为了确定货物的物理性质、化学性质以及货物的数量、规格、内容是否与报关单证所列完全一致，有无伪报、瞒报、走私等问题 （5）除海关总署特准免验的货物外，所有货物都在海关查验范围之内

图 12-9 进口报关的四个环节

4. 报关期限与滞报金

（1）按海关法规定，进口货物报关期限为自运输工具进境之日起的 14 日内，超过这一期限报关的，由海关征收滞报金；

（2）滞报金每天的征收标准为货物到岸价格的万分之五。

5. 货运代理公司开验工作的实施

客户自行报关的货物，一般由货主到货运代理监管仓库借出货物，由代理公司派人陪同货主一并协助海关开验。客户委托代理公司报关的，代理公司通知货主，由其派人前来或书面委托代办开验。开验后，代理公司须将已开验的货物封存，运回监管仓库储存。

> 对大件货物、开箱后影响运输的货物实施开验时，货运代理公司及货主应如实将情况向海关说明，可申请海关派员到监管仓库开验，或直接到货主单位开验。

（六）发货与收费

1. 发货

办完报关、报检等手续后，货主须凭盖有海关放行章、检验检疫章的进口提货单到所属监管仓库付费提货。

（1）仓库发货时，须检验提货单据上各类报关、报验章是否齐全，并登记提货人的单位、姓名、身份证号以确保发货安全。

（2）保管员发货时，须再次检查货物外包装情况，遇有破损、短缺，应向货主做出交代。

2. 收费

货运代理公司仓库工作人员在发放货物前，一般先将费用收妥。收费内容有：

（1）到付运费及垫付佣金；

（2）单证、报关费；

（3）仓储费；

（4）装卸费、铲车费；

（5）航空公司到港仓储费；

（6）海关预录入、动植检、卫检报验等代收代付费；

（7）关税及垫付佣金。

除了每次结清提货的货主外，经常合作的货主可与货运代理公司签订财务付费协议，实施先提货、后付款、按月结账的付费方法。

（七）送货与转运

出于多种因素（便利性、费用、运力），许多货主或国外发货人要求将进口到达货物由货运代理人报关、垫税，提货后运输到直接收货人手中。

1. 送货上门业务

送货上门主要指进口清关后将货物直接运送至货主单位，运输工具一般为汽车。

2. 转运业务

转运主要指将进口清关后的货物转运至货运代理公司，运输方式为飞机、汽车、火车、水运、邮政等。

办理转运业务，需由国内的货运代理公司协助收回相关费用，同时口岸货运代理公司亦应支付一定比例的代理佣金给国内的代理公司。

（八）进口货物转关及监管运输

进口货物转关是指货物入境后不在进境地海关办理进口报关手续，而是运往另一设关地点办理进口报关手续。在办理进口报关手续前，货物一直处于海关监管之下，转关运输也称监管运输，也就是这一运输过程置于海关监管之中。

1. 转关条件

进境货物经申请人向进境地海关提出申请，并具备图 12-10 所列条件者，经海关核准方可办理转关运输。

条件一 ▶ 指运地设有海关机构，或虽未设海关机构，但分管海关同意办理转关运输，即收货人所在地必须设有海关机构，或邻近地区设有分管该地区的海关机构

图 12-10　转关条件

条件二 ▷ 运载转关运输货物的运输工具和装备具备密封装置和加封条件（超高、超长及无法封入运输装置的除外）。海关规定，转关货物采用汽车运输时，必须使用封闭式的货柜车，由进境地海关加封，指运地海关启封

条件三 ▷ 承运转关运输货物的企业是经海关核准的运输企业。一般运输企业，尤其是个体运输者，即使拥有货柜车，也不能办理转关运输

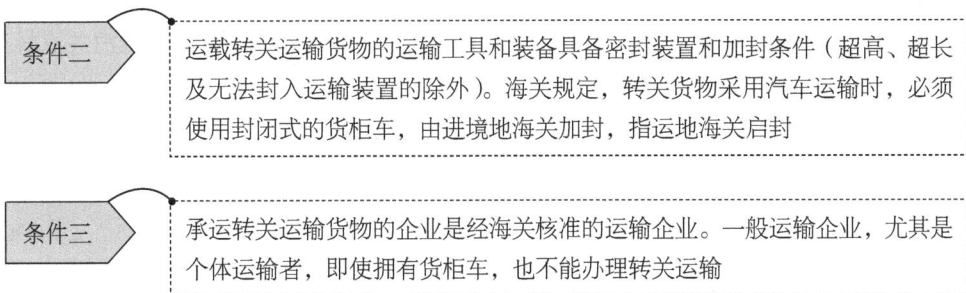

图 12-10 转关条件（续图）

不具备上述条件，但有特殊情况的，经海关核准，进境货物经申请也可以办理转关运输。

进境货物经申请办理转关运输还应遵守海关的其他有关规定，如：

（1）转关货物必须存放在海关同意的仓库、场所，并按海关规定办理收存、交付手续；

（2）转关货物未经海关许可，不得开拆、改装、调换、提取、交付；

（3）对海关加封的运输工具和货物，应当保持海关封志完整，不能擅自开启，必须负责将进境地海关签发的关封完整、及时地交指运地海关，并在海关规定的期限内办理进口手续。

2. 转关手续

转关货物不管采用哪种运输方式，转关申请人（或货运代理）均须首先向指运地海关申请"同意接收 ×× 运单项下进口货物转关运输至指运地"的关封。

（1）办理进口货物转关运输手续时，应向进境地海关递交：

① 指运地海关同意转关运输的关封；

②"转关运输申报单"；

③ 国际段空运单、发票。

（2）进境地海关审核货运单证同意转关运输后：

① 将货物运单号和指运地的地区代号输入电脑进行核销，并将部分单证留存；

② 将运单、发票、转关货物报关单各一份装入关封内，填妥关封号加盖验讫章；

③ 在运单正本上加盖放行章；

④ 在海关配发给各代理公司的转关登记簿上登记，待以后收回回执核销；

⑤ 采用汽车转关运输时，需在海关颁发的货运代理监管运输车辆的"载运海关监督货物车辆登记簿"上登记、核销。

第十三章

国际陆运货运代理业务

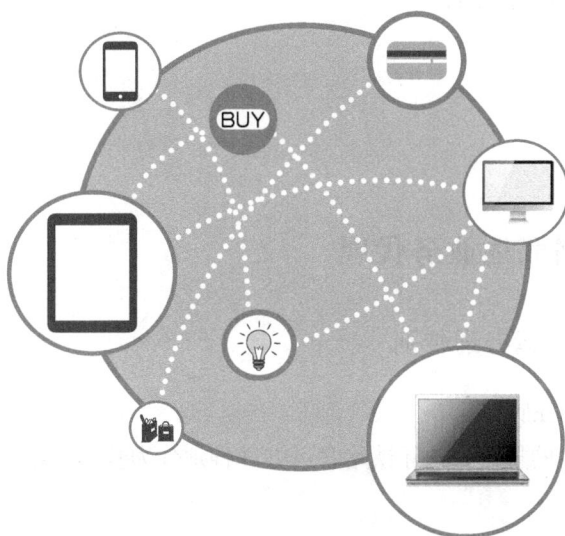

第一节　国际铁路货运代理业务

一、国际铁路货运代理概述

国际铁路货运代理是指接受发货人、收货人的委托，为其办理铁路货物运输及其相关服务的人。

国际铁路货运代理的特点有：

（1）一些大型铁路货运代理会以当事人的身份开展"门到门"全程代理服务；

（2）具有依附性且相对垄断；

（3）具有网络优势；

（4）功能单一；

（5）规模较小。

二、国际铁路联运业务代理

（一）国际铁路联运办理种别

1. 按货量、体积和性质分

根据《国际货协》的规定，国际铁路联运办理种别分为整车货物、零担货物和大吨位集装箱货物。

（1）整车货物指用一张运单托运的，按其体积、重量、性质或形状需要单独车辆（一辆或一辆以上）运送的货物。

（2）零担货物指一张运单托运的，按货物的体积、重量、性质或形状都不需要单独使用一辆货车装运的货物。

零担货物的条件是：一件货物的体积不得小于 0.02 立方米，但一件重量在 10 千克以上的货物则不受此最小体积限制。每批托运（每张运单）件数不得超过 300 件。

（3）大吨位集装箱货物是指一份运单托运的，用大吨位集装箱运送的货物或空的大吨位集装箱。

注：小吨位集装箱和中吨位集装箱货物可以办理零担货物或整车货物运送。大吨位集装箱货物和空的大吨位集装箱仅可以办理大吨位集装箱货物运送。

小吨位集装箱：容积 1 ~ 3 立方米，最大容许总重 2.5 吨。

中吨位集装箱：容积 3 ~ 5 立方米，最大容许总重 2.5 ~ 5 吨。

大吨位集装箱：符合 ISO 标准的国际标准集装箱。

特殊货物只限按整车办理：

（1）需要冷藏、保温或加温运输的货物；

（2）危险货物；

（3）易于污染其他货物的污秽品；

（4）蜂蜜；

（5）未装容器的活动物；

（6）不易计算件数的货物；

（7）一件重量超过 2 000kg，体积超过 3m³ 或长度超过 9m 的货物；

（8）一件重量不足 10kg、体积小于 0.01m³ 的货物。

2. 按运送速度分

（1）快运：整车货物或大吨位集装箱货物每 320 运价千米为一天（昼夜）；零担货物每 200 运价千米为一天（昼夜）。

（2）慢运：整车货物或大吨位集装箱货物每 200 运价千米为一天（昼夜）；零担货物每 150 运价千米为一天（昼夜）。

（3）随旅客列车挂运：每 420 运价公里为一天（昼夜）。

（二）国际铁路联运运单

国际铁路联运运单（International Railway through Waybill）是货物联运的主要单证，它是参加联运发送国铁路与发货人之间缔结的运送合同。合同中规定了参加联运的各国铁路和收发货人在货物运送上的权利、义务和责任，对铁路和收发货人都具有法律效力，双方都受合同的保护和约束。

铁路运单不同于海运提单，不是物权凭证，其收货人一栏不能做成指示性抬头，应做成记名式抬头。

国际铁路联运运单有《国际货约》运单和《国际货协》运单两种。

1.国际铁路联运运单

国际铁路联运运单（以下简称运单），由运单正本、运行报单、运单副本、货物交付单和货物到达通知单五张组成。

国际铁路联运运单的组成和流程如表 13-1 所示。

表 13-1　国际铁路联运运单的组成和流程

联次	主要用途	流转程序
第一张——运单正本	运输合同凭证，随同货物至到达站，连同第五张和货物一起交给收货人。收货人可凭运单点收货物	（给收货人）（发货人→发站→到站→收货人）
第二张——运行报单	是各承运人间交接、划分责任的证明。随同货物至到达站，并留存到达铁路	（给到达铁路）（发货人→发站→到站→到达铁路）
第三张——运单副本	是承运人接收货物的证明，货物发运后，交给发货人；用于交单议付，不具有运单的效力	（给发货人）（发货人→发站→发货人）
第四张——货物交付单	是承运人合同履行的证明，随同货物至到达站，并留存到达铁路	（给到达铁路）（发货人→发站→到站→到达铁路）
第五张——货物到达通知单	收货人存查，随同货物至到达站，并连同第一张和货物一起交给收货人（作为收货人进口报关文件）	（给收货人）（发货人→发站→到站→收货人）

2.补充运行报单

在实际业务中，可视情况增加若干补充运行报单。补充运行报单包括带号码的补充运行报单（以下简称有号报单）和不带号码的补充运行报单（以下简称无号报单）两种。

（1）有号报单是为发送铁路准备的，一般填制三份，一份留站存查，一份报所属铁路局，一份随同货物至出口国境站截留。

（2）无号报单是为过境铁路准备的，每过境一个国家的铁路要填制一份。

（三）联运出口货代操作实务

1.联运计划

根据现行铁路规定，凡发运整车货物，都需要有铁路部门批准的月度要车计划和旬度要车计划。

零担货物和集装箱货物不需要向铁路部门编报月度要车计划，但发货人须事先向发站办理托运手续。

货运代理应根据货物运输的具体要求提前在发站提报国际联运计划，并通知国际部以便协调国际联运计划的批复工作。

2. 货运代理业务流程

货运代理业务流程如表 13-2 所示。

表 13-2　货运代理业务流程

序号	步骤	说明
1	接受客户询价	如有客户询问铁路联运的业务，应向客户了解如下问题： （1）运输方式：整车或集装箱 （2）发送站和运往的国家及到站 （3）货物的品名和数量 （4）预计运输的时间 （5）客户单位名称、电话、联系人等 （6）其他
2	接受委托	客户一旦确认报价，同意各公司代理运输后，需要客户以书面形式委托货运公司。委托书主要内容包括询价时的内容
3	要求客户提供运输单证	要求客户提供以下单证：运输委托书、报关委托书、报检委托书、报关单、报检单（加盖委托单位的专用章）、合同、箱单、发票和商检放行单
4	填写铁路国际联运大票	在当地购买铁路国际联运大票，由国际部填写好样单后传真给当地公司由相关人员填写正式国际联运大票，或由国际部制后快递给当地公司
5	报关	客户可以自理报关，也可以委托某些货运公司报关，如果在发货地报关不方便，可以将上述单证备齐在口岸报关
6	发车	（1）根据运输计划安排通知送货发运时，在发货当地报关的货物需将报关单、合同、箱单、发票、关封等单据与国际联运单一同随车带到口岸 （2）在口岸报关的需将合同、箱单、发票、报关单、商检证等单据快递给货运公司的口岸代理公司 （3）货物发运后将运单第三联交给发货人
7	口岸交接	货物到达口岸后需要办理转关换装手续，待货物换到外方车发运后，货运公司将口岸该货的换装时间、外方换装的车号等信息通知发货人

（续表）

序号	步骤	说明
8	退客户单据	货物换装交接后，将相关单据退给客户
9	收费	（1）国际联运的运费是以美元报价，客户需向货运公司支付美元运费 （2）运费支付的时间是在发车后的 10 天内

3. 重点注意事项

（1）办理托运前的工作

在托运前，对于货物的包装和标记应严格按照合同中的有关条款以及国际货协和议定书中的条款办理。

其一，货物包装应能充分防止货物在运输过程中灭失和腐坏，保证货物多次装卸不致毁坏。

其二，货物标记、表示牌及运输标记、货签的主要内容包括商品的记号和号码、件数、站名、收货人名称等。字迹应清晰，不易擦掉，并能保证多次换装不致脱落。

（2）货物托运和承运的一般程序

① 发货人在托运货物时，应向车站提交货物运单和运单副本，以此作为货物托运的书面申请。

② 车站接到运单后，应进行认真审核，对整车货物应检查是否有批准的月度，询问货物运输计划和要车计划，检查货物运单各项内容是否正确，如确认可以承运，车站即在运单签证时写明货物应进入车站的日期和装车日期，即表示接受托运。

③ 发货人按签证指定的日期将货物搬入车站或指定的货位，铁路部门根据货物运单的记载查对实货，只有符合国际货协和有关规章制度的规定，才能予以承认。

④ 整车货物一般在装车完毕，车站在货物运单上加盖承运日期戳时，即表示承运。

⑤ 发运零担货物，发货人在托运时，不需要编制月度要车计划，即可凭运单向车站申请托运。

⑥ 车站受理托运后，发货人应按签证指定的日期将货物搬进货场，送到指定的货位上，经查验过磅后，即交由铁路保管。

⑦ 车站接收进入托运流程的货物及货物运单且在货物运单上加盖承运日期戳，即表示货物业已承运。

⑧ 铁路对承运后的货物负保管和装车发运责任。

总之，承运是铁路负责运送货物的开始，表示铁路开始对发货人托运的货物承担运送义务，并负运送方面的一切责任。

（3）出口货物交接

联运出口货物交接在国境站进行。

我国的国境站除设有一般车站应设的机构外，还设有国际联运交接所、海关、出入境检验检疫所、边防检查站以及口岸货运代理公司等单位。

出口货物交接的一般程序如下所述。

① 出口国境站货运调度根据国内前方站列车到达预报，通知交接所和海关做好接车准备工作。

② 列车进站后，铁路会同海关接车，将列车随带单据送交交接所处理，货物及列车处于海关监管和检查。

③ 交接所实行联合办公，由铁路、海关、外运等单位参加。

铁路负责整理、翻译运输票据，编制货物和车辆交接单，以此作为向邻国铁路办理货物和车辆交接的原始凭证。

外运公司主要负责审核货运单证，纠正单证差错，处理错发、错运事故。

海关根据申报，经查验单、证、货相符，即验关放行。

（4）出口货物的交付

货物抵达后，铁路通知货运单上的收货人提取货物。收货人付清运单中所记载的一切应付费用后，铁路将货物连同运单一起交给收货人。

（四）联运进口代理操作实务

联运进口代理流程为审查客户资料→询价、报价→签协议、收费→文件交付→接运→委托代办报关等→费用核收。在此重点要注意的是联运进口货物发运前的准备工作。

（1）运输标志的编制和使用

按照我国规定，联运进口货物在订货工作开始前，由商务部统一编制向国外订货的代号，运输标志必须清楚醒目、色泽鲜艳、大小适中，印制在货物外包装显著位置。

（2）审核联运进口货物的运输条件

审核联运进口货物的运输条件包括审核收货人唛头是否正确，商品品名是否准确具体，货物性质和数量是否符合到站的办理种别，包装是否符合有关规定等。

（3）向国境站货运代理寄送单证，办理委托代理手续

相关单证包括合同副本及其附件、补充协议书、合同更改书及有关确认函电等资料。

三、国内铁路运输代理业务

（1）国内铁路运输主要是指进出口货物在口岸和内陆之间的集散，要按《国内铁路货物运输规程》的规定办理。

（2）凡进出口货物由港口经铁路转运到各地用货部门，出口货物由产地经铁路集中到港区装船，或各省、市、自治区之间的外贸物资调拨，都属于国际贸易货物的国内铁路运输。

（3）对港澳地区的货物运输也属于国内铁路运输，但又与一般的国内铁路运输不同。

四、港澳地区的铁路货物运输业务

（一）内地运往香港的铁路货运业务流程

1. 内地运往香港的铁路货运的三段作业

内地运往香港的铁路货运的三段作业如图 13-1 所示。

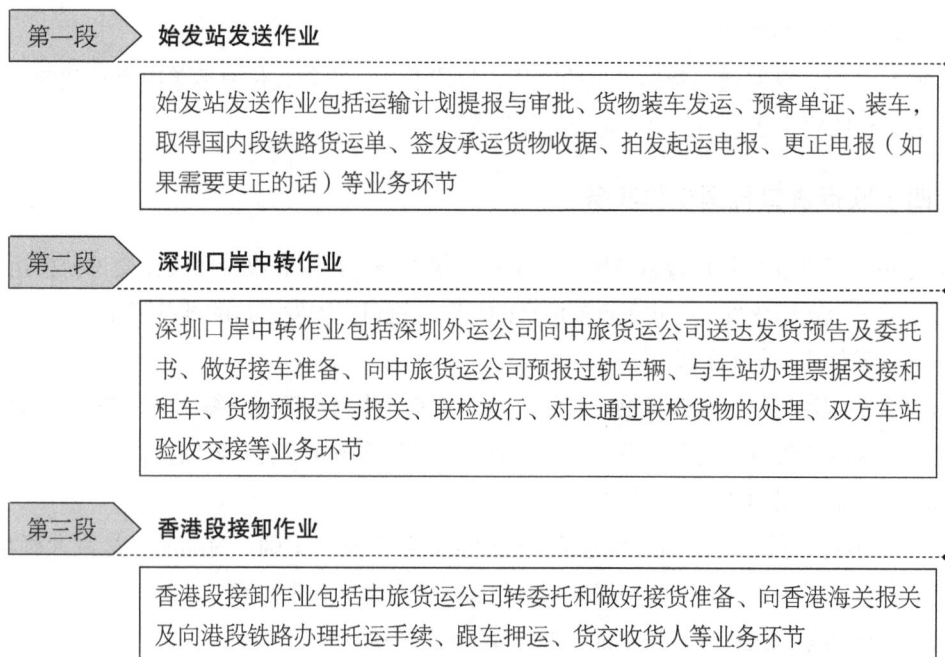

第一段　始发站发送作业

> 始发站发送作业包括运输计划提报与审批、货物装车发运、预寄单证、装车，取得国内段铁路货运单、签发承运货物收据、拍发起运电报、更正电报（如果需要更正的话）等业务环节

第二段　深圳口岸中转作业

> 深圳口岸中转作业包括深圳外运公司向中旅货运公司送达发货预告及委托书、做好接车准备、向中旅货运公司预报过轨车辆、与车站办理票据交接和租车、货物预报关与报关、联检放行、对未通过联检货物的处理、双方车站验收交接等业务环节

第三段　香港段接卸作业

> 香港段接卸作业包括中旅货运公司转委托和做好接货准备、向香港海关报关及向港段铁路办理托运手续、跟车押运、货交收货人等业务环节

图 13-1　内地运往香港的铁路货运的三段作业

2. 内地对香港铁路出口货物运输流程

内地对香港铁路出口货物运输流程如图13-2所示。

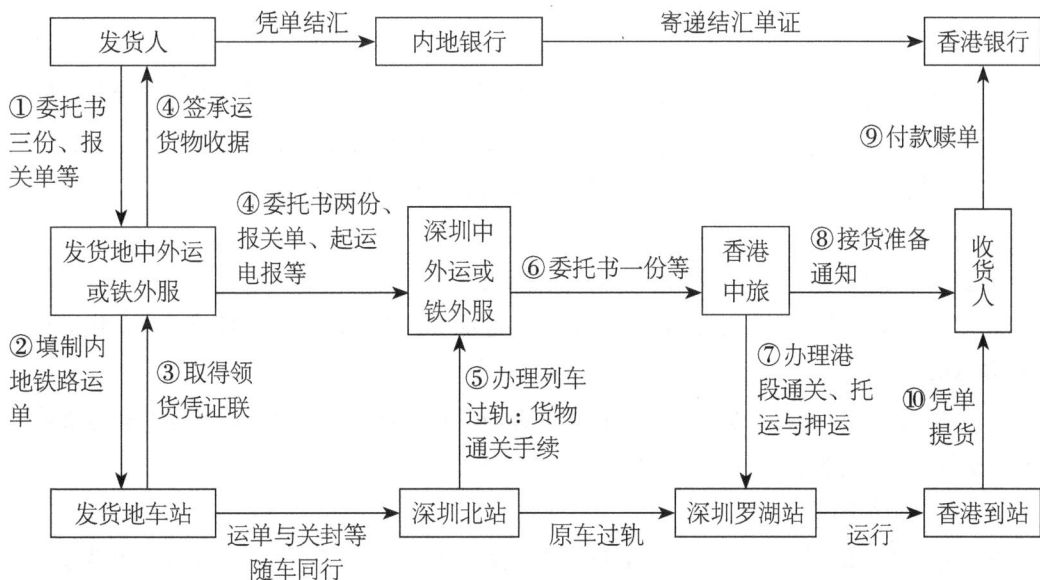

图13-2　内地对香港铁路出口货物运输流程

3. 货运代理业务流程

（1）货代向当地铁路办理托运后，均凭托运地外运公司签发的承运货物收据向银行办理结汇。

（2）货代委托深圳外运公司为收货人办理接货、保管、租车过轨等手续。

（3）货代事先将有关单证寄交深圳外运公司，货物装车后24小时内发送起运电报以便深圳外运办理中转。

（4）凡具有过轨手续的货车，由深圳外运报关，经海关审核无误后，会同联检机构对过轨火车进行联检，后由海关边检站在"出口货车组成单"上签字放行。

（5）放行后的货车经由铁路运至深圳北站以南1千米与港段罗湖站接连处，然后由罗湖站验收并托运过境。由中旅向港段海关报关，办理起票，港段承运后将过轨货车运至九龙站，由中旅负责卸货并将货物分别交给各个收货人。

269

（二）香港运往内地的铁路货运业务

1. 香港运往内地的铁路货运业务概述

（1）货物的类别

香港运往内地的货物大都可从深圳铁路进入：对于整车货物可利用回空车辆从深圳口岸陆运进入；对于同一到站的零担货物，在到站没有海关的情况下，可在深圳办理报关后以直达零担车运送。其他零担货物、危险品和阔大货物，须预先商定后方可办理。活畜禽和猪的产品（包括生猪肉、皮骨、鬃毛、原肠等），因港段条件限制暂不能承运。

（2）运输方式

香港运往内地的货物所采用的运输方式主要有：

① 在九龙车站装整车或拼装同一到站货物，经深圳原车过轨，由深圳外运公司代运直达内地目的站；

② 在九龙车站以铁路包裹（快件）托运，在罗湖桥办理交接，由深圳外运公司分拨或以包裹、零担、邮件等方式运往内地目的地。

（3）运输组织的特点

香港运往内地的货物运输也采取租车方式、两票运输，以罗湖桥为分界点，由港段和内地段两段组成。由于香港九广铁路公司没有装货的车皮，因而在港段的车辆使用权属深圳外运公司所有，由外运公司委托在香港的代理人支配利用。

2. 香港运往内地的铁路货运业务流程

港运往内地的铁路货运业务包括内地收货人通知香港发货人办理委托发运手续、收货人寄送单证，委托深圳外运公司办理深圳转运手续、办理货物在深圳的进口报关及内地段托运手续、寄送单证至内地收货人或内地外运公司等业务环节。

（三）内地与港澳地区间铁路集装箱运输业务

1. 内地与港澳地区间铁路集装箱运输业务的特点

与前述非铁路集装箱货物运输相比，内地与香港九龙间的铁路集装箱货物运输具有以下两个显著特点：

（1）在运输单据上，使用中铁集装箱运输中心（简称中铁）印制的"中铁集装箱运输中心联运提单"取代货物运单；

（2）在运输组织上，改变了普通货物的"租车方式、两票运输"，采取在指定办理站之间"一票直达"的方式。

2. 中铁联运提单

"中铁集装箱运输中心联运提单"（以下简称"中铁提单"）是承运人与托运人之间办理集装箱货物联运，货物被接收后签订的运输合同。

"中铁提单"分正本提单和副本提单。正本提单根据托运人要求的份数，签署完毕后全部交还托运人。副本提单在单程运输时有两联，一联是带海关联的副本，填记发站所在地海关记载事项，随车同行，在深圳转关时，荀岗海关将海关部分留存后，副本提单随车继续运输至到站，交付后到站存档；另一联副本提单由发站承运人留存。

往返运输另加一份副本提单，到站承运人存档，保证原箱按期返回。

原箱返回时，另重新填制提单，不再收取费用。在口岸办理报关报验手续的集装箱运输，使用带海关联的副本提单。

五、国际铁路货物运单

（一）国际铁路货物运单的分类

我国的国际铁路货物运单根据国际铁路联运和国内铁路运输两种方式分为国际铁路联运运单和国内铁路运单。通过铁路向港澳运输货物时，由于国内铁路运单不能作为对外结汇的凭证，故使用"承运货物收据"这种特定性质和格式的单据。

1. 国际铁路联运运单

国际铁路联运所使用的运单是铁路与货主间缔结的运输契约的证明。此运单正本从始发站随同货物附送至终点站并交给收货人，是铁路同货主之间交接货物、核收运杂费用和处理索赔与理赔的依据。运单副本是卖方向银行结算货款的主要证件。

2. 承运货物收据

承运货物收据既是承运人出具的货物收据，也是承运人与托运人签订的运输契约的证明。内地通过铁路运往港澳地区的货物，一般委托中国对外贸易运输公司承办。当货物装车发运后，对外贸易运输公司即签发承运货物收据交给托运人，作为对外办理结汇的凭证。承运货物收据只有第一联为正本，反面印有承运简章，载明承运人的责任范围。

（二）国际铁路货物运单的格式

货物运单由两部分组成，左侧为运单，右侧为领货凭证。运单和领货凭证背面分别印有"托运人须知"和"收货人领货通知"。每批货物填写一张货物运单，使用机械冷藏车运输的货物，同一到站、同一收货人一起运输时，可以数批合提一份运单，整车分卸货物除提出基本运单外，每一分卸站应增加分卸货物运单两份（分卸站和收货人各一份）。按一批托运的货物品名过多或托运搬家货物，运单上的"货物名"栏不够填写时，托运人须同时提供"物品清单"，且一式三份（一份由始发站存查，一份随运单交到站，一份退还收货人）。

国际铁路货物运单示例

发送路简称中铁	1 发货人，通信地址：		25 批号（检查标签）运输号码： 2 合同号码：
	5 收货人，通信地址：		3 发站：大连货运公司
			4 发货人的特别申明：
6 对铁路无效约束力的记载：			26 海关记载：
7 通过的国境站：大连站			27. 车辆 / 28 标记载重（吨）/29 轴数 /30 自重 /31 换装后的货物重量
8 到达路和站：			27 / 28 / 29 / 30 / 31

国际货协——运单 慢运	9 记号，标记，号码	10 包装种类	11 货物名称	12 件数	13 发货人确定的件数（千克）	32 铁路确定的件数（千克）
	ART.NO 3331	集装箱	CASUAL SHOES	200	2 400	2 400
	14 共计件数（大写）：		15 共计重量（大写）：		16 发货人签字：	

（续表）

17 互换托盘 数量	集装箱 / 运送用具					
	18 种类 类型			19 所属者及号码		
20 发货人负担下列过境铁路的费用： 无	21 办理种别：/			22 由何方发车：/		33
	整车	零担	大规模集装箱	发货人	铁路	34
	不需要的划清					35
	24 货物的声明价格：					36
23 发货人添附的文件						37
	44 封印					38
	个数		记号			39
						40
45 发站日期	46 到站日期	47 确定重量方法		48 过磅的戳记，签字		41
						42
						43

第二节　国际公路货运代理业务

公路货运代理是指接受发货人、收货人的委托，为其办理公路货物运输及其相关服务的人，其服务内容包括揽货、托运、仓储、中转、集装箱拼装拆箱、结算运杂费、报关、报验、保险、相关的短途运输服务及咨询业务。

一、国际公路货运业务内容

国际公路货运业务包括发送业务、途中业务和到达业务三部分。其中，发送业务主要包括受理托运、检货司磅、保管、组织装车和制票收费等内容；途中业务主要包括途中货物交接、货物整理或换装等内容；到达业务主要包括货运票据的交接，货物卸车、保管和交付等内容。

（一）公路货物运输业务的分类

公路货物运输业务可分为图 13-3 所示的类别。

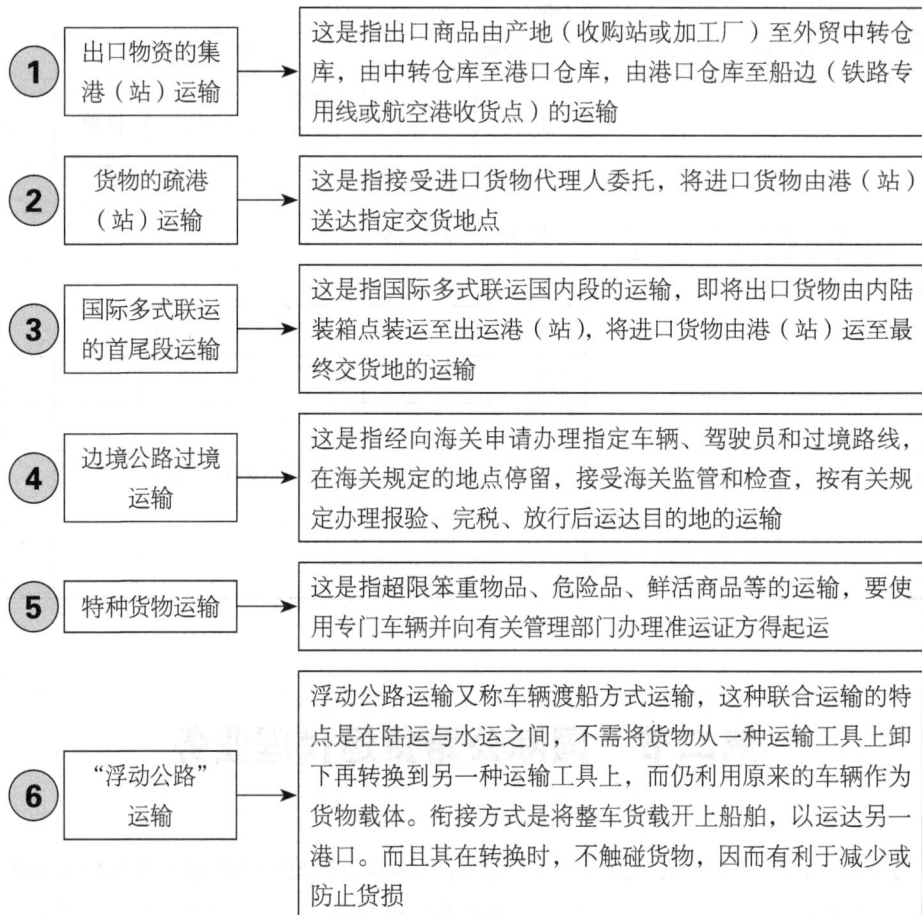

1	出口物资的集港（站）运输	这是指出口商品由产地（收购站或加工厂）至外贸中转仓库，由中转仓库至港口仓库，由港口仓库至船边（铁路专用线或航空港收货点）的运输
2	货物的疏港（站）运输	这是指接受进口货物代理人委托，将进口货物由港（站）送达指定交货地点
3	国际多式联运的首尾段运输	这是指国际多式联运国内段的运输，即将出口货物由内陆装箱点装运至出运港（站），将进口货物由港（站）运至最终交货地的运输
4	边境公路过境运输	这是指经向海关申请办理指定车辆、驾驶员和过境路线，在海关规定的地点停留，接受海关监管和检查，按有关规定办理报验、完税、放行后运达目的地的运输
5	特种货物运输	这是指超限笨重物品、危险品、鲜活商品等的运输，要使用专门车辆并向有关管理部门办理准运证方得起运
6	"浮动公路"运输	浮动公路运输又称车辆渡船方式运输，这种联合运输的特点是在陆运与水运之间，不需将货物从一种运输工具上卸下再转换到另一种运输工具上，而仍利用原来的车辆作为货物载体。衔接方式是将整车货载开上船舶，以运达另一港口。而且其在转换时，不触碰货物，因而有利于减少或防止货损

图 13-3 公路货物运输六大业务

（二）外贸公路运输的主要任务

（1）将出口商品由产地集中到外贸仓库。

（2）将出口商品由外贸储存库运至发运点仓库。

（3）将出口商品由发运点仓库运至港口前方仓库，或直接运至港口、车站、机场。

（4）将集装箱货物由交货点通过公路运输至车站装上火车或运至港口装船，即承担国际多式联运的第一段运输。

（5）进口货物的疏运，送货上门。

（6）边境贸易的直达货物运输等。

二、公路货物运输代理流程

（一）公路整车货物运输代理流程

1. 托运承运

（1）托运人（货运代理人或发货人）填制承运人印制的托运单向承运人托运。

（2）承运人审核运单，确定运输里程，计算运杂费，签章受理，接受委托。

（3）承运人会同托运人核实理货、验货，落实收货人、发货人，准备过磅、装卸。

2. 配车装运

（1）承运人及托运人的货运代理人实际监督装运，现场确定装载量、装载件数、查验包装、监管装车质量和捆扎苫盖，散装货物防止丢、撒、漏、损。

（2）装货完毕后，承托双方办理交接手续。

（3）按行车路单，包装货物件件交收、散货磅交磅收、集装箱铅封交接。

3. 发车运输

承运人自接收货物时起至交付货物时止，须对货物的灭失、损坏负赔偿责任（但人力不可抗拒的自然灾害、货物性质变化及自然耗损、包装完好内货短损及有押运保管的除外）。

4. 到达交付

（1）承运人将货物运到目的地后向收货人交付。收货人为货运代理时，货运代理应到场同承运人交接，按路单核收件数和重量，检验无误后在承运人所持结算凭证上签章。

（2）发生货损、货差时双方做出记录并签认，货运代理人或收货人可在货票上做出批注，但不得因货损、货差拒绝收货。

（3）正常情况下，收货人核收货物后在货票收货回单上签章，承运人的责任即告终止。

（二）公路零担货物运输代理流程

1. 受理托运

（1）托运人填写托运单办理托运手续，承运人审核运单后接受委托。

（2）承运人收到托运货物后需按单核对、验货过磅，然后将货物堆码在指定货位上，并按托运单号贴标签和填写货票，同时还需向托运人收取相关费用。

零担货物入库是承运人对货物履行责任的开始。

2. 配载装车

承运人配载装车的具体步骤为：

（1）按车核对吨位容积，按同一到站货物的重量体积、理化性质、形状大小合理配载，编制货物清单，收集随车单证；

（2）按装货清单装车；

（3）清点货物，在随车单证上签章并检查苫盖、捆扎和关锁情况。

3. 发车运行

（1）站车交接后货运班车严格按班点发车，车辆按规定路线行驶。

（2）需要中转的货物，在规定的中转站中转，并重新集结装车，再继续运至最终目的地。

4. 到达作业

直接运达目的地的车辆到站后，承运车同车站办理单证和货物交接，单货相符后，由车站做出到货通知书，通知收货人到车站提货。合同运输货物安排送货上门。货物交付完毕，收回货票提货联，零担承运人的运输责任即告结束。

三、公路货物运输运费的核算

公路货物运输费用包括运费和其他费用。运费是指公路货物运输的承运人在运输货物时依照所运货物的种类、重量、距离而收取的费用，它是公路货物运输费用中的重要的组成部分。其他费用也称杂费，主要是指包括装卸费在内的在公路货物运输中产生的相关费用。

（一）公路运费的计费重量

在计算公路货物运输费用时，需要考虑货物的计费重量。公路货物运输计费重量规定如下所述。

（1）一般货物。无论是整批货物还是零担货物，计费重量均按毛重计算。整批货物运输以吨为单位计重，吨以下计至100千克（尾数不足100千克的，四舍五入）；零担货物运输以千克为单位计重，最小计费重量为1千克（重量在1千克以上、尾数不足1千克的，四舍五入）。

（2）轻泡货物。每立方米重量不足333千克的货物为轻泡货物。整批轻泡货物的高度、长度、宽度以不超过有关道路交通安全规定为限，按车辆标记吨位计算重量；零担轻泡货物以货物最长、最宽、最高部位尺寸计算体积，按每立方米折合为 333 千克计算重量。

另外，还有其他几种计费重量：包车运输按车辆的标记吨位计算重量；散装货物（如沙、矿石、木材等）根据体积，按有关单位统一规定的重量换算标准计算重量；集装箱运输以箱为计量单位计算重量，不按箱内货物实际重量计算。

（二）公路运费的计费里程

公路货物运输计费里程按货物的装货地点至卸货地点的实际运输里程计算，以千米为单位，尾数不足 1 千米的，进整为 1 千米。出入境汽车货物运输的境内计费里程以交通主管部门核定的里程为准，境外里程按毗邻地区交通主管部门或有权认定部门核定的里程为准。未核定里程的，由承托双方协商或按车辆实际运行里程计算。

（三）公路运费的计价单位

境内公路货物运输以元为计价单位，运费尾数不足 1 元时，四舍五入。整批货物运输的计价单位为元／（吨·千米），零担货物运输的计价单位为元／（千克·千米），集装箱运输的计价单位为元／（箱·千米），包车运输的计价单位为元／（吨·时）。出入境货物运输涉及其他国家货币时，在无法按统一汇率折算的情况下，可使用其他自由货币作为计价单位。

四、国际公路货物运输的单证

国际公路货运中最重要的货运单证为公路运单，即托运单。为了加强对出入境汽车运输单证的管理，我国颁布的《中华人民共和国出入境汽车运输管理规定》中对于出入境汽车的运输企业所使用的"国际汽车货物运单"式样做出了明确的规定。

（一）国际汽车货物运单的份数

国际汽车货物运单一式三份，均应有发货人和承运人的签字或盖章。一份交付发货人，作为货交承运人的收据；一份跟随货物至目的地，作为货物通关、交接的凭证；一份由承运人留存。

（二）国际汽车货物运单的内容

国际汽车货物运单的内容主要包括：

（1）发货人、收货人、承运人的名称及地址；

（2）货物接管的地点、日期及指定的交货地点；

（3）货物的名称、件数、重量、尺码、包装、标志及号码；

（4）运输费用；

（5）是否允许转运的说明；

（6）货物价值及保险；

（7）运输期限；

（8）运单签发的日期及地点等。

第十四章

国际多式联运货运业务

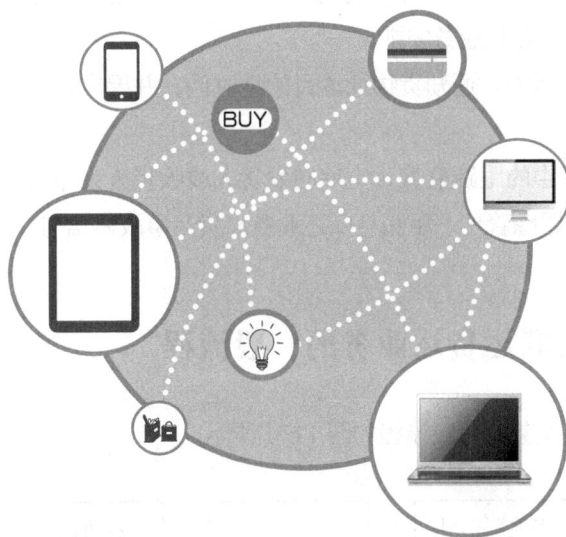

第一节 国际多式联运货运业务程序

一、国际多式联运货运业务的环节

国际多式联运货运业务流程通常包括以下环节。

（1）多式联运路线和运输方式的确定，与分包方签订分包合同等。

（2）出运地作业。这些作业既包括通知相应承运人及场站安排接货装货，也包括货物交接，即托运人根据合同的约定把货物交至指定地点。

（3）转运地作业。例如，通知转运地代理人，与分包承运人联系，及时做好货物过境或进口换装、转运等手续申办和业务安排。

（4）目的地作业。例如，通知货物抵达目的地时间，并要求目的地代理人办理货物进口手续等。

（5）货物运输过程中的跟踪监管，定期向发货人或收货人发布货物位置等信息，计算运输费用，以及完成箱子跟踪管理、租箱与归还业务、货运事故索赔与理赔业务等。

二、国际多式联运货运业务的一般流程

国际多式联运货运业务的一般流程如图 14-1 所示。

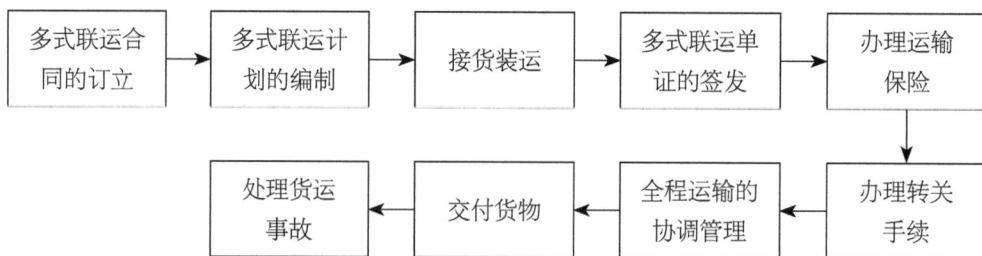

图 14-1 国际多式联运货运业务的一般流程

（一）多式联运合同的订立

多式联运必须订立合同，合同是规范承托双方权利、义务以及解决争议的基本法律文件。多式联运合同的主要内容有托运人、收货人、多式联运经营人的名称和地址，货物的名称、包装、件数、重量、尺寸等情况，接货的地点和时间，不同运输方式的组成和运输线路，交货的地点和约定的时间，货物交接方式以及承托双方的责任和义务，解决争议的途径等。

（二）多式联运计划的编制

编制多式联运计划的总要求如图 14-2 所示。

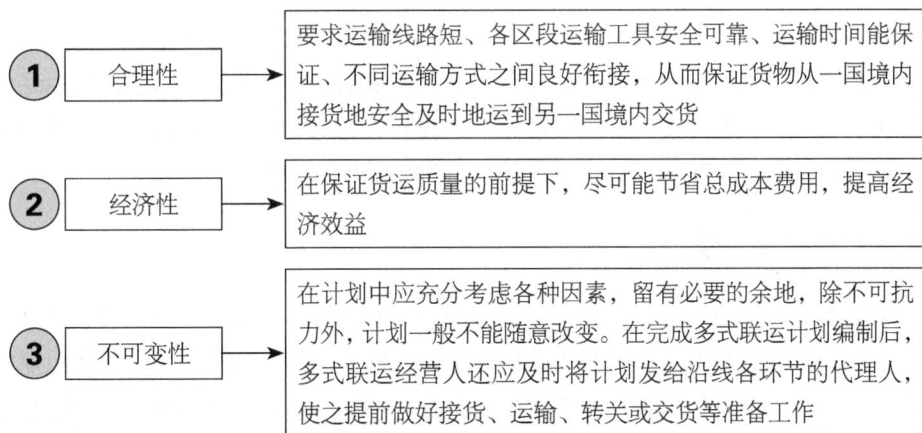

1	合理性	要求运输线路短、各区段运输工具安全可靠、运输时间能保证、不同运输方式之间良好衔接，从而保证货物从一国境内接货地安全及时地运到另一国境内交货
2	经济性	在保证货运质量的前提下，尽可能节省总成本费用，提高经济效益
3	不可变性	在计划中应充分考虑各种因素，留有必要的余地，除不可抗力外，计划一般不能随意改变。在完成多式联运计划编制后，多式联运经营人还应及时将计划发给沿线各环节的代理人，使之提前做好接货、运输、转关或交货等准备工作

图 14-2　编制多式联运计划的总要求

（三）接货装运

按照多式联运合同，在约定的时间、地点，由多式联运经营人或其代理人从发货人手中接管货物，并按合同要求装上第一程运输工具发运。按托承双方议定的交接方式，凡在发货人仓库或码头堆场交接的，由发货人负责装箱、计数、施封并办理出口清关手续，在箱体外表状况良好、封志完整状态下，将货物整箱交多式联运经营人或其代理人；凡在集装箱货运站交接的，由发货人负责办理出口清关手续，将货物散件交多式联运经营人或其代理人，由后者负责拼箱、计数、施封后装运发送。

（四）多式联运单证的签发

在运费预付情况下，多式联运经营人接管货物并收取全程运费后，即签发多式联运单据给托运人，表明其开始对全程联运负责。对多式联运合同当事人来说，多式联运单据是多式联运经营人收到货物的证据，是合同的证明，也是货物的物权凭证，多式联运经营人向多式联运单据指明的收货人或被指示的收货人交付货物，收货人凭多式联运单据提领货物。在货物装运发送后，多式联运经营人还应将多式联运单据副本及一程运输的有关运输单证及时寄给第一程的目的地（港）的代理人，以便做好接货、转关和转运的准备。

（五）办理运输保险

由于多式联运运距长、环节多、风险大，为避免可能发生的货运事故，多式联运经营人还可以向保险公司投保。尽管多式联运经营人有责任限额保护条款，但因多式联运经营人的疏忽、过失、侵权，将使其丧失责任限额保护的权利。为避免较大的损失，多式联运经营人通常向保险公司投保货物责任险和集装箱险，以防范巨额赔偿风险。

（六）办理转关手续

多式联运若在全程运输中经由第三国，应由多式联运经营人或其代理人负责办理过境转关手续，在《国际集装箱海关公约》的缔约方之间，转关手续已相当简化，通常只需提交相应的转关文件，如过境货物申报单、多式联运单据、过境国运输区段单证等，并提交必要的担保和费用，过境国海关可不开箱检查，只做记录而予以放行。

（七）全程运输的协调管理

1. 不同运输方式之间的转运

国际多式联运是以至少两种不同运输方式组成的连续运输，不同运输方式之间的转运衔接，是保证运输连续性、及时性的关键。由于运输工具不同、装卸设备设施不同、转运点的不同及各国的规定和标准不同，因此多式联运经营人或其代理人事前应有充分的了解，以便根据不同的情况和要求实现快速转运。

2. 各运输区段的单证传递

多式联运经营人作为全程运的总负责人，通常要与各运输区段实际承运人订立分运输合同，在运输区段发送地以托运人的身份托运货物，在运输区段的目的地又以收货人的身份提领货物。为了保证各运输区段货物运输的顺利进行，多式联运经营人或其代理人在托运货物后要将有关运输单证及时寄给区段目的地代理人。同时，如该实际运输区段不是最后一程运输，多式联运经营人的代理人在做好接货准备的同时，还要做好下一程运输的托运准备。

3. 货物的跟踪

为了保证货物在多式联运全程运输中的安全，多式联运经营人要及时跟踪货物的运输状况，如通过电报、电传、EDI（Electronic data interchange，电子数据交换）、因特网在各节点的代理人之间传递货物信息，必要时还可通过 GPS（Global Positioning System，全球定位系统）进行实时监控。

（八）交付货物

按多式联运合同规定，货物到达指定交货地后，由多式联运经营人或其代理人将货物交给多式联运单据指明的收货人或按指示交指定的收货人，即完成全程运输任务。交货地代理人应在货物到达前向收货人发出到货通知，以便收货人及时做好提货准备。

1. 对于整箱交货的

（1）如场到场条款，货物卸船、收货人办妥进口清关手续后，委托集装箱码头整箱交货。

（2）对于门到门交货，则由公路运输至收货人的工厂或仓库交货，交接双方以箱体外表状况良好、封志完整为条件。

2. 对于拼箱交货的

交货地为合同指定的集装箱货运站，由集装箱货运站代表多式联运经营人进行拆箱、分票，并将货物堆存于仓库中，收货人办妥进口清关的手续后，以散件方式提取。

（九）处理货运事故

如果全程运输中发生了货物灭失、损害和运输延误，无论是否能确定损害发生的区段，发（收）货人均可向多式联运经营人提出索赔。多式联运经营人根据提单条款及双方协议确定责任并做出赔偿。如果已对货物及责任投保，则存在向保险公司进一步索赔的问题。如果受损人和责任人之间不能取得一致，则需要通过合同约定的处理纠纷途径来解决。

三、海铁联运的进出口业务程序

海铁联运是进出口货物由铁路运到沿海海港直接由船舶运出，或是货物由船舶运输到达沿海海港之后由铁路运出的只需"一次申报、一次查验、一次放行"就可完成整个运输过程的一种运输方式。

国际海铁联运涉及海运和铁路运输的处理，两种运输方式所涉及的企业、部门、单证等非常多而且非常复杂，因此其流程也比较复杂，而其中主要业务均由国际多式联运经营人协调和组织，故我们以国际多式联运经营人角度来了解海铁联运的进出口程序。

（一）铁—海多式联运出口业务程序

以国际货运代理企业作为多式联运经营人组织全程运输为例，国际集装箱整箱货物铁—海多式联运出口业务的基本程序如图14-3所示。

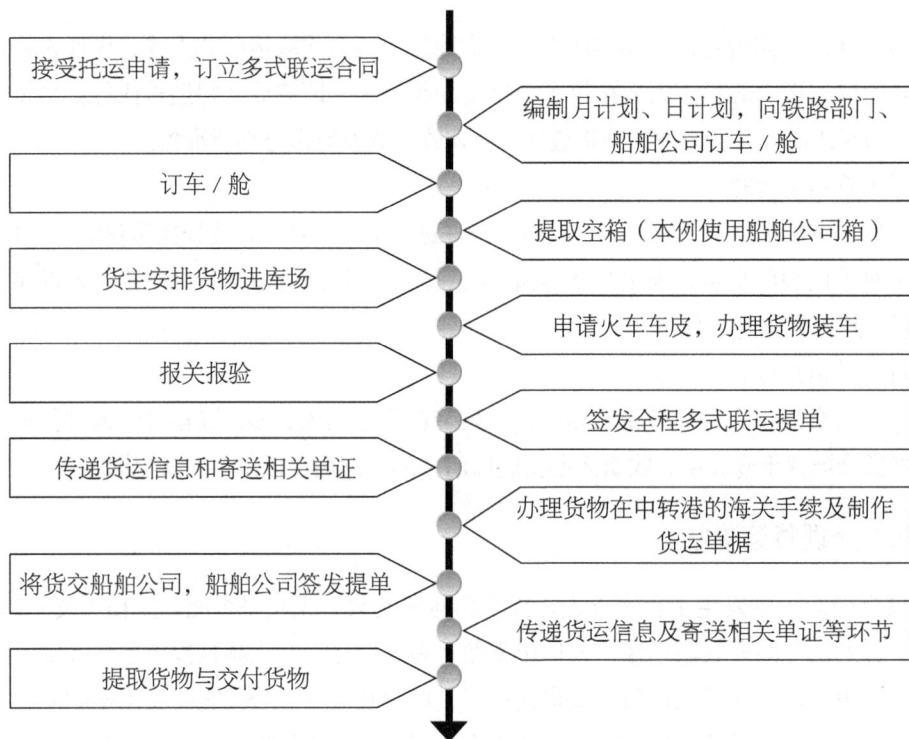

图 14-3　铁一海多式联运出口业务程序

其基本程序具体说明如表14-1所示。

表 14-1　铁—海多式联运出口业务程序说明

序号	业务节点	说明
1	接受托运申请，订立多式联运合同	内陆托运人向多式联运经营人或其内陆口岸代理人申请订舱，多式联运经营人或其内陆代理人根据实际情况，判断是否接受该托运申请，如接受则订立多式联运合同
2	编制运输计划，并向铁路运输公司，船舶公司订车、订舱	多式联运经营人或其代理人在订立多式联运合同后，应根据运输任务，编制运输计划，按时向铁路部门和船舶公司订车、订舱，并通知托运人安排货物运输事宜
3	提取空箱	在实际操作中，除货主自备集装箱外，大多由多式联运经营人提供集装箱，因此，多式联运经营人根据自身集装箱来源以及实际装箱地点情况，确定提箱方式及地点并及时通知托运人，确定、提取集装箱的方式有： （1）如在集装箱转运点备有空箱并在装箱点进行货物的装箱，则通知仓库备箱 （2）如在集装箱装运点装货，但装箱点无箱，则需要安排汽车或火车运空箱至装箱点 （3）如在其他地方装货，则需要由多式联运经营人办理申请调箱，提箱并安排汽车或火车送至货主生产地等事宜，以便货主装箱，但货主必须承担由此产生的费用
4	货主安排货物进库场	在收到进货信息后，对于装箱点装箱的货物，货主自行或委托代理人安排运输工具将货物运至装箱点，以便装箱，并承担运送货物产生的费用
5	申请火车车皮，办理货物装车	多式联运经营人或其代理人根据运输计划，填写铁路运单，向铁路部门申请车皮，办理集装箱装车事宜
6	报关报检	多式联运经营人根据托运人交付的委托书、贸易合同、发票等报关单证，在内陆口岸海关办理转关运输，取得海关批准后，将海关关封交付铁路部门
7	签发全程多式联运提单	内陆口岸托运人根据多式联运经营人的指示，将货物交付铁路部门，并装上铁路集装箱专列后，多式联运经营人或其代理人签发全程多式联运提单给托运人
8	及时传递货运信息，寄送铁运相关单证	多式联运经营人代理应将铁路运单正本等相关单证寄交多式联运经营人中转港代理人，将多式联运提单副本寄交多式联运经营人或其目的港代理人，与此同时，还应向有关方传递有关集装箱班列动态等信息

序号	业务节点	说明
9	办理货物在中转港的海关手续，制作货运单据	多式联运经营人中转港代理根据内陆代理提供的信息和收到的运单等单证，制作出口单证（场站收据、提单等），并办理海关手续，将海关放行单证送交码头，以便接货及装船
10	货交船舶公司，船舶公司签发提单	多式联运经营人海运出口地代理将海关放行的集装箱装上指定船舶后，船舶公司签发海运提单，以便多式联运经营人或其代理人能在目的港凭此提取货物
11	传递货运信息，寄送海运提单	多式联运经营人中转港代理应将船舶的动态通知多式联运经营人、多式联运经营人下一港代理人、内陆托运人，以便有关方了解船舶动态，同时将提单等相关单证寄交下一港代理，以便其凭此提取货物
12	提取货物与交付货物	多式联运经营人目的港代理凭正本提单从承运人或其代理人处提取货物，并根据收货人交付的正本多式联运提单将货物交给收货人

（二）海—铁多式联运进口业务程序

以国际货运代理企业作为多式联运经营人组织全程运输为例，国际集装箱整箱货海—铁多式联运进口业务的基本程序如图14-4所示。

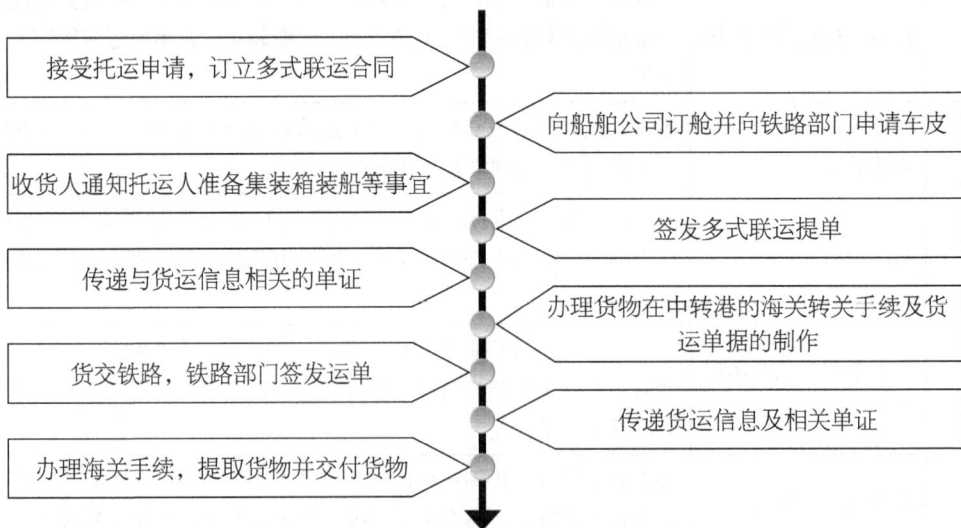

接受托运申请，订立多式联运合同

向船舶公司订舱并向铁路部门申请车皮

收货人通知托运人准备集装箱装船等事宜

签发多式联运提单

传递与货运信息相关的单证

办理货物在中转港的海关转关手续及货运单据的制作

货交铁路，铁路部门签发运单

传递货运信息及相关单证

办理海关手续，提取货物并交付货物

图14-4　海—铁多式联运进口业务程序

海—铁多式联运进口业务程序说明如表 14-2 所示。

表 14-2 海—铁多式联运进口业务程序

序号	业务节点	说明
1	接受托运申请，订立多式联运合同	进口方即收货人在内陆口岸向当地多式联运经营人或其代理人提出申请并进行订舱，国际多式联运人根据订舱情况和自身情况决定是否接受申请，如果接受申请，则及时签订多式联运合同
2	向船舶公司订舱并向铁路部门申请车皮	多式联运经营人在与进口人签订合同后，应根据收货人提供的信息向船舶公司进行订舱并同时向铁路部门申请火车车皮
3	收货人通知托运人准备集装箱装船等事宜	收货人根据从多式联运经营人处得到的指示和信息，及时通知托运人安排货物并按时交至多式联运经营人在托运地的分支机构或代理人所指定的交货地点准备装船
4	签发多式联运提单	托运地的多式联运经营人或代理人在收到托运人交付的货物后签发多式联运提单交付给托运人，同时将货物交由海运承运人装船并由海运承运人签发海运提单
5	传递与货运信息相关的单证	多式联运经营人在托运地的分支机构或代理人在货物装船后应及时将多式联运提单副本、海运提单等传递给多式联运经营人中转港分支机构或其代理人，并同时向有关方传递相关船舶动态信息
6	办理货物在中转港的海关转关手续及货运单据的制作	多式联运经营人中转港经营人或其代理人根据接收到的提单和相关信息等单证制作铁路运单并办理相关海关转关手续，将海关放行单等单证交至码头，及时接货并将其装上集装箱班列
7	货交铁路，铁路部门签发运单	中转港多式联运经营人或其代理人将货物装上指定火车后，铁路部门签发铁路运单交付多式联运经营人或其代理人
8	传递货运信息及相关单证	中转港多式联运经营人或其代理人在转运货物取得运单后，应及时将运单等相关单证转交目的地的多式联运经营人或其代理人，以便目的地经营人及时接货，同时，中转港多式联运经营人或其代理人还应将铁路集装箱班列的动态情况告知多式联运经营人，以便多式联运经营人及时准确地掌握和了解货物情况
9	办理海关手续，提取货物并交付货物	目的地的国际多式联运经营人的分支机构或其代理在当地海关进行报关，并加盖海关放行章，持加盖海关放行章的运，于规定时间去指定地点提取货物并同时通知收货人即进口人，进口人持国际多式联运提单提取货物并缴纳所有应付费用

第二节　国际多式联运提单

国际多式联运提单是由承运人或其代理人签发的，其作用和海运提单相似。它既是发货人与多式联运经营人订立的国际货物多式联运合同的证明，又是多式联运经营人接管货物的证明和收据，也是收货人提取货物和多式联运经营人交付货物的凭证，还是货物所有权的证明，可以用来结汇、流通和抵押等。

一、国际多式联运提单的性质

国际多式联运提单的性质如下。

（1）它是国际多式联运经营人接管货物的证据。国际多式联运经营人向托运人签发多式联运单据表明已承担送运货物的责任并占有了货物。

（2）它是收货人提取货物和国际多式联运经营人交付货物的凭证。

（3）它是货物所有权的证明。国际多式联运单据持有人可以押汇、流通转让，因为国际多式联运提单是货物所有权的证明，可以产生货物所有权转移的法律效力。

（4）它是国际多式联运经营人与托运人之间订立的国际多式联运合同的证明，是双方在运输合同中确定权利和责任的准则。

国际多式联运合同属于承揽有偿合同、非要式合同，其特点为国际多式联运合同是双务合同、有偿合同、非要式合同、约束第三者的合同。国际多式联运合同有时包括接受委托、提供服务业务。

相关链接

多式联运提单与联运提单的区别

这两种提单都是代表使用多种运输方式运送货物的单据，即都属于中途需要换装作业的提单，但在签发地点、运输方式的组成及承运人所承担的责任范围等方面均有所不同，不同之处如下表所示。

多式联运提单与联运提单的区别

	多式联运提单	联运提单
签发地点	在收货地或经营人所在地签发	在装运港或承运人所在地签发
对运输方式的要求	可用于不包括海运的其他两种以上运输方式	由海运与其他运输方式所组成
签发人	由多式联运经营人或经其授权的人签发（可以是无船承运人）	由承运人、船长或承运人的代理人签发
提单签发人责任	全程负责（无论货物在任何区段发生属于承运责任范围的灭失或损坏，均对托运人负责）	仅对第一程运输负责
提单性质	大部分是在联运经营人接管货物后准备代运时签发的单据（也可以是已装船提单）	已装船提单（货物装船之后，由第一承运人签发的全程联运提单）

在实际业务中，不少船舶公司对联运提单与联合运输提单使用同一格式，只是在作为联合运输提单使用时，除必须在提单上列明起运港和目的港外，还要列明收货地、交货地及前段运输工具名称等。

二、国际多式联运提单的类别

国际多式联运提单有指示提单、不记名提单、记名提单三种，如图 14-5 所示。

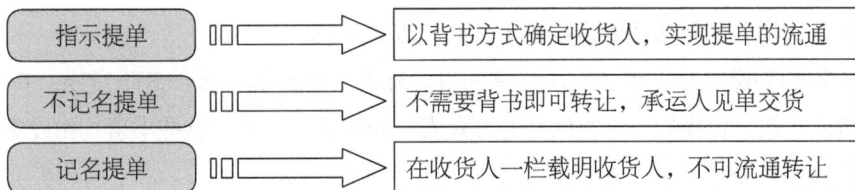

指示提单	➡	以背书方式确定收货人，实现提单的流通
不记名提单	➡	不需要背书即可转让，承运人见单交货
记名提单	➡	在收货人一栏载明收货人，不可流通转让

图 14-5　国际多式联运提单的类别

通常普遍使用的是指示提单。

三、国际多式联运提单的内容及填制

关于国际多式联运单证的表现形式，目前并没有统一的格式。实践中，多式联运单证可以有各种不同的格式、名称，其记载的内容和特点可能也有差别。

在国际多式联运实际业务中，由多式联运经营人签发的多式联运单证与各运输区段的实际承运人签发的运输单据（提单或运单等）在缮制上既有一定的联系，又有一定的区别，如表 14-3 所示。

表 14-3　国际多式联运单证与各运输区段承运人单据的区别与联系

项目	多式联运单证	各运输区段承运人单据
货地	起始收货地点	运输工具实际收货地
装货港	一程承运船的装港	区段运输工具（船）的实际装货港
卸货港	最末程承运船卸港	区段运输工具（船）的实际卸货港
交货地	最终交货地点	区段运输工具的实际交货地
签单地	起始收货地点	区段运输工具的收货地（港）
托运人	依贸易合同而定	多式联运经营人或其代理人
通知人	依贸易合同而定	多式联运经营人或其代理人
收货人	依贸易合同而定	多式联运经营人或其代理人
签发人	多式联运经营人或其代理人	区段承运人或其代理人
责任区段	承担全程责任	承担各自责任区段责任
主要用途	结汇与提货	货物交接与提取

在多式联运中，国际多式联运提单主要包括以下内容。

（1）货物的种类以及识别货物所必需的重要标志。哪些货物属于危险货物，其危险特性的声明，包括件数、货物的毛重或以其他方式表示的数量等，所有这些事项均由发货人提供。

（2）货物的外表状况。

（3）多式联运经营人的名称和主要营业场所。

（4）发货人、收货人（必要时可有通知人）的名称。

（5）多式联运经营人接管货物的地点和时间。

（6）交付货物的地点。

（7）经双方明确协议的交付货物的时间、期限。

（8）表示提单为可转让或不可转让的声明。

（9）多式联运提单签发的时间、地点。

（10）多式联运经营人或其授权人的签字。

（11）经双方协议的有关运费支付的说明，包括应由发货人支付的运费及货币，或由收货人支付的其他说明。

（12）有关运输方式、运输路线、转运地点的说明。

（13）有关声明和其他事项等。

（14）在不违背签发多式联运提单所在国法律的前提下，双方同意列入提单的其他事项。

多式联运提单一般都应注明上述各项内容。但是只要不影响货物运输以及各当事人之间的利益，即使缺少其中的一两项，多式联运提单仍然有效。此外，还可根据双方的实际需要和要求，在不违背提单签发国的法律时，加注其他项目，如有关特种货物的运输说明，对收到货物的批注说明，不同运输方式下承运人之间的临时洽商批注等。

四、国际多式联运提单签发的时间与地点

（1）国际多式联运提单在发货人订舱或仓库收到货物后签发，由发货人自行负责货物报关、装箱，制作装箱单，联系海关监装及加封。承运人和代理人负责从发货人仓库至码头堆场和最终交付货物的全程运输。

（2）在集装箱货运站签发的提单为拼箱货提单，由承运人或代理人负责装箱及制作装箱单，并负责全程运输。

（3）在码头堆场收货后签发的提单为整箱货提单，承运人不负责货物至堆场前的运输和装箱。

五、国际多式联运提单的流转程序

（一）起运地多式联运经营人的业务

多式联运经营人起运地分支机构或代理缮制并签发全程多式联运提单，其中的正本交给

发货人，用于结汇；副本若干份交付多式联运经营人，用于多式联运经营人留存和送交目的地分支机构或代理。

（二）一程承运人的业务

多式联运经营人起运地分支机构或代理将货物交给一程承运人后，一程承运人签发以多式联运经营人或其起运地分支机构或代理为托运人、以多式联运经营人或其二程分支机构或代理为收货人的公路运单，运单上应注有全程多式联运提单号。多式联运经营人起运地分支机构或代理在货物出运并取得运单后，应立即以最快的通信方式将运单、舱单等寄交多式联运经营人二程分支机构或代理，以便二程分支机构或代理凭此提货；与此同时，还应向多式联运经营人提供运单副本及载运汽车离站时间和预计抵达时间等信息，以便多式联运经营人全面了解货运进展和向二程分支机构或代理发出必要的指示。

（三）二程承运人的业务

多式联运经营人二程分支机构或代理收到运单后，凭此从一程承运人或其代理处提取货物，并交付二程承运人或其代理。二程承运人或其代理收到货物后，签发以多式联运经营人或其二程分支机构或代理为托运人，以多式联运经营人或其三程分支机构或代理为收货人的提单（当然也可以是指示提单，但通知方应为多式联运经营人三程分支机构或代理），提单上应注明全程多式联运提单号。

多式联运经营人二程分支机构或代理在货物出运并取得提单后，应立即以最快的通信方式将正本提单、舱单等寄交多式联运经营人三程分支机构或代理，以便三程分支机构或代理凭此提货；与此同时，还应向多式联运经营人提供提单副本以及船舶离港报告等，以便多式联运经营人全面了解货运进展和向三程分支机构或代理发出必要的指示。

（四）三程承运人的业务

多式联运经营人三程分支机构或代理收到提单后，凭此从二程承运人或其代理处提取货物，并交付三程承运人或其代理，三程承运人或其代理收到货物后，签发以多式联运经营人或其三程分支机构或代理为托运人、以多式联运经营人或其目的地分支机构或代理为收货人的铁路运单，运单上应注明全程多式联运提单号。

多式联运经营人三程分支机构或代理在货物出运并取得运单后，应立即以最快的通信方式将运单等寄交多式联运经营人目的地分支机构或代理，以便目的地分支机构或代理凭此提货；与此同时，还应向多式联运经营人提供运单副本以及火车动态等，以便多式联运经营人全面了解货运进展和向目的地分支机构或代理发出必要的指示。

（五）目的地代理人的业务

多式联运经营人目的地分支机构收到铁路运单后，可凭此从承运人或代理处提取货物，并向收货人发出到货通知。收货人付款赎单后取得多式联运经营人签发的全套正本多式联运提单，凭此全套正本提单可向多式联运经营人目的地分支机构或代理办理提货手续。多式联运经营人目的地分支机构或代理经与多式联运经营人寄交的副本提单核对，并在收取应收取的运杂费后，将货物交付收货人。